教师教学实践技能修炼丛书 | 丛书主编 ◎ 夏惠贤　张民选

小学数学教学实践技能修炼手册

黄友初　朱忠明 ◎ 编著

华东师范大学出版社
·上海·

图书在版编目(CIP)数据

小学数学教学实践技能修炼手册/黄友初,朱忠明编著. —上海:华东师范大学出版社,2024. —(教师教学实践技能修炼丛书). — ISBN 978 - 7 - 5760 - 4556 - 7

Ⅰ.G623.502

中国国家版本馆 CIP 数据核字第 20249WV624 号

教师教学实践技能修炼丛书

小学数学教学实践技能修炼手册

编　　著	黄友初　朱忠明
责任编辑	范美琳
责任校对	王　彤　时东明
装帧设计	俞　越

出版发行	华东师范大学出版社
社　　址	上海市中山北路 3663 号　邮编 200062
网　　址	www.ecnupress.com.cn
电　　话	021 - 60821666　行政传真 021 - 62572105
客服电话	021 - 62865537　门市(邮购)电话 021 - 62869887
地　　址	上海市中山北路 3663 号华东师范大学校内先锋路口
网　　店	http://hdsdcbs.tmall.com
印 刷 者	上海颛辉印刷厂有限公司
开　　本	787 毫米×1092 毫米　1/16
印　　张	11
字　　数	239 千字
版　　次	2024 年 9 月第 1 版
印　　次	2024 年 9 月第 1 次
书　　号	ISBN 978 - 7 - 5760 - 4556 - 7
定　　价	42.00 元

出 版 人　王　焰

(如发现本版图书有印订质量问题,请寄回本社客服中心调换或电话 021 - 62865537 联系)

总 序

党的二十大报告提出,"以中国式现代化全面推进中华民族伟大复兴",中国式教育现代化是中国式现代化的重要组成部分。同时,报告还指出,"坚持为党育人、为国育才,全面提高人才自主培养质量,着力造就拔尖创新人才","坚持以人民为中心发展教育,加快建设高质量教育体系,发展素质教育,促进教育公平","加强师德师风建设,培养高素质教师队伍,弘扬尊师重教社会风尚"。百年大计,教育为本。教师是立教之本、兴教之源,承担着让每个孩子健康成长、办好人民满意的教育的重任。面对百年未有之大变局,人民对高质量教育的期待和国家对卓越人才的渴求都更加凸显出未来教师的使命和担当。

师范生是教师队伍建设的后备军。2021年,在教育部办公厅印发的《中学教育专业师范生教师职业能力标准(试行)》《小学教育专业师范生教师职业能力标准(试行)》等文件中,均提出了师范生应具备师德践行能力、教学实践能力、综合育人能力和自主发展能力四大能力。尽管我国师范教育改革持续推进、效果显著,但要真正把这些能力落到实处依然任重道远。

新时代,我们要培养的是具有现代教育观念,具备较高理论素养与实践能力,能引领全国基础教育发展的复合型、创新型、专家型的中小学各学科卓越教师和教育管理人员。教育实践能力作为师范生重要的"三力"(教育实践能力、自主获得知识的能力、教育实践研究能力)之一,理应得到更多的关注。

当前教育数字化转型为教育改革和教师发展提供了良好机遇,也带来了巨大挑战。人工智能可替代教师的某些功能和作用,甚至能做得更好,如知识传授、程序性的工作等,但人工智能永远无法企及人的情感、创造性思维、教师的教学实践智慧等。教学实践能力提升是师范生成长为专业教师的基本环节。教学实践能力可分为不同的层次。初级的教学主要是模仿性的、探索性的;中级的教学主要是标准化的、按部就班的;高级的教学主要是因材施教的、个性化的,甚至是艺术化的。我们希望培养具有最高层次的教学实践能力的师范生。要实现这样的培养目标,除了师范生的自我修炼以外,还需要我们在人才培养方案中落实"实践育人"理念,从理论学习和实践改进等多方面为师范生提供全方位的支撑。

为此,我们组织上海师范大学课程与教学论专家和优秀的一线教师,合作编写了"教师教学实践技能修炼丛书"。编写者结合当下师范生能力现状和对实践教学培养体系的认识,精心设计了教材内容和栏目板块，并呈现真实教学案例，助力师范生提升教学技能与创造性解决问题的能力，促进师范生成长为"有理想信念、有道德情操、有扎实学识、有仁爱之心"的新时代"四有好老师"，以及具备跨学科素养、教育数字化素养、全球胜任力的卓越教师。

未来，教师的角色将不断演变，但教师在教学场景中的实践智慧始终是教师专业发展的核心。对此，我们将持续关注和开展研究。希望我国有更多的学者参与到教师的专业实践能力和教学场景中的实践智慧的研究中，积极回应高质量教育对高素质、专业化、创新型教师队伍建设的需求，推动基础教育高质量发展。

夏惠贤

2023 年 6 月

前 言

百年大计,教育为本;教育大计,教师为本。小学教育是学校教育的初始阶段,是儿童发展的关键期,小学教师的专业水平关乎着学生的成长和国家的未来。课堂教学是学生获取知识和能力的主要渠道,教师的教学实践能力与课堂教学质量密切相关,对学生的核心素养发展有着重要的影响。数学是一门基础性学科,不仅对学生的认知思维发展有着深远的影响,也为他们学习其他学科课程打下基础。小学数学在学科知识方面虽然简单,但是对于教师的教学实践来说却有较高难度。因为小学生的知识基础较为薄弱,生活经验也较为缺乏,要在课堂教学中让学生有效掌握相对抽象的数学知识、发展较为全面的数学素养,对教师的教学技能有着较高的要求。因此,职前小学数学教师或新手小学数学教师要注重自身教学实践能力的提升。

本书在介绍小学数学教师专业特点以及专业发展情况的基础上,既对小学数学的教学设计、课堂教学语言、课堂导入等教学实践基本技能进行解读分析,又对小学数学概念课、命题课、复习课等不同课型的教学进行解读分析。对于每项教学实践基本技能,本书都从总体认识、基本特征、提升路径等方面进行解读;对于不同课型的课的教学,本书主要从总体认识、设计与实施要领、提升路径等方面进行解读。解读过程中都结合具体的教学案例进行分析,为教师教学实践技能的发展与提升提供可参考的路径和方法。

本书由上海师范大学的黄友初和朱忠明共同编著。黄友初负责本书的总体框架结构,并负责编写第一章(小学数学教师专业的认识与发展)、第二章(小学数学教学设计的认识与实施)、第三章(小学数学课堂教学语言技能的认识与提高)、第四章(小学数学课堂导入技能的认识与提高);朱忠明负责本书的统稿,并负责编写第五章(小学数学概念课教学技能的认识与提高)、第六章(小学数学命题课教学技能的认识与提高)、第七章(小学数学复习课教学技能的认识与提高);全书由黄友初多次审核修改后最终成稿。

本书在编写过程中引用了很多学者的观点,也引用了一线教师的一些教学案例,在此表示感谢。此外,还要感谢尚宇飞、于冬梅、陈杰芳、管民、何婷婷、李晓悦、张玄、宋思思等在本书编写过程中给予的帮助,以及华东师范大学出版社师文、范美琳等编辑为本书出版所付出的劳动。

黄友初

2024 年 6 月于上海师范大学

目 录

第一章 小学数学教师专业的认识与发展 ········· 1

第一节 小学数学教师专业的认识 ················ 1
一、小学数学教师专业具有动态性　1
二、小学数学教师专业具有相对稳定性　8

第二节 小学数学教师专业的发展 ················ 16
一、不同阶段的经历对教师专业发展的影响程度存在差异　16
二、不同路径对教师专业发展的影响程度存在差异　20

思考与练习 ································ 25

第二章 小学数学教学设计的认识与实施 ········· 26

第一节 小学数学教学设计的认识 ················ 26
一、小学数学教学设计的价值　26
二、小学数学教学设计的内涵　28

第二节 小学数学教学设计的实施 ················ 31
一、小学数学教学设计的主要模式　31
二、小学数学教学设计的主要步骤　35
三、小学数学教学设计文本的撰写与评判　43
四、小学数学教学设计的基本格式　45

第三节 小学数学教学设计案例评析 ············· 48
一、"加减混合"的教学设计　48
二、"三角形的分类(2)"的教学设计　52
三、"平均数"的教学设计　57
四、案例评析小结　63

思考与练习 ································ 64

第三章 小学数学课堂教学语言技能的认识与提高 ········· 65

第一节 小学数学课堂教学语言技能的认识 ············ 65

　　　　一、小学数学教师课堂教学语言技能的重要性　　65
　　　　二、小学数学教师课堂教学语言技能的基本要素　　66
　　第二节　小学数学专家型教师课堂教学语言的基本特征……69
　　　　一、小学数学专家型教师课堂教学语言特征研究　　69
　　　　二、小学数学专家型教师课堂话语特征研究　　77
　　第三节　小学数学课堂教学语言技能的提高……………………82
　　　　一、树立较强的课堂教学语言技能提升意识是前提,积极反思
　　　　　　是关键　　82
　　　　二、在课堂教学语言内容方面,先确保准确性,再逐步过渡到
　　　　　　合理性　　83
　　　　三、树立提问意识,精心设计关键性提问,注重提问的灵活性　　84
　　　　四、在课堂教学语言辅助方面,先确保有效性,再逐步过渡到
　　　　　　多样性　　84
　　　　五、在课堂教学语言训练方面,可从模仿开始,但要形成个人
　　　　　　特色　　85
　　思考与练习……………………………………………………………85

第四章　小学数学课堂导入技能的认识与提高……………86

　　第一节　小学数学课堂导入技能的认识…………………………86
　　　　一、小学数学课堂导入的重要性　　86
　　　　二、常见的小学数学课堂导入类型　　88
　　第二节　小学数学课堂导入的案例与分析………………………93
　　　　一、优质课例中课堂导入的特征分析　　93
　　　　二、课堂导入案例的比较分析　　101
　　第三节　小学数学课堂导入技能的提高…………………………109
　　　　一、观摩课堂教学　　110
　　　　二、深入解读教材　　110
　　　　三、阅读教学研究文献,准确认识儿童　　113
　　　　四、教学实践探索　　114
　　思考与练习……………………………………………………………114

第五章　小学数学概念课教学技能的认识与提高…………115

　　第一节　小学数学概念课的认识…………………………………115
　　　　一、小学数学概念的内涵与外延　　115
　　　　二、小学数学概念教学的常用策略　　116
　　第二节　小学数学概念课的设计与实践…………………………119

　　　　一、小学数学概念课的设计要领　　　　　　　　　　　　120
　　　　二、小学数学概念课的教学要点　　　　　　　　　　　　121
　　　　三、小学数学概念课案例与评析　　　　　　　　　　　　124
　　第三节　小学数学概念课教学技能的提高　·················· 128
　　　　一、丰富数学概念教学所需要的专业知识　　　　　　　　128
　　　　二、提高数学概念教学所需要的专业能力　　　　　　　　129
　　思考与练习　·· 129

第六章　小学数学命题课教学技能的认识与提高 ············ **130**

　　第一节　小学数学命题课的认识　·························· 130
　　　　一、小学数学命题的内涵与特征　　　　　　　　　　　　130
　　　　二、小学数学命题学习的基本形式　　　　　　　　　　　133
　　　　三、小学数学命题教学的常用策略　　　　　　　　　　　134
　　第二节　小学数学命题课的设计与实践　·················· 135
　　　　一、小学数学命题课的设计要领　　　　　　　　　　　　135
　　　　二、小学数学命题课的教学模式　　　　　　　　　　　　137
　　　　三、小学数学命题课教学案例与评析　　　　　　　　　　142
　　第三节　小学数学命题课教学技能的提高　·················· 147
　　　　一、数学命题教学知识的积累:数学命题本质理解与教学知识
　　　　　　掌握　　　　　　　　　　　　　　　　　　　　　　147
　　　　二、数学命题教学对象的认识:对学习主体的充分认识和调动
　　　　　　　　　　　　　　　　　　　　　　　　　　　　　　148
　　　　三、数学命题教学范例的观摩:对优质教学范例的观摩与反思
　　　　　　　　　　　　　　　　　　　　　　　　　　　　　　148
　　　　四、数学命题教学经验的积累:对数学命题教学的实践与反思
　　　　　　　　　　　　　　　　　　　　　　　　　　　　　　149
　　思考与练习　·· 149

第七章　小学数学复习课教学技能的认识与提高 ············ **150**

　　第一节　小学数学复习课的认识　·························· 150
　　　　一、小学数学复习课的内涵与特征　　　　　　　　　　　150
　　　　二、小学数学复习课的类型与作用　　　　　　　　　　　151
　　　　三、小学数学复习课的常用教学策略　　　　　　　　　　152
　　第二节　小学数学复习课的设计与实践　·················· 153
　　　　一、小学数学复习课设计要领　　　　　　　　　　　　　153
　　　　二、小学数学复习课的教学模式　　　　　　　　　　　　155

三、小学数学复习课案例与评析　158

第三节　小学数学复习课教学技能的提高　165

　　一、学科专业知识的强化：复习内容本质特征及其内在关系的厘清　165

　　二、教学辅助手段的掌握：复习教学辅助手段的学习与综合使用　165

　　三、优质教学范例的观摩：不同教学方式下的复习课观摩与反思　166

　　四、自身实践经验的积累：在实践与反思中不断优化与改进　166

思考与练习　166

小学数学教师专业的认识与发展

教师在教育教学实践中扮演着重要的角色,他们既是教育目标的实现者、教学活动的组织者,也是教学方法的探索者。有的小学数学教师可以在教育教学中较好地促进学生身心的全面发展,而有的小学数学教师只关注小学生的数学学业发展,甚至有的教师还会因自身教学不当对小学生的学业和身心发展起到阻碍作用。之所以会出现这种现象,与教师之间的专业水平存在差异有密切的联系。教师是履行教育教学职责的专业人员,其专业水平对教育教学成效有着重要的影响。无论是职前教师还是在职教师,只有对自身的专业知识和专业水平有较为深入的认识,才能较好地遵循教师专业的发展规律,更有针对性地提高自己的专业能力。

第一节 小学数学教师专业的认识

一、小学数学教师专业具有动态性

教师是一个对专业性要求很高的职业,但是教师的专业并非一成不变,而是需要不断提高、不断变化,具有动态性。社会发展到不同阶段对人才的需求是不一样的,同时教师和学生的教育和学习环境也会发生变化,教师的专业应据此做出相应的调整。例如,小学数学课堂教学已经从单纯的黑板加粉笔,进入到了信息技术加多媒体的时代,甚至人工智能也进入了小学数学课堂。随着手机和电脑的普及,学生的学习方式更加多元。这些都表明,教师的教学理念、教学知识和能力等专业内容都需要与时俱进。此外,在教学实践活动中,教师的经验不断丰富,专业水平会相应地不断提高;同时,随着教学经验的丰富,教师对自身专业发展的期待和外界对其的期待也会越来越高。教师需要不断学习、不断反思,从而提升自己的专业水平。

(一) 社会发展需要教师专业持续更新

1. 知识本位的教师专业观

教育的历史十分悠久,它伴随着人类的出现而出现,因为人们需要向同伴或下一代传授生活知识和技能。在人类早期,这种教与学的行为大多是自发的,是求生本能和群体繁衍的需要,学习的方式大多是观察和模仿,每个有经验的人都可以教别人。随着生产力的发展,生产资料有了富余,社会开始分化,在原始社会末期或奴隶社会早期,也就是进入阶级社会之初,产生了可以用作教育的场所。例如,我国商周时期的"序""庠",美索不达米亚的"泥板书舍"和古埃及的"宫廷学校"等,这些场所虽然不是专门用来教育儿童的,但是后来逐渐演变成了学校。此时的教学工作多由一些社会官吏或僧侣所兼任,教师还不是一个专门的职业,即使有极少数专门从事教育的人,他们的社会地位也较为低下,主要任务是照管儿童,教他们认识文字、琴棋书画和道德礼仪等。例如,在古希腊文中,"教师"一词就是由"教仆"一词演化而来的。"教仆"是指奴隶中一部分专门侍候贵族子女和奴隶主子女上学的人。[1] 进入封建社会后,随着权贵和地主等上层社会人员数量的增加,其对教育的需求也随之增多。虽然产生了官学、私塾、教会学校等教育机构,但是专职从事教育的人员依然很少,教育职责大多被神职人员和官员所兼任。因此,在这段时期,教师还未能成为一项独立的社会职业,更没有教师专业发展的概念。

　　文艺复兴后,西方的资本主义开始萌芽,生产力得到了较大发展,自然科学取得了较大进步,工业化也开始出现,社会对掌握各项技能的实用性人才提出了需求,教育受到了更多的关注。16世纪,英国空想社会主义奠基人托马斯·莫尔、德国新教路德宗的创始人马丁·路德和加尔文宗的创始人约翰·加尔文相继提出了普及义务教育的主张后,[2]学校数量得到了飞速的增长。在这种背景下,对教师的需求也日益强烈,不仅体现在数量的需求方面,也包括学科门类的需求,专门培养教师的学校由此应运而生。1681年,法国天主教神父拉萨尔创立了第一所师资训练学校,标志着世界独立师范教育的开始。到了19世纪下半叶,严格意义上的学校教育系统在西方逐渐形成。[3] 此时,教师也真正成为一个社会职业。

　　随着教育受到重视,对教师的要求也逐渐增多,不仅内容越来越具体,而且对水平的要求也越来越高,教师专业的概念也随之产生。其实在制度化的教育形成以前,社会对教师专业的要求很低,也没有统一的标准。在早期的欧洲教育中,退伍军人、家庭主妇甚至是有一点文字知识的社会闲杂人员都可以充当教师。随着工业化的推进,需要大量具备较好文化素质的人,看得懂文字、能书写,于是当时对教师专业的要求也主要体现在知识,尤其是学科知识方面。例如:如果掌握小学数学学科知识,能正确读写、会计算、能解题,就可以担任小学数学教师。因此,此时教师专业的内涵几乎等价于教师的学科知识,秉持的是知识本位的教育观。出现这种现象主要有两个方面的原因,一方面是教师比较紧缺,较好地具备某一学科知识的教师本来就不多,再有更多要求不现实;另一方面是知识是实施教育实践的重要载体,教师和学生主要围绕着知识的传授开展教学活动。这也使得在很长一段时间里,人们对教师专业的认识主要体现在学科知识方面,以学科知识的丰富程度来衡量教师的专业水平。

---

[1] 叶澜.教育学原理[M].北京:人民教育出版社,2007:3.
[2] 赵厚勰,李贤智.外国教育史教程[M].武汉:华中科技大学出版社,2012:50—59.
[3] 蒲蕊.教育学原理[M].武汉:武汉大学出版社,2010:283.

例如,数学知识越丰富,或者所学的数学课程越多的数学教师,就会被认为教师专业水平也越高。

为了更好地发展教师的专业水平,很多学者都对教师的有效教学需要哪些学科知识,以及哪些学科知识会对教师的专业活动产生重要影响进行了研究。研究也取得了一定的成果,例如,有学者通过研究发现,教师所学的学科课程在一定范围内与学生的学业成绩呈正相关,但是超过了一定限度后,就不再存在这种相关性。

但是,这种研究方法相对简单,将学生的学业发展全部归因于教师的知识水平是对教育现象的简单化处理,未能体现教育的复杂性,也很难获得有效解释。这也导致了一些研究结果与教育现实存在较大的偏离,甚至不同研究的结果会相互矛盾。于是有学者认为,教师所学习的知识与学生的学业成就并没有直接的联系,而是与教师在教学中所体现出来的知识直接相关。[①] 例如:一些教师虽然学习了很多高等数学的课程,但是能有效掌握的不多,而能在教学中转化成对小学数学教学有所帮助的知识则更少;还有一些教师虽然知道应该先激发学生的数学兴趣,或者知道哪个部分的知识比较难、需要重点讲解,但是缺乏较好的语言表达能力、教学设计能力和课堂组织能力,也会使课堂的效果大打折扣。在现实教育中,有着同样教育背景的教师,教学效果却差异较大,这样的现象是较为普遍的,这种专业水平的差异是单纯的知识差异所无法解释的。

2. 能力本位的教师专业观

随着相关研究的深入,学者们逐渐意识到教师所具备的学科知识是教师实施专业活动的基础,但不是全部,教师还需要知道如何去做。这首先与教师所具备的知识有关,例如教师只有知道某个题目有多种解法,才能从中选择最适合的教授给学生;知道这个知识点的发展历程和生活的联系,就可以讲解得更为具体、生动。同时,这还与教师所具备的能力有关,例如教师语言表达能力较强,其教学就会有更强的语言感染力,知识点的分析和讲解就会更符合学生的学习;如果教师的教学设计能力较强,内容的组织就会更有新意,也更能吸引学生学习。由于教师的能力与教师的课堂表现密切相关,对学生学业发展的影响更为直接,于是它逐渐取代了知识,成为教师专业的内涵,这是一种能力本位的教师专业观。

这表明,随着社会的发展,社会对人才的要求越来越高,对教师专业的要求也从"能教"逐渐转移到"会教",不仅要"教得了",还要"教得好"。这种以能力为本的教师专业观,虽然聚焦于教师实施教育教学中所体现出的综合性能力,但并未否定知识对教师的作用,仍将知识视为影响教师能力的一个重要因素,教师只有对学科知识和教育知识有更多的了解,并能以此指导自身的教育教学行为,才能让教学实践更加合理、更为有效。缺乏了知识的支撑,教师的能力也将成为无源之水,从而导致目的性和有效性的缺失。因此,在这个过程中,学

---

① BALL, D L. The mathematical understandings that prospective teachers bring to teacher education [J]. Elementary School Journal, 1990, 90(4): 449-466.

者们对于教师知识的探索从未停止,对教师有效教学所需要的知识进行了更为细致的分析。

20世纪70年代开始,教师能力成为欧美国家教师教育研究领域的热点。美国的"能力本位师范教育""模拟教学""微格教学"等都是强调在教师教育中发展教师专业能力的产物。① 通过新手教师和专家教师专业能力的比较,以及教师能力与教师学业成就的相关性分析等研究,学者们对教师有效教学所需要的能力结构有了越来越深刻的认识。到了20世纪后半叶,欧美学者又通过对"好的教学"和"有效教学"的研究来说明教师应该具备的一些教学行为特征,并由此制定相关的教师专业标准。② 这种能力既包括了可通过反复训练和模仿达到的教学技能,也包括在训练和反思后才能获得的设计教学、组织教学和教学研究等高级能力。它以教师自身的基本行为能力为基础,以知识的丰富和内化为指导,以实践训练和反思总结为途径,逐步构建而成。

在小学数学教学中,教师能否较好地设计教学流程、选择合适的例子、较为合理地组织教学内容,以及能否在课堂教学中较好地利用语言表达、多媒体技术和数学演示软件,都会对学生的数学学习产生较大影响。这些能力中有教师先天所具备的,也有后天训练而成的,但都是以教师对数学学科知识、数学教育知识、小学生数学学习知识和认知规律的掌握为基础。因此,能力为本的教师专业观相较于知识为本的教师专业观更加合理,更符合教师教学实践活动的实际情况。

3. 素养本位的教师专业观

随着社会的发展,教育的内部和外部环境发生了较大的改变,发展学生的核心素养成为社会所关注的焦点和各国教育改革的核心,这是社会发展的必然趋势,也是教育范式转变的必然结果。教育的核心要义是促进人的全面发展,教育培养的人不仅要有知识、有技能,还要有修养、有智慧,是兼具必备品格和关键能力的人才。③ 在全球化和信息化的社会背景下,知识的获取途径日渐多元,各行业既高度分化又相互融合,只有具备了超越知识与技能的素养,才能更好地适应变动的复杂情境。相较于知识和技能,素养更注重个体的全面发展,更注重内化和养成,具有内在性、统领性、粘连性和终极性等主要特征,是个体成长的内在核心。④ 因此,社会的发展使得教育体制、教学方式和学习途径都将发生变化,这种变化超越了传统课程的范畴,体现了个体全面发展的教育本质观,也凸显了终身学习的教育生态观。⑤《义务教育数学课程标准(2022年版)》中明确指出,数学课程的目标是立足学生的核心素养发展。教育改革的内外一致性决定了基础教育的改革必然会引起教师专业内涵的重构与蜕变。教师是教育教学的主导者,是教育目标的直接实施者,要培养学生适应终身发展和

---

① 教育部师范教育司.教师专业化的理论与实践(修订版)[M].北京:人民教育出版社,2003:59.
② 周启加.基础教育英语教师教学能力及其发展研究[M].杭州:浙江大学出版社,2014:16.
③ 黄友初.教师专业素养:内涵、构成要素与提升路径[J].教育科学,2019,35(03):27—34.
④ 杨忠君.试论以"素养"为内核的教师专业成长[J].教育科学,2015,31(04):46—50.
⑤ 谢维和.谈核心素养的"资格"[J].中国教育学刊,2016(5):3.

社会发展的必备品格和关键能力,教师首先要具备相应的品格和能力。①

这些都表明了能力本位的教师专业观已难以诠释当前教师专业的全部内涵,无论是教师专业发展的社会诉求还是专业价值的自我提升,都需要教师构建与素养教育相适应的专业素养,即素养本位的教师专业观。结合教师专业活动的基本特征和信息化时代的社会背景,可认为教师专业素养是教师在先天条件基础上,经历养育、教育和实践等各种后天途径逐步养成的,对教师的教育教学活动有着显著影响的素质和修养,是教师从事符合时代发展的职业活动所需要的各种心理品质的总和。② 教师专业素养的内涵既体现了教师专业的基本内容,也彰显了教师专业的时代特色。在纵向上与教师的专业化发展一脉相承,在横向上与素养背景下的教师专业诉求相契合,是教师专业发展的时代产物。这种专业内容的基本特征主要表现为:在内容取向上具有专业性,在价值取向上具有统领性,在组织取向上具有发展性。

(1) 专业性

教师专业素养的内涵建立在把教师职业视为一种"专业"的基础上,这也体现了教师专业具有较强的职业特殊性和标志性,是教师专业所特有的素养。这种素养仅聚焦在教师的教育活动和教学实践中,并会对教师的教育和教学效果产生显著性影响,而与教师作为普通公民的其他品质没有必然联系。因此,教师专业素养不能简单地称为教师素养,其原因在于后者所涉及的层面较为宽泛,未能彰显教师专业独有的素养品性。教师专业素养的专业性特征,是教师专业本质的重要体现与基本保证。

(2) 统领性

教师专业素养是教师从事教育教学实践所需要的各种心理品质的总和;既有内在的认知与理念,也有外在的行为与能力;既包括了一般教师都应具有的基础性品质,也涵盖了具有教师个人特色的专有品质。这种品质不仅综合性强,更是教师各种教育和教学实践活动的指引。它统领着教师知识的发展、能力的提升和理念的更新,统领着教师专业的核心素养与非核心素养之间的协同发展,也统领着教师在实践活动中的各种外显性行为。教师专业素养的统领性特征,是教师专业价值的重要体现。

(3) 发展性

教师专业素养是教师在先天条件的基础上,通过后天的学习、生活和实践逐步形成的,具有一定的稳定性;但同时它也具有不完备性和可变性,会随着社会的变革和教师自身素养的变化逐步调整,从一个稳定体发展到另一个稳定体,不断适应着教育的需求和教师个体的变化。这其中,教师自身的内部因素是关键,社会的外部因素是根本,在内部和外部因素的交互影响下,教师的专业素养形成了稳定和变化的统一体,螺旋式地上升或者下降。教师专

---

① 朱宁波,崔慧丽.新时代背景下教师品质提升的要素和路径选择[J].教育科学,2018,34(06):49—54.
② 黄友初.教师专业素养:内涵、构成要素与提升路径[J].教育科学,2019,35(3):27—34.

业素养的发展性特征,是教师专业不断发展的着力点,也体现了教师专业发展的可行性。对于小学数学教师来说,要在数学教育教学中更好地发展学生的数学素养,这种良好的数学素养不仅体现在学生的学业成就上,也体现在学生能够融会贯通而非机械性地理解数学,能够将数学知识和数学能力学以致用,能够将数学思想和数学方法迁移到其他领域,能够具有较好的综合素养等方面。而要做到这些,数学教师要具备相应的专业素养,能较好地理解中小学数学知识的内涵和外延,具备较为正确的教育观和较强的教学能力,能以数学知识为基础,在教学过程中通过内容的设计,任务的布置和恰当的引导,从而促进学生数学素养的发展。

由此可见,社会的发展对教师的专业内涵提出了新的要求。在信息社会中,知识更迭和文化革新的加剧,新的知识、技术和教育环境对教师的知识、能力和理念提出了新的挑战,迫使教师提升主体意识,树立终身学习的专业发展意识,主动捕捉时代变革的信息,自觉促进自身的专业发展。在素养教育背景下,小学数学教师的教学理念、知识结构、教学方式和专业发展意识等心理品质都将发生变化,数学教学应以小学生的数学核心素养发展为目标,要从联系性角度审视小学数学知识,从学生认知和发展规律角度分析小学生的数学学习,要树立儿童观和终身学习的专业发展观。只有具备了超越知识和能力的专业素养,才能更好地诠释教师专业的本质内涵。

(二)教师成长需要不断提升专业水平

一般来说,在师范教育阶段,随着年级的增加,师范生的教育教学专业水平会逐步提升;在工作阶段,随着教龄的增加,教师的专业水平也会相应提高。因此,很多学者对教师专业的发展阶段进行了划分。最值得一提的是美国学者富勒,他以教师的关注点为标准,将教师的专业发展分为任教前关注(pre-teaching concerns)、早期生存关注(early concerns about survival)、教学情境关注(teaching situations concerns)和关注学生(concerns about students)四个阶段,这种专业发展分类虽然还不完善,但开创了教师专业发展阶段研究的先河。[①] 此后,学者们更多从教师专业活动角度对专业发展阶段进行划分。例如,有学者将教师的专业发展分为新手型(0—5年)、熟手型(6—15年)和专家型(15年以上)三个阶段。[②] 此后虽然有学者将这种划分细致化,但是本质上并无太大区别。例如,有学者将中小学教师的专业发展分为新手型教师(0—5年)、适应型教师(6—10年)、熟手型教师(11—20年)和专家型教师(21年以上)四个阶段。[③] 有学者将教师的专业发展分为初步适应期(第1年)、适应和熟练期(第3—5年)、探索和定位期(第10年左右)、教学成熟期(第15年左右)和专家期(第

[①] 杨秀玉.教师发展阶段论综述[J].外国教育研究,1999(06):36—41.
[②] 连榕.新手—熟手—专家型教师心理特征的比较[J].心理学报,2004(01):44—52.
[③] 孟繁胜,曲正伟,王芳.不同阶段中小学教师发展需求比较分析[J].东北师大学报(哲学社会科学版),2017(03):151—156.

20年左右)五个阶段。[①] 专业发展阶段的划分方法还有很多,但其实质并无区别,大多是从新手到胜任进而进入专家阶段,从应对事务性任务到关注自我教学进而到关注学生学习成效等,这也是教师专业发展的基本规律。

但是,每个教师的发展程度是不一样的,并不会因为拥有相同的实践年限而得到相同幅度的专业水平的提升。例如,钟祖荣等学者的调查表明,只有5.9%的中小学教师认为以教龄为标准进行专业发展阶段划分是合理的。这表明,教师自身需要不断寻求专业的有效发展。同样接受师范教育或进行教育硕士阶段学习的两个人,抛开自主学习不谈,听取同样的课程,进行同样的模拟教学训练,他们获得的感悟和生成也是不同的。有着同样求学经历的两位教师,同时进入学校工作,专业发展的程度也会有很大差异。这其中的影响因素有很多,教师自身是否有强烈的专业发展愿望,方法是否得当,反思是否到位等主观因素是最为关键的。

初入职场的小学数学教师,如果教学效果不好,学生反映的意见较多,学校领导和家长大多是可以接受的,认为新教师出现这些问题是正常的,大家需要有一些耐心。但是,如果是有着多年教学经历的教师,还把数学课上得很死板,把数学知识传授得很生硬,或者未能准确把握学生的数学基础,课堂教学不能很好地契合小学生的数学认知思维,那么无论是同事、领导还是家长都会认为这是不应该的,会对该教师专业水平发展的迟缓表示不满。这些都表明,教师要在职业生涯获得更大的成功,更好地促进学生的发展,需要积极主动,尽量快速有效地提升自己的专业水平。这不仅是对学生负责,对教师的职业负责,也是对自己的发展负责。

由此可见,小学数学教师的专业发展是一个长期的、永无止境的过程,因为教育教学发展中产生的问题是无止境的,不同的学生个体需要不同的方式来培养。若从教师的知识与能力、心理发展和职业周期等方面综合分析,教师的专业发展大致可分为观察阶段、模仿阶段、刻板阶段、经验阶段、胜任阶段、成熟阶段和专家阶段。每个阶段的成长周期因人而异,最关键的是这个成长过程是持续性的。而且,并不是到了成熟阶段或专家阶段后就可以停止自身的提高,还是需要不断学习;因为社会发展需要我们培养更符合社会的人才,教育硬件环境的更新需要我们不断去适应,面对的学生肯定也和以前有所区别,我们不能用一成不变的方式来教育,应该牢固树立专业发展意识,通过不断"充电"适应新环境、解决新问题。尤其是在如今的信息化时代,知识更新的周期短,周围环境变化快,教育理论也层出不穷,更需要教师投入精力提高自身的专业化水平。在基于素养发展的课程目标下,小学数学教师需要随时关注学生的变化、知识的变化、教学环境的变化,以此调整或创建自身的教学知识和教学行为,确保学生必备品格和关键能力的有效发展。这些都表明,既然选择了教师职

[①] 钟祖荣,张莉娜.教师专业发展阶段的调查研究及其对职后教师教育的启示[J].教师教育研究,2012,24(06):20—25,40.

业,我们就应该不断地提高自己,学习新的知识,培养新的能力,不断更新观念,这既是社会发展的需要、教育发展的需要,也是教师专业发展的需要。

二、小学数学教师专业具有相对稳定性

小学数学教师的专业是动态发展的,具有长期性和终身性,但这并不表示教师专业的发展无章可循,它有着自身的发展规律,无论是专业发展的程度还是内容都相对稳定。在教师专业发展的程度方面,虽然在教师教育中的学习和在教学实践中的经验积累,都会使教师的专业产生变化,但是这种变化的效果并不会立即体现。一方面,这是因为教师的知识理解和教学行为有一定的惯性,不可能推倒重来,会在短期内保持稳定,只会慢慢地变化;另一方面,也因为教师对新知识和新观念的理解需要一个内化和吸收的过程,从接收到成为自身专业的一部分,需要经过不断地理解、尝试、总结和再尝试这个循环过程。在教师专业发展的内容方面,尽管教育环境日新月异,但是教师的实践活动仍是以课堂教学为核心。例如,小学数学教师的专业主要围绕着小学数学的课堂教学展开,在此过程中,教师首先需要掌握所要教学的内容是什么、教学要达到怎样的目标、学生的情况如何、教学环境如何、该怎么教等。无论是哪个时期、哪个学科,教师都应具备这些方面的专业知识,因此教师专业的内容是相对稳定的。不同学者还分别采用结构式问卷调查、专家访谈调查和开放性问卷调查等方式对教师专业的基本要素进行了探索。调查得到的结果较为一致,认为教师专业的内容基本可分为专业知识、专业能力、专业信念和专业品格这四个维度,小学数学教师的专业内容也一样,可以从这四个方面进行审视。

(一)小学数学教师的专业知识

知识是一个复杂的概念,具有较强的内蕴性,基于不同的认识论,会得出不同的知识观,不同的教师其知识观也会导向不同的教学范式。理性主义者认为知识是客观存在的,是理性推演的结果;经验主义者认为知识与个体有关,是个体经验的结果;实用主义者认为知识是有机体适应环境刺激而进行探究的结果,是一种行动的工具;而激进建构主义者则认为知识在本质上是被创造的,而不是被发现的,是人脑内部主观创造的结果,不是对客观事物的反映。这些诠释从不同角度揭示了知识的本质,虽然还没有确定性的结论,但是并不影响对教师专业知识的探索。学者们对教师有效教学都需要具备哪些知识进行了分析,尽管有很多种分类,但是差异不大,基本上都认同学科知识和学科教育知识均会对教师的教学产生重要影响。

对于小学数学教师来说,熟悉教学知识点,不但要能正确理解、准确表述,还要能求解、证明、运用数学知识。但这只是最为基本的知识要求,教师最好还要对所教知识点有更深入的了解,例如,该知识点与其他数学知识点之间有着怎样的联系?它在知识网络或图谱中处于什么位置?它的前置知识和后续知识分别是什么?从哪个知识点开始过渡到该知识点在逻辑上会更自然?它与其他学科的知识有哪些联系?该知识点是如何发展变化而来的,有

哪些相关的文化背景资料？数学课程标准中对该知识点有哪些要求？教材中常见的知识呈现形式是怎样的？教材习题和考试中的常见题型有哪些、难度大致如何？等等。这些都属于学科知识的范畴，对它们的了解程度决定了教师的教学流畅程度和教学的深度。在"怎么教"方面，有部分知识与学科知识相关，例如所教知识点与其他知识的联系性，以及课程标准对该教学知识点的基本要求等；但是大部分知识属于教育学和心理学的范畴。例如，各个年龄段学生的心理特点、常见的数学教学方法及其优缺点，以及教学设计、教学软件和教育信息技术等方面的工具性知识。

根据文献分析，结合对教师进行开放性调查的结果，可将小学数学教师的专业知识主要归纳为小学数学基础性知识、小学数学关联性知识和小学数学教育性知识三种。其中，小学数学基础性知识主要指数学学科知识的范畴，是教师所应具备的知识基础，直接决定了教师能否胜任小学数学的教学工作；关联性知识是教师专业水平的重要表现，要求教师对与教学知识点相关的数学学科内外知识都有较为清晰深刻的理解，既包括数学知识，也包括数学教学知识；教育性知识是教师根据学生的数学认知规律进行有效教学的关键，教师应掌握各种数学教学方法的知识、设计教学的知识和运用教育技术的知识。

1. 小学数学教师的基础性知识

这是指数学教师对所教学的小学数学知识点的学科逻辑的掌握情况，主要体现在数学知识的学理性理解和数学知识的解答性应用两个方面。学理性理解主要指教师能准确地掌握教学知识点，会正确解读、表征和理解，没有知识性错误，可称为教师的数学基本概念和性质知识；解答性应用主要指教师能正确运算、证明和解答相关的试题，可称为教师的数学基本推理和论证知识。基础性知识是对数学教师应具备知识最基本的要求，如果不具备基础性知识，就无法实施相应数学知识点的教学。在很多人看来，这部分知识较为简单，但是在教学实践中，还是会发现有不少小学数学教师犯知识性错误。

2. 小学数学教师的关联性知识

这是指小学数学教师对所要教学内容与各教学要素之间存在的联系的认知，这是小学数学教师实施高质量课堂教学的专业基础，也是优秀数学教师所应具有的、最为关键的知识。主要包括教学内容学科知识之间关联的知识、教学内容与课程要求之间关联的知识以及教学内容在不同教材之间关联的知识。教师需要对数学知识有较为深刻、广泛的认识，能在大脑中构建数学知识图谱。了解教学知识点的发展历程，熟悉数学知识点与学科内外其他知识的联系，对所要教学的数学知识融会贯通，这是教师在教学中能将新知识与学生已有知识建立有效连接，旁征博引，多角度分析数学知识的前提；教师还需要了解教学知识点在数学课程标准中的具体要求，这是能将知识讲授到不同难度的基础；此外，教师还要对不同版本教材涉及某一数学知识的内容和习题编排、难度设置等有所了解，这对教师更好地理解数学知识的教学逻辑有很大帮助。

3. 小学数学教师的教育性知识

如果说以上两者更多地属于学科知识的范畴，那么教育性知识则更多地属于教学知识的范畴，是教师实施有效教学所应具备的知识。主要包括关于学生数学学习的知识、关于数学教育理论的知识，以及关于教育教学工具的知识三个部分。具备教育性知识的教师能较为准确地了解学生已有的数学知识基础、该年龄段学生的学习特征，能准确地判断学生在数学学习中的重点和难点，熟悉适合教授数学知识的教育学和心理学知识，并能针对不同类型的数学知识，根据教育的理论性知识采取恰当的教育教学方式。此外，教师还需要具备撰写及运用教学设计、运用教育信息技术等工具性知识。

小学数学教师的专业知识具体如表 1-1 所示。

表 1-1 小学数学教师专业知识内涵结构

一维要素	二维要素	具体内容
基础性知识	数学基本概念和性质知识	能正确解读、表征和理解
	数学基本推理和论证知识	能正确运算、证明和解答
关联性知识	教学内容学科知识之间关联的知识	知晓教学内容与其他数学知识之间的联系、教学内容与其他学科知识的联系、了解教学内容的发展历程
	教学内容与课程要求之间关联的知识	知晓课程标准对数学知识点具体内容、难度和教学的要求
	教学内容在不同教材之间关联的知识	知晓各版本教材对数学知识、例题和习题等设计与组织的知识
教育性知识	关于学生数学学习的知识	能准确判断学生数学知识基础与学习特征知识
	关于数学教育理论的知识	与知识点有关的教育学和心理学知识，能正确判断不同类型数学知识适合的教学方式的知识
	关于教育教学工具的知识	能正确运用有关教学设计、运用教育信息技术等的知识

（二）小学数学教师的专业能力

能力是一个抽象的概念，目前还没有一个公认的、明确的、合理的界定，因此，学界对于什么是"教师专业能力"也还没有达成共识，一些学者的研究中也用教师胜任力、教师技能、教学能力等词汇来进行表述。在我国，有较多学者从心理学角度诠释能力的内涵。例如，有学者认为，能力是以人的一定生理和心理素质为基础，在认识和实践过程中形成的，发展并能表现出来的能动力量，它是体力和智力的有机结合，是物质和精神的动态统一。[①]《中国大百科全书》也认为，能力是作为掌握和运用知识技能的条件并决定活动效率的一种个性心理特征。因此，教师专业能力可认为指教师以生理和心理素质为基础，在认识和实践过程中形

[①] 罗树华，李洪珍.教师能力学（修订本）[M].济南：山东教育出版社，2000:8.

成的能对教育教学等专业实践活动产生直接影响的行动力。在国外,教师能力常用 teacher capacities、teacher abilities、teacher competences、teacher proficiencies、teacher faculties 等词汇表达。其中最为常见的是 teacher competences、teacher capacities 与 teacher abilities。

国内外教师专业能力的构成有类似之处,也有不同的地方,例如都比较强调教师的教学技能、沟通合作和个人反思,但是国外学者还更为注重课堂环境的创设和班级管理,而我国学者相对更为重视学科能力、教学设计和教学研究。这种差异性与东西方不同的社会文化、教育目标及教学方式等有直接的联系。

综上所述,将小学数学教师的专业能力主要归纳为实施教学能力、设计教学能力和自我提升能力等三个方面。其中,实施教学能力主要体现在教学行为方面,是小学数学教师能否胜任课堂教学的关键能力,也是教师应该具备的最基本能力;设计教学能力是小学数学教师能否实施恰当教学的核心,需要教师根据教学内容和学生基础,设计恰当合理的教学过程;自我提升能力是小学数学教师成长所必须具备的能力,是新手教师和职前教师专业发展的关键性能力。

1. 实施教学能力

这是小学数学教师需要具备的最基本能力,是外在的、可直接观察到的能力,主要包括课堂教学的语言表达能力(语速、语态、节奏)、表情神态管理能力(表情的类型、表情反馈的时机)和动作反应能力(板书和课堂演示能力、反应能力和组织能力)三个方面。

2. 设计教学能力

小学数学教师需要具备设计教学的能力。设计教学就是对即将实施的课堂教学行为的分析与规划。为此,主要可分为内容分析能力、学情分析能力和教学规划能力。在设计教学以前,教师首先要对教学内容进行分析,包括学科逻辑、学科知识的关联、教学内容在教材中的呈现形式等,必要时还需对不同版本的小学数学教材进行比较,对数学课程标准中相关内容的要求进行解读;其次,教师要准确分析小学生的数学知识基础、学习特征、思维习惯并制定教学目标;最后,教师要在分析的基础上,确定教学目标、然后规划教学的过程,包括教学材料的选择与改造、教学过程的设计等。

3. 自我提升能力

教师能力对教师的课堂教学有着直接的影响,教师在教学实践过程中会获得很多感悟,也会面临各种问题,这些感悟能否上升为经验,面临的问题能否获得突破和解决,对教师专业发展有着重要的影响。教学实践表明,不同教师的专业发展速度是不一样的,其中一个重要因素就是教师的自我提升能力存在差异,主要包括教学研究能力、教学反思能力和观摩学习能力的差异。

综上,小学数学教师专业能力的内涵结构如表1-2所示。

表1-2　小学数学教师专业能力的内涵结构

一维要素	二维要素	具体内容
实施教学能力	语言表达能力	语速、语态、节奏等语言性能力
	表情神态管理能力	表情的类型和表情反馈的时机等能力
	动作反应能力	板书和课堂演示能力、反应能力和组织能力
设计教学能力	内容分析能力	数学课堂教学内容的分析和解读的能力
	学情分析能力	学生数学基础和认知思维特征解读的能力
	教学规划能力	设计能有效落实教学目标的教学过程的能力
自我提升能力	教学研究能力	对教学问题进行研究的能力
	教学反思能力	在实践和学习中不断反思并获得感悟的能力
	观摩学习能力	观摩与学习,以期获得有效提升的能力

(三) 小学数学教师的专业信念

教师在学习、生活和工作过程中,在知识的本质、知识的学习、知识的教学和学生的教育等方面会逐渐形成自己的理解和看法,这就是教师信念,它会在很大程度上影响教师的教育教学工作。例如:教师如果认为小学数学的学习主要靠熟练地做题,那么在教学中就会较多地强调解题训练;教师如果认为小学数学学习的关键在于对数学知识的理解,那么在教学中就会比较重视概念的教学等。尽管国内外学者从社会学和心理学等不同角度,给出了不同的信念概念,但是对其本质的认识较为一致,均认为信念指的是个人所拥有的,不易察觉的,且相对稳定的关于自然和社会的一些坚定不移的看法或观念。教师专业信念是教师对于学生的教育、学科的教与学,以及知识本身所持有的基本观点和基本态度,它是教师在学习、生活和从事教育教学过程中逐步形成的,对教师的教学行为有着重要的影响。教师专业信念具有个体性、情境性和相对稳定性等特点,它会随着认知和非认知因素的变化而逐步发生改变。

根据文献分析,结合对教师进行开放性调查的结果,可将小学数学教师的专业信念主要归结为数学知识信念、数学教学信念和数学教师自我信念三个方面。这三种信念中,数学知识信念与知识的联系最为紧密,数学教学信念次之;而数学教师自我信念与情感的联系较为紧密。值得一提的是,教师专业信念是教师所秉持的观点,它与教师的品格、能力和知识等专业素养不同,并不存在最低要求或最基本条件,只有合适和不合适。为此,有学者根据不同的信念倾向,从传统到现代,将数学知识信念和数学教学信念各划分出了五种类型。其中,数学知识信念分别为二元绝对论、多元绝对论、分离性相对绝对论、联系性相对绝对论和相对可误论;数学教学信念分别为行为主义、认知主义、信息加工建构主义、个人建构主义和社会建构主义。[①] 在数学教师自我信念方面,可从消极到积极对其进行分类。小学数学教师专业信念的具体结构内

---

① 喻平.教学认识信念研究[M].北京:科学出版社,2016:34.

涵可简述如下。

1. 数学知识信念

这是指教师对小学数学知识的认识和所秉持的观点,不同的认识观会导致教师形成不同的小学数学学科知识信念,进而影响到个人的教学理念和教学行为。小学数学知识信念主要包括教师对小学数学知识范畴的信念、小学数学知识性质的信念、小学数学知识价值的信念和小学数学知识结构的信念四个部分。其中,小学数学知识范畴包含两层含义,一是对小学数学知识本质的认识,二是对小学数学知识来源的认识。小学数学知识性质指人们对小学数学知识真理性的判断;小学数学知识价值指教师对小学数学知识价值的判断,包括强调知识的价值在于为社会服务和为育人服务两个方面;小学数学知识结构包含两层含义,一是知识之间、知识与生活之间是相互联系的还是相互分离的,二是除了显性知识外是否还有隐性知识。

2. 数学教学信念

这是指教师对于小学数学的教与学所持的基本观点,例如教师对行为主义、认知主义、人本主义、建构主义和情境认知主义等理论下的教学观和学习观持何种态度,有怎样的认识等,这是影响教师教学行为最为重要的信念。小学数学教学信念主要可分为小学数学教育信念、小学数学课堂教学信念和小学数学学习信念三个部分。其中,小学数学教育信念主要指教师的教育理念和数学教育观;小学数学课堂教学信念主要指教师对数学教学目的和本质的认识、对数学教材操作的认识和学生数学学习的认识;小学数学学习信念主要指对小学生数学学习过程的认识、对数学学习结果归因的认识和小学生数学发展的认识。小学数学教学信念是小学数学教师信念的核心,对教师的教学行为有着直接而强烈的影响。

3. 数学教师自我信念

这是指小学数学教师对自己职业的认识、在自身定位和职业发展方面的信念,是教师专业发展内驱力的重要来源。小学数学教师自我信念主要可分为小学数学教师的职业认识、归因类型和自我效能感三个部分。积极的自我信念是教师专业发展动力的源泉,会让教师对工作充满积极性,对职业有信心,恰当地扮演自己在教学和工作中的角色;相反,消极的自我信念将阻碍教师的专业发展,不利于学生数学素养的发展。

综上,小学数学教师专业信念的内涵结构如表1-3所示。

表1-3 小学数学教师专业信念内涵的结构

一维要素	二维要素	具体内容
数学知识信念	小学数学知识范畴的信念	客观认识论与主观认识论
	小学数学知识性质的信念	绝对主义与可误主义,理性主义与经验主义
	小学数学知识价值的信念	社会性与育人性,功利性与认知性,工具性与训练性
	小学数学知识结构的信念	联系性与孤立性,外显性与内隐性

(续表)

一维要素	二维要素	具体内容
数学教学信念	小学数学教育信念	教师的教育理念和数学教育观
	小学数学课堂教学信念	对数学教学本质和目的的认识、数学教材操作的认识和学生数学学习的认识
	小学数学学习信念	对小学生数学学习过程的认识、数学学习结果归因的认识、小学生数学发展的认识
数学教师自我信念	职业认识	对数学教师职业的认识、职业发展前景的判断和工作的自信心
	归因类型	对教育教学工作成功与失败的归因
	自我效能感	教师对自身教育能力与影响力的自我判断、信念与感受

(四) 小学数学教师的专业品格

无论是东方还是西方,在传统的人才标准中,人们都将高尚的道德品性列为第一位的尺度,作为人才的首要标准。[1] 教师主要从事育人的工作,学生的成长不仅仅包括获得知识和能力,还包括道德品质的发展。《义务教育数学课程标准(2022年版)》指出,数学在形成人的理性思维、科学精神和促进个人智力发展中发挥着不可替代的作用,数学教育应体现数学课程育人价值。这对教师的专业品格提出了更高的要求,专业品格较高的教师,有着较高的教育情怀,哪怕他的其他方面较为薄弱,也会有很强的动力去提升自己。教师的专业品格虽然是隐性的,但会对学生产生潜移默化的影响。应该看到,任何学科的教学都不仅仅是让学生获得学科的若干知识、技能和能力,而是要同时指向人的精神、思想情感、思维方式、生活方式和价值观的生成与提升,这些都离不开具有良好教育情怀、道德修养和人格品质的教师。因此,从某种意义上说,教师专业品格对教育的影响是最为关键的。

教师专业品格是教师在生活实践中养成的教育态度、职业情感、道德认知、道德行为和个性品质,是一种较为稳定的心理特征;它既包括了作为社会公民的普遍性道德要求,也包括了从事教师职业所需要的情感态度和道德品质,还包括了行为个体积极向上的个性品质。从师德研究结果来看,有学者认为师德有着底线约束,也有崇高追求,这也被称为"底线师德"和"师德崇高",[2] 教师的专业品格也有类似的特征。为此,结合教师开放式调查的结果,可将小学数学教师的专业品格从低到高分为公民品德、教育情怀和人格品质三个部分。小学数学教师专业品格的具体内涵简述如下。

---

[1] 林崇德.21世纪学生发展核心素养研究[M].北京:北京师范大学出版社,2016:3.
[2] 李敏,檀传宝.师德崇高性与底线师德[J].课程·教材·教法,2008(06):74—78.

1. 公民品德

这是指小学数学教师作为普通公民所应具备的基本品德；要求教师的思想政治觉悟高，爱国爱党，具有正确的政治观、价值观，不做违法乱纪的事情，可概括为思想政治和遵纪守法两个子要素。这可视为教师专业品格的底线，是原则性的要求，个体只有具备一个合格公民应有的道德品质，才能胜任育人职业。

2. 教育情怀

这是指小学数学教师从事本职工作所应具备的道德品质；教师对自身的职业有较高的认同，关爱学生，能在行为上为人师表，发挥良好的示范作用，可概括为职业认同和关爱学生两个子要素。这可视为教师职业所特有的道德规范，既有自觉性也有约束性，是规范性品格。

3. 人格品质

这是指小学数学教师为了更好地履行本职工作所体现出的勤奋好学、有毅力、有耐心、有较强的自我约束力等优良品质，可概括为勤奋好学和自我约束两个子要素。这可视为教师专业发展所应具备的良好品性，既能保障教师实现自我职业理想，也能对周围的同事和学生起到较强的品格示范作用，是理想性品格。

综上，小学数学教师专业品格的内涵结构如表1-4所示。

表1-4　小学数学教师专业品格的内涵结构

一维要素	二维要素	具体内容
公民品德	思想政治	思想政治觉悟高、爱国爱党，具有正确的政治观、价值观
	遵纪守法	遵守国家、社会和学校的各项规章制度，不做违法乱纪的事情
教育情怀	职业认同	热爱数学教师职业，有饱满的工作热情，有高度的敬业心，在行为上为人师表
	关爱学生	在数学课堂内外都能关心和爱护学生，以学生的全面发展为工作的中心
人格品质	勤奋好学	不断追求和完善数学教学工作与自身的专业发展，并为此而不断努力、终身学习
	自我约束	能抵制各种不良诱惑，在工作中有毅力、有耐心、有牺牲精神

教师从事本职工作所应具备的专业素养主要可归纳为专业知识、专业能力、专业信念和专业品格这四个类别，小学数学教师也一样，要从这四个方面进行提高。其中专业知识和专业能力相对具体，教师比较容易感知，而专业信念和专业品格对教师的影响相对内在，是潜移默化的，比较容易被教师忽略。其实，这四个部分的专业内容对教师的专业实践活动都十分重要，就知识和能力而言，如果不知道和不会做，则无法开展专业活动，或者教学效果不好；而如果教师的数学教育信念与学生的发展成效不匹配，或者教师对职业的热爱程度较低，也会导致其很难全身心地投入到教学中，难以有效发展学生的数学素养。

第二节　小学数学教师专业的发展

小学数学教师的专业发展是不断积累而成的,并不是一朝一夕就能达到的,而且每一个人的发展速度不一样,同一个人的不同类型专业发展程度也不一样。有的专业发展在短时间内很难看出成效,教师需要有足够的耐心,要相信付出必定会有收获。

一、不同阶段的经历对教师专业发展的影响程度存在差异

教师的专业具有较强的综合性,学习、生活和工作中的感悟都能迁移到该专业中,可以说,不同人生阶段的经历都会对教师的专业发展产生影响。但是,对教师专业发展影响程度最大的应该是与教学有关的经历,大致可分为作为学生的经历、职前教师教育的经历、在职教师教育的经历和在职教育教学实践的经历。本节将对不同阶段经历对小学数学教师专业发展的影响进行探讨。

(一) 不同阶段的经历对教师专业发展都会产生显著影响

与小学数学教师专业发展有关的经历可分为学生经验、职前教育、在职教育和在职经验这四个阶段。其中学生经验指教师在中小学时期以学生身份听课学习的经历。这个时期虽然距离教师从事本职工作已经有一定时间,但是这个时期本身比较长,中小学共有 12 年,在这个过程中,如果哪个授课教师给其留下了深刻影响,那么其在成为教师后也会不自觉地进行模仿。职前教育指教师在入职前接受师范教育或者教育类研究生学习的经历,这个时期的学习具有较强的针对性,学生知道自己毕业后将从事教师职业,在此期间会为该职业的顺利开展做好各种专业准备。在职教育指教师在入职后参加的各种教研活动和讲座培训等集体性教育活动,是有一定规定性的在职教师教育活动。在职经验指教师的教育教学实践历练、实践经验的积累,以及自发性的学习活动。

为探索各种阶段的影响程度,有学者编制了问卷对部分教师进行了调查。结果表明,学生经验、职前教育、在职教育和在职经验这四个阶段对教师专业的发展都有显著影响,具体结果如表 1-5 所示。

表 1-5　不同阶段和不同专业内容双变量相关性检验表

专业内容	阶　　段			
	学生经验	职前教育	在职教育	在职经验
教师知识	0.862**	0.879**	0.899**	0.872**
教师能力	0.894**	0.883**	0.884**	0.878**
教师信念	0.846**	0.864**	0.861**	0.860**
教师品格	0.829**	0.825**	0.849**	0.877**
素养总体	0.899**	0.902**	0.913**	0.912**

但是，在影响程度方面则存在较大差异，在职经验和在职教育对教师专业素养总体发展的影响明显高于学生经验和职前教育。尤其是在职经验的积累，对教师专业知识、专业能力、专业信念和专业品格的影响都位居首位。值得一提的是，学生经验对教师专业品格的影响位居次位。这表明，教师在中小学学习期间对授课教师的观察会对其今后是否选择教师职业，能否投入较高的职业热情产生重要影响。

研究发现，不同阶段经历对教师专业发展的影响不存在性别差异，也不存在教龄差异。但是，在教龄中存在一个发展特征，即教师在刚入职的前几年里，专业得到了较快的发展，但是在工作若干年后（一般是5—10年），专业提升的幅度则比较有限，职业的新鲜感逐渐消失，重复性的工作也导致倦怠感随之产生，工作动力不足，专业活动的成效受到影响。为此，教师和教育管理者可从以下两个方面入手解决：一方面，教师要意识到这种现象是十分正常的，并非教师职业独有，但是这种现象无论是对教师的专业发展还是对学生的成长都是不利的，应该尽量避免，出现这种现象时教师要尽量克服，转移兴趣点和注意力；另一方面，教育管理者要创造条件，在文化上关怀教师，让其能获得较好的成功体验，又能获得有针对性的专业提升机会，教师自身也要做好心态调整，从学生的发展中找到工作的价值所在，从钻研中获得专业提升的突破。应该看到，每个教师的成长速度是不一样的，也并不是每一个熟手型教师都能成为专家型教师，那些能成为专家型教师的人一般都有这些共同特点：热爱职业，认真刻苦，用心钻研，静得下心学习，能做到理论和实践相结合，等等。为此，教师应牢固树立专业发展意识，在工作中充满热情，富有创造力，这样才能不断突破自我。

（二）职前教师的专业发展主动性还需提高

一般来说，职前教育中开设的数学学科课程、数学教育类课程、教育类课程和心理学类课程较为丰富，又具有较强的知识性，对教师的专业知识会有较大影响。但是，调查表明并非如此，部分教师反而认为在职经验和在职教育对其专业知识的影响最大。通过访谈发现，主要原因在于职前教师所学学科课程知识具有较强的理论倾向，难以有效转化为教学实践所需要的知识。例如，职前教师在大学期间学过很多高等数学课程，这本来对高观点下审视初等数学有很大帮助，但是这种转化需要在职教师的引导，而不是仅凭职前教师自己去感悟和体会；另外，初等数学的发展历史、各知识点之间联系的知识、学生在学习各数学知识点时的常见错误等对中小学数学教师教学有较大影响的知识，在职前教育中并未能得到有效落实。这些职前教师教育的课程要取得较好的教学效果，需要授课教师自身对其有较为深入的了解，才能在职前教育中较好地引导职前教师学习和感悟。但是，由于受到各方面因素的影响，如缺乏相应师资、存在较多科研考核等，导致了教师教育课程的授课教师投入不够。

造成这种局面的因素有很多，而改变需要一个过程，为此，师范生和教育类研究生在学习期间要有较强的主动性。在数学教育类课程的学习过程中，要有联系性视角和转化意识，能通过自身的查阅和分析，对初等数学知识的之间的联系、发展历程，初等数学与高等数学相关知识的联系，以及对初等数学知识在自然科学和社会科学中的应用有较为深入和全面的了解。

研究发现，小学数学职前教师和新手数学教师在专业发展方面还存在若干不足，主要体现在以下四个方面。

1. 缺乏对小学数学知识本质的理解

通过对若干小学数学特级教师进行访谈发现，目前的新手数学教师对小学数学知识本质的理解较为缺乏。他们虽然能解题，但是掌握的数学知识更多是碎片化的，他们缺乏从知识体系的角度认识数学的能力，缺乏对知识点背后数学思想方法、发展脉络的了解等。小学数学知识看似简单，但是若想揭示浅显知识背后的本质，往往需要对其进行深入的探究。其实，越是简单的数学知识，想要教得好往往越不容易，因为教师需要准确把握学生的思维特征和认知水平，教师只有通过让学生探究才能帮助他们获得相关知识，而不是凭借自身的经验和理解来教学。

很多新手教师在教学时往往过于依赖教材和教学参考书，但这两者都只能给教师提供参考，并不是让教师完全照搬照抄，教师应该在理解的基础上，具备驾驭教材的能力。而且，数学教学参考书在知识的关联性和发展性方面的阐述不多，对于教学内容背后的分析的层次还不够。职前数学教师在高校学习期间，应该对中小学数学知识的本质特征、知识点之间的联系、知识点的发展过程等进行较为深入的了解。如果有相应课程是最好的，如果没有对应的课程，职前教师在模拟上课或完成作业的过程中，可以就个别数学知识点的知识本质和发展历程进行较为细致的探究。这既可以找到适合自己的学习方式，也能以点带面，逐步丰富对中小学数学知识的了解。只有当教师对内容有极深入的理解，才能在一定的学科知识高度上创设情境、组织学生活动，教学才会更得心应手，教学效果也自然就会较为突出。

2. 数学教学方式较为单一，应试倾向明显

从课堂观察和对一些教师的访谈中发现，数学新手教师在课堂教学中的教学方式还较为简单。或许是自信程度不够，他们所设计的教学内容和教学过程与教材"高度一致"，创造力和针对性都还不够。除此之外，他们在教学中较为拘谨，不能放开，与学生的有效互动不多，担心放开后收不回来，导致故步自封，不求有功但求无过。教学过程"以我为主"，应变能力不足，教学内容具有较强的知识性和应试教育倾向。

应该看到，让教师在数学教学中完全脱离考试的影响是不现实的，但这并不意味着数学学习就是死记硬背。数学教学应该更多聚焦于学生思维的发展，数学素养最重要的体现就是学生拥有数学思维，掌握数学的理论知识，能解题，能解决应用题，还能灵活运用。这就要求教师在课堂教学中更多地体现学生的主体性地位，通过创设情境或者提问，引发学生思考，不要什么都由教师说，如果教师把过程和结果都告诉学生，那么学数学就成了背诵和做题。这种教学看似"高效"，实质是急于求成，今后还要不断"返工"，教和学都因此变得很枯

燥,反而很低效。例如：在"认识长方体"的教学中,教师如果直接告诉学生什么是长方体,它分别由点、棱和面构成,有几个点、几条棱和几个面,分别有什么特点,然后让学生练习。这种教学就十分直接,是比较典型的"记忆＋练习"的教学;如果先让学生观察,说出长方体的特征,然后教师再归纳总结,其间也能对学生的错误理解进行分析,这样学生的理解就会更深刻。为此,在职前教师教育中,准数学教师就要树立正确的数学教育观,能在教学中通过合理的方式让学生掌握数学知识,促进他们数学素养的发展。同时,也需要通过数学教材教法类课程的学习,深入分析具体数学知识点的教学,以此更好地了解小学学生的数学思维特征。

3. 个别数学教师的教育情怀还需进一步提升

目前在小学数学职前教师队伍中,还存在个别教师的教育热情不太高的现象,之所以出现这种情况,主要有两个方面的因素：一是这个职业不是教师自己的选择,而是家长的选择,或者是自己被迫的选择;在工作时更多将教师这一职业看成是谋生的一种手段,而不是真的喜爱,在工作中力求不出错,但缺乏上进心。二是对自己的专业水平缺乏自信,一上讲台就紧张,不知道怎么教才合适,对教师职业有种恐惧感。而小学数学在职教师队伍中,部分教师也存在职业倦怠的现象,主要原因也有两个：一是对职业重复性工作的疲倦感;二是学生的表现不如预期,缺乏成就感。应该看到,这部分教师群体数量虽然不大,但对教育的影响却不小。如果将医生和教师相比较,医生的医疗事故是显性的,对病人的伤害是身体上的,是可见的;而教师的教育事故则是隐性的,对学生造成的伤害是心理上的,是看不见的,对学生的影响很可能是一辈子的,甚至还可能影响到一个家庭。目前社会上的择校、择班、择师等行为,都表明了教师专业素养差异对社会的影响。

因此,教师要树立正确的专业品格,真正意识到教师职业的重要性。一位优秀的教师,对学生的影响可能是一辈子的。但是一些青年教师可能还没有这方面的意识。为此,职前教师要在学习过程中逐步养成教师职业道德。只有在职业规划阶段就树立从事教师职业的愿望,对自己的教师生涯有长远的规划,才能更好地激发职业热情。在职教师也要认识到教师职业的闪光之处。如果教师能保持较高的职业情怀,那么无论是在学习还是在教育教学实践中,遇到困难就能不轻言放弃,就能够深入分析、思考对策。在新的时代背景下,学生的学习方式、思维方式和生活习惯都有较大的改变,教师的专业也需要与时俱进,这些都离不开教育情怀的支撑。一旦在职业中获得了成功的喜悦,教师就会有更大的动力投入到教育实践活动中,也会自觉提高自己的专业水平,从而进入良性循环。

4. 部分年轻教师的沟通交流能力和基本的技术能力有待提高

各种渠道的反馈表明,目前部分新入职的教师在沟通交流能力方面还存在欠缺,不仅缺乏沟通的技巧,有时候也缺乏与同事、家长和学生交流的耐心。访谈显示,如果职前教师在大学就读期间担任过学生干部或社团干部,沟通交流的能力会强一些。为此,职前教师应该加强这方面能力的培养。除此之外，目前的中小学还希望新入职的教师能具备熟练使用教育技术的能力，具备拓展型课程开发与实施的能力（尤其是 STEM 方面），具备参与学校新闻报道（微信、微博）工作等方面的能力。这些都是新时代背景下的教师专业素养需求，在职前教师教育中有必要开始设置一些对应的选修课程，培养职前数学教师的综合实践能力。

教育研究表明，真实课堂教学实践对教师专业的发展最为有效，但是在职前教育期间，这种机会是很难获得的。除了有效利用实习和见习等真实场域的实践机会以外，职前教师还可以退而求其次，在学校学习期间，重视微格教学或类似课程的模拟训练。以数学知识点有效教学的训练为核心，在模拟授课前认真准备，在授课后虚心听取意见，并对教学视频进行细致的分析，做出相应调整后也可以再次模拟训练，直到满意为止。职前教师可以在现有条件下，通过这种不断的实践和改进过程，较好地提升自身的教学设计能力和教学行为能力，这不仅可以对该数学知识点有效教学所需要的知识有较为全面和深入的了解，而且在训练过程中，还可以对自身的数学教育理念有更加深入的认识。教师专业知识和专业能力得到有效发展后，教师再开展教育教学实践活动会更有自信，教育情怀也能得到提升。

教师专业具有较强的具身性，需要亲身实践后才能有效内化，单纯地听别人讲课，看别人进行课堂教学，收获是有限的。有部分职前教师对模拟教学实践缺乏应有的态度，或者持续热情不够，这些都是不可取的。教师专业的有效发展不是短期就能见效的，需要不断地学习、尝试、思考和打磨，不断积累量变才有可能达到质变；职前教师应该保持耐心，在学习中积极主动，只有认真对待每次训练，才能获得更深的感悟。很容易就可以达成的专业，往往不是最珍贵的，而那些花精力探索得来的，往往更有价值。

二、不同路径对教师专业发展的影响程度存在差异

教师专业发展的方式有很多，大致可分为实践训练、课堂观摩、文献学习、听专家讲座、教研活动等，但是不同的方式对教师专业发展的影响是不一样的。职前教师和在职教师有效的专业发展方式既有共同之处，也有差异。

（一）职前教师和在职教师有效专业发展路径的差异之处

职前教师的专业发展主要依赖于各种课程的学习，在专业发展中相对被动，专业发展的程度既受到所开设课程内容的影响，也受到师范院校授课教师专业水平的影响。如果对课程内容感兴趣，授课教师的水平较高，教学方式也适合自己学习，那么职前教师肯定会有较大收获。但是，如果不喜欢课程内容，或者感觉用处不大，又或者觉得授课教师的讲课方式不适合自己，职前教师也不能自暴自弃。主要原因有两个：一是师范院校的课程不是随便设置的，都是经过严格论证的，都是有较强目的性和逻辑联系的，都是以职前教师专业有效发展为目标的。至于一些课程会被职前教师认为收获不大，主要原因是这些课程的内容与小学数学教学是间接相关的，并非课程内容没有用处，而是要经过深入学习，才能将其与小学

数学建立起有效联结，有的甚至要到将来工作后才会有较深的体会，这种感知存在滞后性。二是专业的发展对职前教师自身的影响最大，如果自暴自弃，那么自己受到的损失是最大的。无论课程内容是否有用，或者授课教师的教学方式是否适合自己，职前教师都要自己调整好心态。如果能从课程的学习中获得价值感悟最好，如果不能，就要努力改变自己，要么更好地适应授课教师，要么通过自学获得自己想要的发展。

一般来说，职前教师（如师范生和教育类研究生）在学校学习的课程体系包括学科类、学科教育类和教育类这三个部分。学科教育类与小学课堂教学关系相对密切，受欢迎程度会高一些，但是学科类课程和教育类课程如果学得不好，学科教育类课程的学习效果也会受到影响。当然，这些课程对职前教师专业发展的影响也与授课教师对课程的理解和教学方式有比较大的关系。如果教师在授课过程中既有理论高度，又能与小学数学教学相联系，这对职前教师的专业发展会很有帮助。由于职前教师缺乏真实场域的教育教学实践机会，所以要在理论学习中做好知识的储备，毕竟工作后很难有这么充裕的时间学习学科知识和教育知识。另外，职前教师要认真对待各种模拟教学的训练机会，不要把它当作是完成作业或教师交代的任务，而应该从自己的需求出发，意识到这么做是为了自己的专业有更好的发展，这种专业发展关乎着自己能否在面试中打动对方，从而找到满意的工作，能否在将来的职业中取得较好的成就，这种动力对职前教师的专业发展是十分有激励作用的，也是长久的。

对于在职数学教师来说，专业发展的提高方式有很多，主要可归纳为教师自主性活动、校内常规性活动、校内临时性活动、校外常规性活动以及校外临时性活动五个方面。其中，教师自主性活动，指在没有明确规定和要求的情况下，小学数学教师为了更好地提升自己的专业水平，自发通过各种方式来提高自身的专业化水平。校内常规性活动指为了提高教师的专业发展水平，学校定期举行的各种各样的校内培训活动、教研活动等。校内临时性活动指为了提高小学数学教师的专业发展水平，学校不定期组织的各类培训或学习活动。校外常规性活动指为了提高小学数学教师的专业发展水平，教育主管部门定期组织的各类常规培训或学习活动、教研部门（员）定期组织的教研活动等。校外临时性活动指为了提高小学数学教师的专业发展水平，教育主管部门不定期组织的各类临时性培训或学习活动。

调查发现：校内常规性活动的频率和效果都显著高于其他四类专业发展活动，教师自主性活动的频率仅位居第 4 位，但是效果位居第 2 位；校内临时性活动的频率虽然不低，位居第 3，但是效果一般；校内和校外临时性活动的效果较为接近，都显著低于其他三类专业发展活动的效果。教师运用得最为频繁且效果也最为显著的三种方式是：自发去搜集与所教内容有关的资料，作为新教师参加学校组织的各类学习活动，以及自发地与同伴进行教学交流。

从专业知识发展路径的角度对小学数学教师进行调查后发现，教学实践与反思是最为重要的路径，其次是自我学习与反思层面、集体学习与反思层面的路径，不同路径对于不同教学知识维度的重要程度有所不同。对于教学内容知识来说，最重要的路径分别是教学实践与反思、自我学习与反思和集体学习与反思；而对教学策略知识来说，最重要的路径分别是教学实践与反思、集体学习与反思和自我学习与反思。这表明，教师教学实践后反思对教师知识的影响最大，而集体学习与反思对教学策略知识的影响相对较大，教师自我学习与反思对教学内容知识的影响相对较大。在最重要的发展途径上达成共识的有四种，包括自己常规教学实践后的反思与体会，同事间教学实践讨论后的反思与体会，参与数学竞赛类、创新类课程的教学与反思，参与同级数学教师日常教学中的集体备课、研讨。其次是观摩性学习，包括观摩专家型教师教学后的自我反思与体会、观摩同事教学后的自我反思与体会。而阅读数学相关的专业期刊、论文及教辅材料等书籍，入职前所参与、经历的各类数学教育实习、见习等，参与同级同类学校间外派、交流或轮岗则是三种较为一般的途径。

（二）教学反思是职前教师和在职教师有效专业发展的共同路径

在职前教师和在职教师专业发展过程中，教师自身的积极性和主动性都很关键，这也是这两类教师专业发展都应具有的品质。除此之外，方法也很重要，拥有这两种品质的共同方法就是要具备较强的反思能力。教师专业发展不是一个静止、封闭、线性的过程，它具有终身性、动态性和开放性的特点。教师在成长过程中，接受各种教师教育的学时数毕竟有限，更多的时候需要在教育实践中成长。但是，经历同样教育实践时间的教师，其专业水平也未必相同，这其中的影响因素有很多，其中，在实践中实施有针对性的反思是关键。只有不断地反思，在实践中总结经验，在相互比较中思考自身的不足和优势，才能更好地将所看到的和所听到的知识、他人的表现内化为自身的专业素养。因此，可以说反思是教师专业发展的动力和基础，是教育实践中发展专业的核心，教师在教学过程中合理运用反思性教学，可以及时发现自身在教育知识、教育理念和实践技巧等方面的问题，并寻找对策加以改正，从而不断完善和发展自己。

1. 反思对于教师专业发展具有重要性的理论基础

建构主义理论认为，个体获得知识与经验的过程是不断顺应和同化的过程，个体运用已有的认知结构解释与整合新的信息，经过长期知识和经验的积累，逐步形成特定的认知结构，即图式。形成的认知图式随着知识和经验的积累而不断发展，教师的知识结构和适应能力也不断进行建构和再建构。教师通过上述知识与经验的积累来建构自己关于教学能力的认知图式或心理表象，并将认知图式或心理表象以经验的形式储存在记忆中，成为教师认知结构的主要构成部分。教师通过建构学习形成的认知图式或心理表象对其教学活动的计划、组织与实施，其学生的学习活动、教学行为有效性和教学目标都会产生重要的影响。教师的上述知识建构过程对其认知与思维的发展也将产生重要影响，并在教师教学反思能力的发展和促进中起着十分重要的作用。

由于课堂教学情境具有不确定性，教师知识和经验的积累存在着个体差异，同时也具有一定的主观性，这种主观性直接影响着教师课堂信息知觉的准确性。舍恩认为，教学活动是一个复杂的、不确定的、不稳定的和存在价值冲突的情境,是不可能完全规则化的,需要教师在专业实践中利用自己的智慧,重构教学所需要的专业知识。为此,他还提出了行动中的反思和对行动的反思(两种教学专业知识活动的模式)。[1] 因此,教师在学习中要反思所学知识、技能与自己的小学数学教育教学观、教学知识和教学能力有着怎样的联系,是全部接受、部分接受还是不接受,为什么;在教学中要反思所实施的行为与预期的设计存在怎样的差异,为什么会产生这些差异,该如何改进等。

教师对课堂教学或课堂模拟教学进行反思,可以在一定程度上描述教学过程中决策的认知过程。[2] 反思型教师能够对问题解决过程中的教学行为有效性和教师内在认知加工过程进行有效监控;在面对新异或陌生的情境或制定新的课程计划时,能够进行正确的推理,提出问题和假设,能够运用长时记忆中的知识和经验对提出的问题与假设进行检验,并做出尝试性决策,能通过选择和实施一系列有效的教学方法达到预期的教学目标,并对行为的结果进行反思与评价。此外,斯滕伯格等学者也非常强调经验在教师教学专长发展中的重要性,认为教师的内隐知识在教师专长发展中起着十分重要的作用,教学反思对于教师的教学能力、课堂信息知觉以及问题解决有重要的影响。[3] 这些都表明,反思对教师专业发展具有重要的促进作用。

专家型教师能够迅速通过对教学情境进行推理和判断,做出正确的决策或得出正确的结论,其主要原因在于他们经过反思获得了更多的认知图式,形成了认知技能的自动化。[4] 教师处理课堂情境所需的信息被存储在长时记忆中,与特定情境或问题相关的事实、概念、原理、推论或普遍性规律和经验等被组织在一个知识网络中,即认知图式,认知图式中包含着个体对世界的认识和理解,个体能够在极短的时间内存储和提取认知结构中的信息。从新手教师与专家型教师课堂教学能力发展的角度分析,专家型教师在问题解决过程中具有丰富的认知图式,这些认识图式和知识经验的积累是通过认知建构的过程形成的,而新手教师的认知图式和相关知识经验的积累则是匮乏的,因此,新手教师不能像专家型教师那样,迅速对问题做出判断、决策或得出正确结论。

专家型教师由于积累了丰富的知识和经验,他们的认知结构中已经形成了针对不同问题的认知技能,当这些认知技能经过长期的运用、熟练化和程序化,逐渐达到自动化的水平时,教师面对常规的教学问题就几乎不需要有意识地思考,或者只需要付出很少的意识努力就可以轻松、迅速地做出决策和解决面临的问题。而新手教师由于认知图式没有达到自动化的程度,因此,每做一个决策都需进行细致的思考,从而降低了问题解决的效率。而专家

---

[1] SCHON, D A. The reflective practitioner [M]. London: Basic Books, 1983:23-69.
[2] DEWEY, J. Democracy and education: an introduction to the philosophy of education [M]. New York: The Free Press, 1916:1-20.
[3] STERNBERG R J. Ability are forms of developing expertise [J]. Educational Research, 1998,27(03):11-20.
[4] BERLINER D C. The near impossibility of testing for teacher quality [J]. Journal of Teacher Education, 2005(03):205-213.

型教师在获得这些图式和经验的过程中,不断地进行反思是关键。

2. 教师反思性教育实践的基本途径

反思是教师专业素养发展的重要途径,但是反思也有一定的策略,教师反思能力的高低对其专业素养发展速度也有着重要的影响。

(1) 教师要具备较强的反思意识

教师的反思有深度与浅度的区别,也有长期与短期的不同。能做到长期和深入反思的教师,需要具备较强的反思意识,具体包括:

- 教师具备主动思考的素质;
- 教师是在内在教学动机驱动下从事教育教学活动的;
- 教师能够对教学过程中发现的问题进行积极主动的分析和思考;
- 教师能够积极主动地设置教学目标;
- 教师能够在教学过程中制定有效的计划,并实施教学计划;
- 教师能够对自己的教学活动进行自我监控,并在此基础上对自己的教学进行反思与评价,达到提高和改进教学的目的。

这种反思意识需要教师具备较强的内驱力,具备持之以恒的毅力,否则就会让反思流于表面,缺乏深度,导致教师的教学知识和教学能力等专业素养提高有限。

(2) 教学反思的内容要具有针对性

调查显示,很多教师没有从策略者角度对教学本质进行反思,他们会思考"我该怎样做",但对"我为什么这样做"思考得较少。[1] 怎样将教师的操作性实践上升为反思性实践,取决于教师反思的深度。教师如果能对问题的本质进行思考,而非仅对现象本身进行思考,那么他们的教学就会更有深度,更具大局观,实践的主动性也会更强。因此,从内容角度分析,一般可以从教学的设计、教学的实施和教学的效果这三个方面对教学实践进行反思。

- 教学的设计:主要反思设计的理念是否符合教育的指导方针,是否体现了学生数学素养的发展;设计的过程是否符合学生的认知规律,是否符合内容的逻辑顺序;以往的教学不足是否得到了规避;等等。
- 教学的实施:主要反思教学的方法是否得当,教学行为(语言内容、语态、音量、节奏、神态等)是否有值得改进的地方;信息技术和教具的运用是否合适;等等。
- 教学的效果:主要反思预设和生成的差异,课堂气氛和学习效果的差异,教学目标的达成度等。

以上的反思内容并没有提到教师专业知识、教师专业能力、教师专业信念和教师专业品格等具体的专业内容,但是以教学实践为核心的理念、知识、教学方式、教学效果都是教师专

---

[1] 万丽芸.教师专业发展视角下小学数学教师教学反思研究——以苏州工业园区星海小学为例[D].苏州:苏州大学,2013:39.

业的体现。以具体知识点的教学实践为内容核心,而非刻意地反思专业,会使得教师的反思更加具体、深刻,也更切合教师的实际。

(3) 教学反思可以涵盖教学全过程

在反思的时机方面,大部分教师都选择课后反思,这是合理的,但是并不意味着课前和课中就不能反思。课前可以反思已有的教学经验,他人的教学过程;课中可以根据具体情况反思自己的教学设计与教学行为,并及时做出调整。当然,课后是反思的重点,可以根据上课的切身感受、学生的作业表现,反思自身的教学设计与过程。

在具体的反思方式方面,主要包括以下几种类型。

- 回忆并加以思考:这种方式的反思较为便捷,操作性强,不足是反思的深度与教师自身的反思能力有较大的关联,建议在采用该种方式反思时能给自己设置一些规定,例如必须反思多久、必须有文字记录、在反思之前必须先与学生进行交流等。
- 教学评价与研讨:这种反思的优势是比较深入,大家一起探讨,从各个角度对教师的教学进行分析,不足是这种方式不常有,平时更多时候需要教师自身进行反思;如果教学评价和研讨的对象是其他教师,本人也可以反思,如果是自己会怎么处理,为什么这么处理,这类反思也可以让自己对教育实践有更好的认知。
- 写反思日志:这种反思的优势是反思比较具体、深刻,有时候会从一定的理论高度进行分析,不足是这种反思会占用教师一定的时间,需要教师有较强的毅力才能坚持,当然很多研究也表明,能长期坚持写反思日志的教师,专业成长速度会高于一般教师。
- 回顾教学录像:教师对自己的授课视频进行分析,无疑会产生很多体会,这会让教师的反思更加具体,通过反复观看,还可以对细节的处理有更深刻的认知,不足是并非每次课都会留下教学视频。当然,如果观看他人的教学视频,教师可以反思如果是自己上课会怎么处理,是否会更有效,依据为何,等等。

以上仅列出主要的反思方式,还可以有其他切合教师自身的反思。当然,在反思过程中也可以同时采用多种方式,从不同角度反思具体的教学目标、教学过程、教学内容和教学行为等。

思考与练习

1. 小学数学教师的专业主要包括哪些内容?
2. 简要论述反思对教师专业发展的影响。

小学数学教学设计的认识与实施

凡事预则立,不预则废。计划和准备的细致程度会对活动实施的成效产生重要影响。教学是育人的活动,更应该认真对待,不能只凭借经验授课,而应该通过理性分析把经验转化成教学设计的重要依据,这种精心设计教学方案的过程也是教师专业发展的过程。

第一节 小学数学教学设计的认识

一、小学数学教学设计的价值

教学设计既是教师实施教学的"蓝图",也是教师教学工作的重要组成部分,有效的课堂教学需要以恰当而合理的教学设计为基础。教学设计是教师必不可少的一项专业能力,它对小学数学课堂教学质量的提升举足轻重,也是教师专业发展的重要路径。

(一) 有助于小学数学课堂教学质量的提升

我们在听课过程中发现,有的教师在课堂中讲着讲着就偏离了教学目标,有的教师则对课堂中的一些突发事情缺乏应对措施,往往显得手忙脚乱或者"简单粗暴"地处理。这些都与他们缺乏教学设计或者教学的设计不够细致有关,这种缺失将导致教师的教学与学生的认知不吻合,或者偏离了教学目标,教师和学生都很辛苦,教学效果不尽如人意。好的教学设计是教学成功的关键,教师若能在教学前设计出适合学生学习、适合教师教学风格、符合教学目标和教学环境的教学方案,就可以为高质量的小学数学课堂教学打下良好基础。教师是小学数学课堂教学的"总设计师",只有在实施教学前对教什么、如何教、为什么要这么教等问题有较为细致的思考,并为此组织好教学素材、设计好实施过程,才能取得良好的教学成效。这些都属于教学设计的范畴,因此做好教学设计有助于小学数学课堂教学质量的提升。

在教学实践中,有的教师对于课堂教学中直接用到的教学课件认真准备,但对撰写教学设计不够重视,认为写不写教学设计对教学影响不大;也有的教师认为自己教学的经验很丰富,对小学数学知识和小学生的数学学习情况都很熟悉,不撰写教学设计也能把课上好。这些都是教师没有正确认识教学设计价值的表现,也是对教学的不负责。虽然说,制作教学课件也是设计教学的过程,但是这种设计是粗糙的,容易把自己认为"好"的内容都放到PPT中,在不知不觉中偏离了教学目标。随着教学经验越来越丰富,很多教师确实对教学内容和学生的数学学习较为熟悉,但是相同的知识点在不同的时间讲授,学习对象是不一样的,教师自身对教学的理解也是不一样的,况且有时候目的和要求也有所不同。所以如果没有撰写教学设计,只凭借经验去上课,虽然也能把课堂教学任务完成,但是效果肯定不如精心设计后再去教学来得好。如果是已经具备较强专业水平的教师,能在课前深入分析并撰写教学设计,那么课堂教学过程肯定会更为流畅、更有针对性,教学效果自然也会更佳。

现如今,小学数学课堂教学中依然存在着"教教材"的情况,还有少数数学教师的课堂教学行为与预期的教学方案极不一致,这些都给数学课堂的教学质量带来了不利影响。[①] 因此,小学数学教师应意识到教学设计的重要性。一方面,数学教学设计是将教学原理转化为教学实践的重要纽带,小学数学教师在课前应能针对学生的情况,进行完备、科学的教学设计,这种在教学规律指导下的课前设计会令小学数学课堂教学效果事半功倍。同时,教师在进行数学教学设计时,要对教学各要素进行系统化的分析与设计,从而解决小学数学课堂中应该教什么和怎么教的问题,避免教师在数学课堂中随意发挥,这些都可提高课堂教学的有效性,更有助于教学目标的达成和小学生数学核心素养的发展。

(二) 有助于小学数学教师专业的有效发展

教师的专业以有效促进课堂教学为核心,专业水平的提高有很多种方式,但主要可归纳为学习、思考、实践和反思。教师在设计教学的过程中需要通过查阅资料、观摩名师教学视频等方式学习,并从各个角度进行分析和思考,教学实践完成后,又要针对教学设计预设的效果与实际效果的差异进行反思,从中获得有益经验。因此,设计教学的过程是丰富学科教学知识的过程,是更好地了解学生数学基础和认知特征的过程,是提高反思能力和分析能力的过程,也是树立更合理的教育观的过程,在这个过程中,教师的专业水平会获得有效提高。思考得越深入,准备得越充分,教师的体会就更深,就更有收获,成长得也更快。在数学教学中,教师如果对每个知识点都能深入思考,就可以以点带面,逐渐成为熟手教师,进而发展为专家型教师。

教学设计能力也是教师专业的重要组成部分,是教师在教学设计过程中表现出的专业品质。优秀的数学教师需要具备较高的教学设计能力,这样才能较好地履行教育教学的职业活动。对于小学数学教师来说,精细的教学设计可以更好地帮助教师树立儿童观,更清楚小学生在数学学习中会出现哪些知识障碍,避免教师教学与学生认知之间出现落差。但是,在教育实践中,部分教师的教学设计能力还存在不足。例如,部分教师未能充分认识到教学设计的重要性,部分教师的教学设计更多关注学科知识本身,未能较好地分析学生的学情,

---

① 王明月.思维导图备课促进教师教学设计能力发展研究[D].南京:南京师范大学,2019:1.

设计的教学活动也脱离学生这一主体,致使教学实施过程无法摆脱"教师中心"的窠臼,学生学习效率较为低下。研究表明,教师的教学设计能力与教师的教学实践经验密切相关,数学教师要切实有效地提高其教学设计能力,应对日常教学工作中的教学设计予以高度重视,通过教学设计将经验升华。[①]

对于职前数学教师来说,在学校学习过程中以教学设计的撰写为抓手,可以更好地熟悉小学数学教学内容,厘清小学数学知识点之间的逻辑联系,更好地把握哪个知识点会在哪个年级学习,不至于出现知识顺序颠倒的教学错误;除此之外,在设计教学过程中,还可以对学生在学习该小学数学知识点中可能出现的困难和错误产生深刻的理解,有利于培养儿童的数学学习观。虽然在学科知识层面,小学数学相对简单,但是在教学难度上却很不简单,会解题不见得就会教,题目做得好,不见得教学就能教得好,一些成年人觉得很好理解的知识点,小学生理解起来则会很难。小学数学的教学不是教师自己把知识讲清楚了就可以,而是要让学生听得明白,听明白了还要掌握、会用,这就需要教师深入研究,掌握丰富的教学知识和能力,而教学设计可以很好地促进职前教师掌握小学数学教学所需要的知识和能力的发展。

因此,教学设计对教育教学质量有着重要的影响,教师应该充分认识到教学设计的重要性,在教学之前要认真对待教学设计,将其落到实处,这不仅是学生发展的需要,也是教师专业发展的需要。

二、小学数学教学设计的内涵

教学设计是20世纪60年代末形成于西方教育技术领域的一种现代教学技术,20世纪80年代,我国开始有学者涉足教学设计研究领域,相继翻译了一系列著作和论文。[②] 在此之前,我国把教师为课堂教学做的规划性文本称为教案。尽管有学者认为教学设计和教案在概念、对应层次、目的和内容等方面存在不同,[③]但是两者都是教师为了更好地实施课堂教学所做的规划,其本质内涵是一样的。如果说存在差异,可视为概念上狭义和广义解读的区别,教案更多是指文本性教学设计,而广义的教学设计涵盖了从教学规划的构思到文本完成的过程。

(一) 小学数学教学设计的含义

尽管大家都大致清楚教学设计是什么,但是要给它下个准确的定义还是很难的。有的学者认为,教学设计是用系统的方法分析教学问题,研究解决问题的途径,评价教学结果的计划过程或系统规划,代表人物有肯普、加涅和乌美娜,这种解释也被称为过程规划说。例如,乌美娜认为教学设计是运用系统方法分析教学问题和确定教学目标,建立解决教学问题

---

① 叶立军.中学数学教学设计[M].北京:高等教育出版社,2015:29.
② 叶立军.中学数学教学设计[M].北京:高等教育出版社,2015:29.
③ 王光明,康玥媛.小学数学教学设计[M].北京:教育科学出版社,2014:2—3.

的策略方案、试行解决方案、评价试行结果和对方案进行修改的过程,它以优化教学效果为目的,以学习理论、教学理论和传播学为理论基础。[①] 有的学者认为,教学设计是一种研究教学系统、教学过程和制定教学计划的系统方法,代表人物有赖格卢特和盛群力,这也被称为方法说。例如,盛群力认为,教学设计实质上是对教师课堂教学行为的一种事先筹划,是对学生达成教学目标、表现出学业进步的条件和情境做出的精心安排。[②] 教学设计的根本特征在于如何创设一个有效的教学系统。也有学者认为教学设计是一项优化教学的技术,通过揭示教学设计的本质来界定其概念,代表人物有梅瑞尔和鲍嵘,这也被称为技术说。例如,鲍嵘认为教学设计是一种旨在促进教学活动程序化、精确化和合理化的现代教学技术。[③]

这三类定义虽然视角不同,但是阐述的本质基本类似,都指出了教学设计的主要作用、基本过程和主要特征。综上,可从作用、过程和特征等角度入手,认为教学设计是指教师根据教学内容和教学对象的具体情况,确立恰当的教学目标,并以教学目标为指导,在教学环境和教师教学知识、教学风格的影响下,组织教学内容,选择教学方式的过程。设计教学的目的在于使课堂教学的过程更优化、教学效果更显著。小学数学教师的教学设计就是小学数学教师在对所要教学的数学知识点和学生的数学基础进行分析后,确定合理的教学目标,以该目标为指导,结合教学具体环境,教师的数学教学知识、教学风格,组织教学内容,选择教学方式,规划教学步骤的过程。教师对所要教学数学知识点内涵深度和外延广度的掌握,对学生数学基础和思维特征的认识,以及自身教育观和教学基本技能都会对教学设计产生影响。

(二) 小学数学教学设计的属性

小学数学教学设计,是教师为了更有效地实施小学数学课堂教学所做的课堂教学规划,目的是通过课堂教学更好地促进小学生数学核心素养的发展。教学设计的目的是充分运用各种资源有效辅助教学、最大限度地发挥教师的特长,以及教学内容的整合和教学活动的设计能最大程度地符合小学生的数学学习。

1. 小学数学教学设计是过程与结果的统一

从系统论的角度出发,可将教学过程本身视为一个旨在促进学生学习的系统,而教学设计则是由一套系统的步骤或程序构成的过程。国内外很多学者都认同这一观点,例如迪克与凯瑞认为"教学设计包括教学系统的开发过程的分析、设计、开发、实施和评价的所有阶段";[④]我国的乌美娜也持这种观点。这种观点下的教学设计具有一个特点:"全",即"全要素"与"全过程"。一方面,立足于要素,教学设计应包括教学系统中的教学目标、教学对象、

[①] 乌美娜.教学设计[M].北京:高等教育出版社,1994.
[②] 盛群力,等.教学设计[M].北京:高等教育出版社,2005:4.
[③] 鲍嵘.教学设计理性及其限制[J].教育评论,1998(03):3—5.
[④] DICK W. & CAREY L. The systematic design of instruction (4th Ed.)[M]. NY: Harper Collins College publishers Inc, 1996:4-5.

教学内容、教学方法等部分,体现了教学设计要素的全面性;另一方面,基于流程,教学设计涵盖教学系统的分析、设计、开发、实施、评价等多个环节,体现了教学设计流程的有序性。

教学设计的目的是取得优良的教学效果,因此设计过程要以结果为导向,将结果逆向转化为目标,过程的设计以目标的落实为核心,并组织教学评价对目标进行呼应。评价是小学数学教学设计的重要环节,既包括对教学设计的评价,又包括对学生学习效果的评价。这种评价以相应的结果为前提,以改进教学设计、优化小学数学教学效果为目的。一方面,数学教案是教学设计的文本形式,是小学数学教师预先规划教学的结果,应纳入评价的范围;另一方面,教学的最终目标是促进学生的全面发展,因此,小学生的数学学习结果应视为评价的重点。小学数学教学设计具有生长性,评价结果作为教学设计的一个要素,影响着教学设计的各个环节。只有充分发挥评价结果的作用,依据结果信息调整小学数学教学方案、优化教学流程、组合教学要素,才能实现小学数学教学效果的不断提高。据此,小学数学教学设计是过程与结果的统一,是在原有基础上螺旋式上升的过程。

2. 小学数学教学设计是方法与技术的统一

小学数学教学设计以教学目标为导向,数学教师围绕教学目标进行有效的教学活动。从方法论的角度来分析小学数学教学设计,可把小学数学教学设计看作是解决数学教学问题、实现教学目标的方法。赖格卢特指出"教学设计主要是关于提出最优教学方法的处方的一门学科,这些最优的教学方法能使学生的知识和技能发生预期的变化"。[①] 这种方法说关注教学设计的目标、功能与意义,认为可以通过提出一系列的教学方法来帮助小学生提升数学素养,进而促进预期教学目标的达成。

教学设计自20世纪80年代进入我国以来,一直是教育领域特别是教育技术领域关注和研究的热点,在教育技术学科体系中占据着核心地位。[②] 随着信息技术的日新月异,虚拟现实、人工智能等技术对教学设计的影响不断加深,有必要从技术和实践层面探讨当代信息技术条件下的小学数学教学设计手段、模型与案例。小学数学教学设计既包含了数学、教育学和心理学等理论性知识,也有着较强的技能性特征,它能使小学数学教师的课堂教学更加有效,而教育技术可以成为连结小学数学教学设计理论与实践之间的重要桥梁。

由此可看出,小学数学教学设计既是过程,也是结果,是在原有结果的基础上螺旋式上升的过程;小学数学教学设计既是方法,也是技术,给小学数学教师的教学工作规划了蓝图,为实际教学活动的实施提供了指引。小学数学教学设计以最优化的教学效果为最终目标,以小学生的特征和数学学习内容为出发点,采用系统科学的方法对教学的各要素进行统筹规划与合理安排,因具有较强的系统性和操作性而在教育教学的实践中得到广泛应用。

---

① REIGELUTH C M. Instructional design: what is it and why is it? [M]//Instructional design theories and models: an overview of their current status. Hillsdale, New Jersey: Lawrence Erlbaum Associates, 1983:3 - 25.
② 张豪锋,卜彩丽.从教育技术专业期刊分析国内教学设计发展现状[J].现代教育技术,2009,19(01):47—50.

第二节　小学数学教学设计的实施

一、小学数学教学设计的主要模式

随着教学设计理论在实践中的广泛应用,出现了对不同教学系统进行教学设计的各种标准化形式,即教学设计模式。为更好地分析小学数学教学设计的基本结构,有必要了解教学设计的主要模式。它们是教学设计专家在研究教学设计时,根据不同的理解和需要,提出的不同教学设计模式,比较有代表性的有以下四种类型。

(一) ADDIE 经典教学设计模式

ADDIE 经典教学设计模式由美国佛罗里达州的教育技术研究所于 1975 年提出,最初是为美国陆军系统开发的训练课程模型,后来被用作教学设计的指导方法广泛应用于教育和企业培训等领域。该模式强调了教学设计的过程属性,将教学设计视为一个对教学进行系统规划的过程,包括了分析(analysis)、设计(design)、开发(development)、实施(implementation)、评估(evaluation)五个环节,具体结构关系如图 2-1 所示。[①]

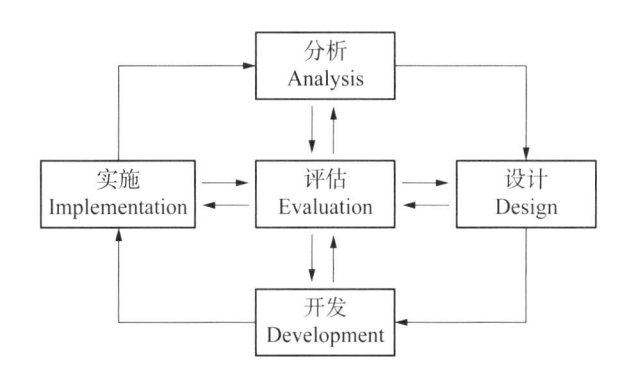

图 2-1　ADDIE 经典教学设计模式图

分析(analysis):在进行教学设计的初始阶段,教师应分析与教学相关的系列问题,为接下来的四个环节奠定信息基础,主要任务包括分析学习者、分析学习目标、分析教学内容、分析资源条件等。

设计(design):利用前一环节收集的信息,规划出一个具体的教学活动设计方案,这个方案应以教学目标为导向,以教育规律为准则,对教学实施的全过程进行合理预设,如设计教学目标、设计教学策略、规划教学内容、安排教学环节、设计课堂作业等。

开发(development):根据上一环节规划的教学设计框架及目标任务,开发出与课堂教学相关的一系列素材、媒介等资源。

[①] 那一沙,袁玫,吴子东.教学设计研究综述[J].西南交通大学学报(社会科学版),2013,14(03):109—113.

实施(implementation):将前期的准备工作付诸实践,即实施课堂教学的真正过程。在这一阶段,必须促进学生对教学内容的内化,帮助其实现学习目标。

评估(evaluation):主要是对教学方案、教学质量和学习效果进行评价,评价可以是形成性的,也可以是终结性的;该环节与其他四个环节直接相连,允许随时随地对其他环节展开评价,以发现问题,及时改正,有助于最优化教学设计方案的产生。

从教学设计的流程出发,ADDIE经典教学设计模式借助五个环节规划出一个较完整的教学系统,清晰易懂,可操作性强。每一个环节各自独立,又相互联系,分析和设计是前提,开发和实施是主体,评估是质量保障,前一环节是后一环节的基础,后一环节为前一环节提供反馈。通过上述环节的主要任务可知,在内容维度上,ADDIE经典教学设计模式主要包含三个方面的内容,即要学什么(确定学习目标)、如何学(设计学习策略)、学得怎么样(实施学习评价)。这三个问题是教学系统中不可回避的问题,对它们的回答直接决定了教学设计的效果,影响着课堂教学的质量。

(二) 迪克-凯瑞系统教学设计模式

迪克-凯瑞系统教学设计模式是基于行为主义的教学设计模式,其表征了一种以系统方法设计教学的程序。迪克-凯瑞系统教学设计模式随着教学设计理论的完善而不断改进,从1985年发展至今已出现六版,图2-2展示了迪克-凯瑞教学设计模式(第六版)。[①] 该模式将教学看成是一个系统的过程,整个过程以"确定教学目标"为开端,以"设计和实施总结性评价"为终点,多个步骤共同构成一个完整的教学系统。将教学目标作为模式的起始点,目标指引着教师对其他要素的设计,体现了教学的目标导向原理,与师生的现实情况相符。

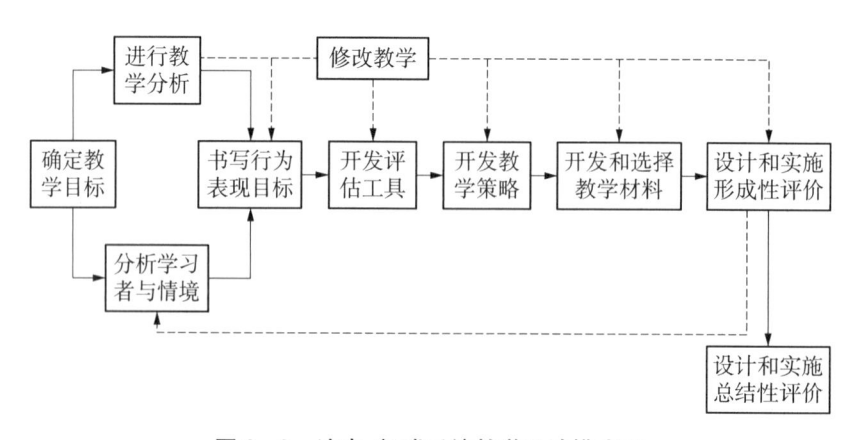

图 2-2 迪克-凯瑞系统教学设计模式图

---

① W·迪克,L·凯瑞,J·凯瑞.系统化教学设计(第六版)[M].庞维国,等译.皮连生,审校.上海:华东师范大学出版社,2007:1.

我们可从三个层面对迪克-凯瑞系统教学设计模式进行解读：

第一，宏观层面上，该模式涵盖了教学系统的分析、设计、评价三个阶段，反映出教学设计的三个关键步骤；

第二，中观层面上，该模式基于系统过程，指出了教学设计的九个小环节和一个贯穿全程的"修改教学"环节，九个小环节紧密相连、依次进行；

第三，微观层面上，该模式囊括了教学设计的多个要素，如教学目标、教学对象、教学策略、教学评价等，为教学信息的传递设计了一个翔实的传递过程，便于他人参考。

可见，迪克-凯瑞系统教学设计模式是一个以一般教学过程为出发点的教学设计模式，该模式有以下三个特征：第一，以目标为导向，强调教学目标对教学系统过程的引导功能；第二，注重对学情的分析，与现代教学理念相符；第三，教学设计是一个不断优化的过程，需要教师进行持续的评价与调整，以保证教学的整体效果。这三个特点也是迪克-凯瑞系统教学设计模式有别于其他教学设计模式的主要表现，该模式更贴近真正的教育实践，能为教师掌握教学设计的基本流程提供一个良好的范例。

（三）史密斯-雷根教学设计模式

史密斯-雷根教学设计模式是在第一代迪克-凯瑞系统教学设计模式的基础上发展而来的，该模式也将教学设计划分为三个阶段，即教学分析、策略设计和教学评价。第一阶段，对学习环境、学习者特征、学习任务进行分析，并编制初步的测验项目；第二阶段，设计组织策略、传递策略和管理策略，并编写与制作教学资料；第三阶段，进行形成性评价，并依据评价结果修改教学活动，具体如图2-3所示。

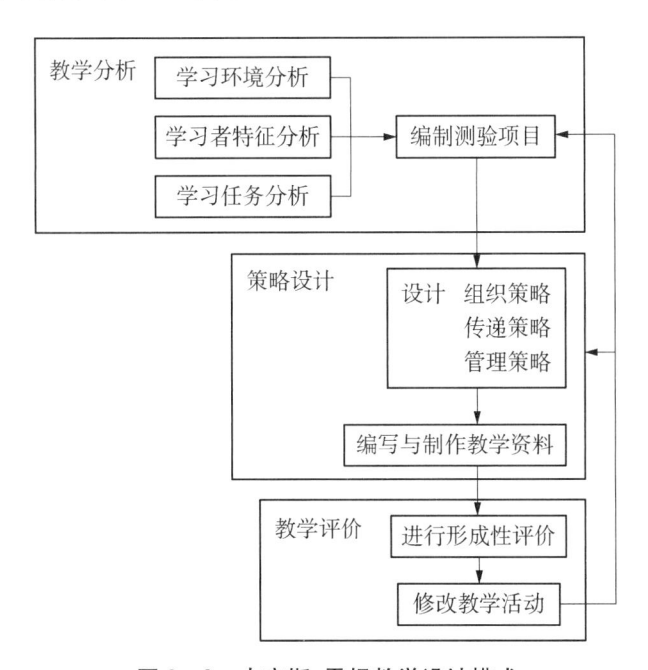

图2-3 史密斯-雷根教学设计模式

史密斯-雷根教学设计模式与迪克-凯瑞系统教学设计模式相比,其主要特点在于前者明确指出了在进行教学设计时,应关注三类教学策略:

第一类,组织策略:指如何组织教学内容,如何安排教学顺序和教学活动。

第二类,传递策略:为将教学内容传递给学生,应考虑教学媒体的特性,师生、生生的交互方式,具体而言,传递策略包括对教学媒体、教学方法、教学组织形式的选用。

第三类,管理策略:在组织策略和传递策略确定后,应将两种策略协调起来,思考如何把握整个教学过程、如何安排教学时间、如何分配教学资源。

(四)肯普教学设计模式

肯普认为,一个完整的教学设计应包括学生、目标、方法及评价这四个基本要素,围绕这四个基本要素所设计的教学方案分别回答了以下四个问题:教学方案是为谁开发的?希望学生能学到什么?怎样才能高效率地学习?如何评估学习的完成度?基于对这四个问题的回答,肯普教学设计模式给出了教学设计的十个要素,每个要素分别对应了教学设计的一个环节,十个要素(十个环节)组成了一个用于教学系统开发的椭圆形结构模型,如图 2-4 所示。[①] 在对十个要素的安排上,不再采用单向的线性模式,而是给出了一个弹性化的要素集合,十个要素构成了一个可供参考的顺时针序列,但这并不意味着教学设计流程的固化,教师依旧可以按照自我意愿,从任意环节进入到教学设计过程中去,仍能遵从自己的思维习惯,选择一个合乎逻辑的顺序来进行教学设计。

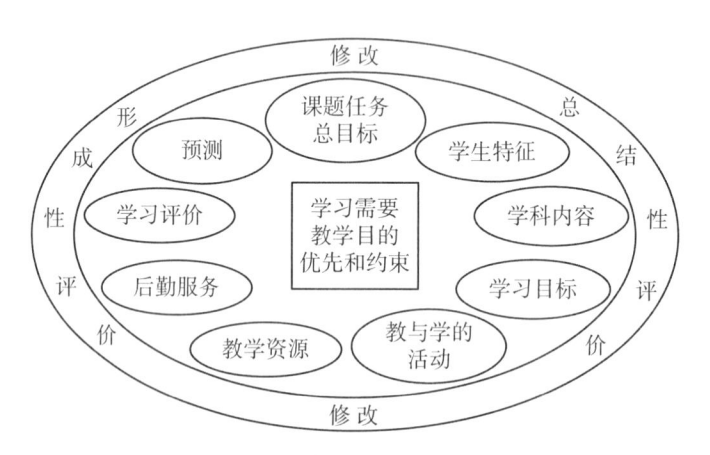

图 2-4 肯普教学设计模式

与其他的教学设计模式相比,肯普教学设计模式具有以下三个特征:第一,没有用箭头和线条将十个要素连接起来,且在某些情况下,教学设计不必将十个要素都考虑进去,这既彰显了要素间的相对独立性,又避免了教学设计的形式化。第二,将学习需要和教学目的置

[①] 那一沙,袁玫,吴子东.教学设计研究综述[J].西南交通大学学报(社会科学版),2013,14(03):109—113.

于模型的中心位置,说明这二者是整个教学设计的出发点和归宿,其他环节都应在目标的指引下进行,接受目标的检验,以此来保证教学活动的效率。第三,位于模型外围的"形成性评价""总结性评价"和"修改"始终环绕着十个要素,表明对教学方案进行评价和修改是整个设计过程中常态化的工作。肯普教学设计模式的这三个特点,体现了教学设计的整体性和综合性,动态性和开放性,具有鲜明的系统论特色。

由上述论述可知,四种教学设计模式在教学设计的要素、流程等方面存在着共性,又在侧重点、弹性程度上存在着个性。依据这四种模式的主要特点,可以认为小学数学教学设计模式应注意以下三点:

第一,应将数学教学视为一个由学生、数学教师、教学资源、教学环境等构成的系统。因此,给教学规划蓝图的小学数学教学设计也具有系统化的特征,主要表现在教学设计的要素、流程和优化过程等方面。

第二,基于要素,认为小学数学教学设计应涵盖教学系统中的教学对象、教学目标、教学内容、教学策略等部分,可以将这些组成部分称为数学教学设计的要素。只有将各要素进行优化组合,才能生成一份高质量的数学教学方案。

第三,小学数学教学设计是一个系统规划教学的过程,可将该过程划分为分析、设计、评价等环节,围绕数学教学设计的要素,每一个环节又包含了多个子环节。依据教学设计模式理论的启发,可从以下几个方面把握小学数学教学设计的基本结构:

① 小学数学教学设计是对数学教学活动进行系统规划的过程,表现出系统化的特征,具有整体性和动态性。

② 进行小学数学教学设计时应区分教学设计的不同要素,对数学教学活动中的各个要素进行最优化组合。学情分析是小学数学教学设计的立足点,应依据小学生的认知、心理、生理等特征设计小学数学教学方案,学生学习的难度不应过高或过低,应在最近发展区内,促进学生潜能的发挥。教学目标是小学数学教学设计的方向标,对其他要素的安排应紧紧围绕教学目标这个中心点,共同促进教学目标的达成。

③ 小学数学教学设计涵盖了数学教学方案的分析、设计、评价等多个环节,对教学设计基本结构的划分要体现教学设计的不同环节。小学数学教师在进行教学设计时,各子环节间的顺序是灵活的,可以依次开展,也可以有所省略、有所变动。

二、小学数学教学设计的主要步骤

尽管已有的研究在教学设计的步骤和要点方面还存在一些分歧,但总体来说,可将小学数学教学设计分为设计前端分析和教学过程规划这两个部分。有的学者认为还应包括教学评价,但由于评价涉及教育的理想目标和现实目标、长期目标和短期目标较为复杂,难以定性,故在本书中暂时不予考虑。其中,设计前端分析主要解决的是小学数学课堂教学"要教什么"的问题,教学过程规划则主要解决小学数学课堂教学"怎么教"的问题。在实施过程中,前端分析在前,过程规划在后,但是在过程规划过程中也需要回溯到前端进行相关要素的再分析。

(一) 设计前端分析

设计前端分析是小学数学教师教学过程规划的基础,任何类型的小学数学课程,教学设计都应始于对教学内容和小学生的分析,并结合教学内容和学生情况,初步确定教学的目标和重难点。

1. 教学内容分析

一般来说,课堂教学都是以知识为载体,在知识的教与学中发展学生的各种素养。因此,分析所要教学的知识点是十分重要的,它自身的学科逻辑为何,前序知识为何,后续知识为何,就学科知识来说哪个点是最难理解和掌握的,教师都需要在教学以前进行分析。由于教学内容的分析大多结合教材,所以一些学者也将其称为教材分析。其实小学数学教学内容的分析虽然以教材为基础,但不限于教材,更不限于对某一个版本教材的分析,也包括对其他版本的教材,对其他参考资料的分析,因此称为教学内容分析会更准确。

一般来说,可将小学数学教学设计教学内容的分析要点主要聚焦在教学内容的学科逻辑分析、教学内容的知识联系分析、教学内容的知识演进分析、教学内容的教学联系分析和教学内容的教材文本分析这五个方面。下面以青岛版小学数学教材三年级下册的"分数的初步认识"内容为例,就这五个方面的教学内容分析步骤进行说明。

(1) 教学内容的学科逻辑分析

这主要指教师对所要教学内容"是什么"的分析,教师需要了解清楚所要教学的知识点怎么读、怎么写、基本的要点是什么,对教材中的例题、练习题都能顺利解答。在此基础上,教师再分析该知识点是否有其他的表征方式,知识在运用时是否有不同的变式,例题或练习题是否有不同的解法等。

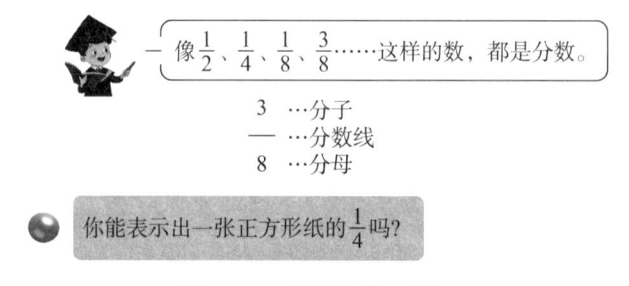

图 2-5 教材内容示例 1

例如,在"分数的初步认识"的内容分析中,通过教材的解读,教师明确本次课教学内容主要包括分数的概念、表征和含义。教师能准确读写图 2-5 所示的分数概念,并借助不同的事物来表征同一个分数,帮助学生理解分数的意义等。掌握教学内容的学科逻辑是小学数学教师教学最基本的要求,也是分析其他要素的前提,可以确保教师教学的科学性,避免在教学中犯知识性错误。

(2) 教学内容的知识联系分析

这主要指教师对教学内容相关联知识的分析,教师需要了解清楚所要教学内容的学科知识基础是什么,学生是在什么时间学习的,学到了什么程度;后续哪些知识的学习需要用到所要教学知识点的内容,学生会在什么时候学,会学到什么程度,等等。在此基础上,教师再分析教学中如何从已知内容过渡会更合理,哪些知识基础还需要再帮学生回忆或强化,以及该知识点在教学中最低要达到怎样的要求,最高不能高于怎样的要求,等等。

例如,在"分数的初步认识"的内容分析中,教师要了解到学生认识分数需要掌握数的概念,理解平均分的含义,这些学生在二年级上学期已经学过;教师也要了解到学生在五年级下学期还要学习分数的意义和性质,包括什么是整体,什么是分数单位和真分数、假分数、带分数等。教学内容的知识联系分析可以帮助教师将教学知识点与学科的其他知识点建立联系,使得教学设计更有逻辑,也有助于教师更准确地把握教学内容的广度和深度,使得教学内容和过程的设计更符合课程要求。

(3) 教学内容的知识演进分析

这主要指教师对教学内容中相关知识点产生背景和发展历程的分析,了解相应的数学文化,可以帮助教师理解该知识出现的必要性和合理性,以及知识点相关数学符号的来历。

例如,在"分数的初步认识"的内容分析中,教师要去了解分数产生的历史背景,分数符号产生和演变的过程,帮助学生理解分数的发明是十分必要的,运用这种符号来表示分数也是人类智慧的结晶等。教学内容的知识演进分析可以帮助教师更全面地理解教学内容,更合理地设计教学过程,也可以积累更丰富的教学素材,让教师在教学时有更多的选择。

(4) 教学内容的教学联系分析

这主要指教师对实施教学前后教学内容的分析,即分析在实施该内容教学以前,学生在小学数学课上学习的是什么内容,与本次的内容之间有怎样的联系,以及分析在该内容教学任务完成后的下一次课,小学数学学习的是什么内容,本次课的内容是否会对其产生影响。

例如,在"分数的初步认识"的内容分析中,教师要了解到这是三年级下册第五单元第一课,之前第四单元学习的是图形与几何领域的长方形和正方形的周长;分数概念掌握后,下一个课时是同分母分数或同分子分数的大小比较,然后是同分母分数相加减;而下一个单元是综合与实践领域的"逆推"。教学内容的教学联系分析可以帮助教师更全面地了解学生的知识基础和学习过程,便于设计合理、自然的教学过渡。

(5) 教学内容的教材文本分析

这主要指教师对教学内容在教材中的呈现形式、插图、练习题和例题等内容的分析,包括对所使用版本教材的分析,以及其他版本教材的分析。

例如,在"分数的初步认识"的内容分析中,教师要掌握某些版本的教材是以具体的饼为例子,从整2个饼的平均分到1个饼的平均分(如图2-6所示);人教版的"分数的初步认识"是在三年级上册,从分西瓜入手认识$\frac{1}{2}$,并用饼图和正方形划分成两块来表征;在人教版教材的习题中,有一个题目是在方格中画出$\frac{1}{4}$,具有较强的开放性,可以适当借鉴等。教学内容的教材文本分析可以帮助教师更好地理解教学内容的编排思路,获得更为丰富的教学素材。

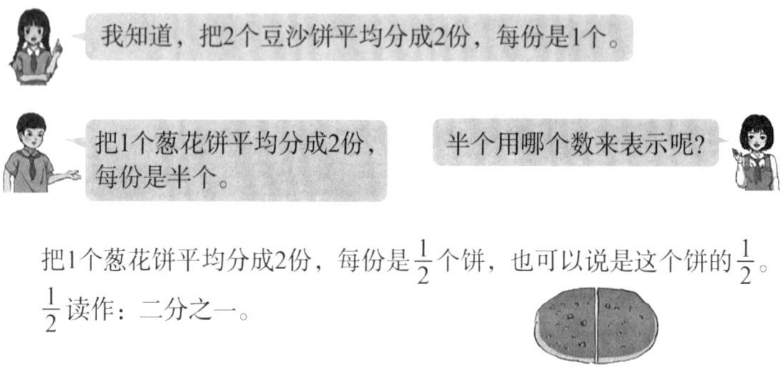

我知道,把2个豆沙饼平均分成2份,每份是1个。

把1个葱花饼平均分成2份,每份是半个。

半个用哪个数来表示呢?

把1个葱花饼平均分成2份,每份是$\frac{1}{2}$个饼,也可以说是这个饼的$\frac{1}{2}$。
$\frac{1}{2}$读作:二分之一。

图2-6 教材内容示例2

2. 学情分析

教学的目的是促进学生的有效发展,教师的构思和设想无论多么有新意、多么精彩,如果不符合学生的认知基础和学习规律,那么教学效果也会大打折扣。学生是教学系统中的关键因素,前端分析的一个重要环节就是对学生学习情况的分析,简称为学情分析。如果说教学内容分析主要是为了使小学数学教师知道教什么,那么学情分析则是为了让教师知道怎么教,包括了解教学的学科知识起点在哪里、以怎样的形式教学最合适、需要用到哪些教学素材、哪些环节学生最容易出现理解困难、学生需要从该教学内容的学习中获得怎样的发展等。不同的学生,学情是不一样的,无论是知识基础、学习能力还是学习热情都会存在差别。这也是很少出现与教材内容相对应教学设计案例书籍的原因,尽管很多教师都希望能从其他渠道获得教学设计,但是不同学生的学情会存在较大差异,不是针对自己所教学对象分析而成的教学设计在吻合度上会存在较大偏差,是难以有效落实的。

一般来说,可将小学数学教学设计学情分析的分析要点主要聚焦在小学生的数学基础分析、小学生的数学认知特征分析、小学生的数学学习态度分析这三个方面。下面以青岛版小学数学教材三年级下册的"分数的初步认识"内容为例,就这三个方面的学情分析步骤进行说明。

(1) 小学生的数学基础分析

有效的教学是从学生的已知过渡到未知,从学生的"会这个"拓展到"会那个",从学生的"认为这样"提升到"认为那样",即教学是建立在学生的知识、能力、观念和情感等因素的基础上的。如果在教学中忽视了学生的基础,就会变成强行灌输,这是低效的,甚至是无效的教学。因此,在对教学进行规划前,分析小学生的数学基础是十分必要的。这其中最主要的是知识基础,因为知识是数学学习的主要载体;然后是能力基础,主要体现在能运用已有的数学知识解决哪些问题。

例如,在"分数的初步认识"的学情分析中,教师要分析学生是否掌握了数概念和平均分,包括是否知道具体的整数表示什么含义,数字符号表示什么含义,是否知道"平均"的含义,是否知道"一半"的含义,能否通过动手操作或者划圈将物体平均分成若干份,是否有整体的概念,等等。小学生数学基础的分析可以帮助教师更好地掌握教学的知识起点,从而在教学中更好地帮助学生建立知识联结,形成牢固的网状知识体系。

(2) 小学生的数学认知特征分析

学生数学基础的分析可以让教师的教学有个较为明确的范围,知道要讲授哪些内容,从哪里开始讲授。但是,要在教学中让学生有更大的收获,教学方式还需要适合学生的学习和认知规律,这就需要对小学生的数学认知特征进行分析。这其中既有该年龄层学生共有的认知特征,也有特定教学对象特有的认知特征,而且对后者的分析更为重要、更有针对性。

例如,在"分数的初步认识"的学情分析中,教师首先要分析三年级学生的认知特征是怎样的,然后要分析自己授课班级学生的学习能力是怎样的、注意力能集中多久、拥有怎样的思维方式、喜欢何种学习方式、怎样教他们会记得比较牢等,最后要分析他们在认识分数时最容易出现哪些理解困难、是否难以理解分数符号的抽象性等。小学生数学认知特征的分析可以帮助教师更好地掌握学生的学习习惯、思考方式,从而在教学中更好地选择适合学生的方式进行教学,组织适宜的教学素材和学习活动。

(3) 小学生的数学学习态度分析

不同的学生对数学的学习热情、对数学的认识是存在差异的。教师对学生的态度不同,使得学生对数学学习的态度、目的也不一样。为此,教师在教学设计时就要对小学生的数学学习态度进行分析,清楚他们的学习动机以及对这部分数学知识的学习态度。

例如,在"分数的初步认识"的学情分析中,教师要分析学生对于概念课的学习态度是什么样的,对于数与代数课的学习态度是什么样的,刚刚经历了某些事情(例如上个单元考试成绩很好,或者很不好)是否会影响本节课的学习,等等。小学生数学学习态度的分析可以帮助教师更好地掌握学生的学习热情和积极性,从而在教学中可以更准确地选择学生感兴趣的引入、示例或学习方式,从而取得更好的教学效果。

3. 教学目标

教学目标是在教学活动中所期待的学生学习结果,这对教学活动的设计具有明确的导向作用;目标的确定既和数学知识有关,也和教学对象有关,面对不同基础的学生,目标肯定也会存在差异。确定教学目标时,需做到以下三点。

首先，要明确知识性目标，对于这个知识点学生要掌握到什么程度，哪些点最为关键。

其次，是能力性目标，需要发展学生数学内部的哪些能力，例如计算能力、数学逻辑推理能力等，可获得哪些迁移能力，例如其他事情的归纳分析和推理能力等。

最后，是情感性目标，需要在教学中提升学生的数学情感，不要让学生变得害怕数学，同时也要注重培养学生的理性精神、毅力、求真和求实等品质。

例如，在"分数的初步认识"的教学目标分析中，教师可认为学生认识分数的概念、能正确读写分数符号是最为基本的，能用自己的语言解释分数的含义，并将分数正确运用到具体的表征中，学生便属于较好地掌握了知识；如果学生能通过分数的学习，更深刻地认识到数学是源自生活、运用于生活的，并更喜欢数学，在分数的学习中较好地培养了抽象性思维，能用数学的眼光看现实问题、用数学的思维思考现实问题、用数学语言表达现实问题，学生便属于很好地掌握了知识。

教学目标的确定对于教学设计和实施都十分关键，过程的设计、内容的组织都是为了更有效地达成教学目标服务的。因此，教学目标确定后，后续的教学素材选择和组织，教学方式的运用都要围绕着目标的落实展开，教学目标要尽量是可观测的，不能太笼统。如果用"掌握""理解"和"了解"等程度用词来刻画，那么很难监测是否达成了教学目标。例如，"掌握分数的概念"这种目标描述就难以判断怎样才算掌握，如果改成"能正确读写分数、能借助具体事物用自己的语言解释分数的含义"等描述，就更为具体、更容易判断是否达成了该教学目标。另外，如果能在教学目标的描述中增加是通过什么方式达到这个目标的，那么对教师的启示价值会更大。例如，通过对圆形图均分后取一个部分的事例的说明示范，鼓励学生自己画图表示分数，并用自己的话说出分数的含义，帮助学生理解分数的含义。这种教学目标的描述，虽然略为冗长，但是教师既清楚了具体的教学目标，也了解了该以何种方式达成该目标。当然，对于教学目标的评判主要体现在是否准确、合理这两个方面，具体采用何种描述方式则取决于个人的喜好。

4. 教学重难点

在小学数学课堂中，教学重点是教学内容中占据着关键地位的中心内容，是数学课堂教学的主要线索，对于旧知识的巩固和新知识的学习都具有重要作用。教学难点是教学中难以理解和掌握的内容，既可以是知识性的内容，也可以是技能、情感态度类的内容。在确定教学重难点时，小学数学教师既要列出本节课的教学重点、难点，还要关注教学重难点的适切性。为提高教学重难点的适切程度，可从两个方面入手：一方面是围绕数学课程标准的要求和教学内容的分析，正确判断教学的重点；另一方面是依据教学内容的分析和学生学习情况的分析，准确识别教学的难点。

教学重难点的确定要聚焦关键点，不能笼统地认为是知识点的理解、掌握和认识等，而应该是指它们的正确理解、正确掌握和正确认识。例如，在"分数的初步认识"的教学重难点确定中,如果认为教学重点是"理解分数概念",难点是"读写分数符号",就不够准确。因为理解分数概念和读写分数符号是本节课教学目标的范畴,是需要一个过程才能达到的。而重点和难点体现的应该是这个过程中哪个点最为关键、是教学需要突破的关键点,因此将其描述成"分数概念的正确理解"和"分数符号的正确读写",更能体现是否突破了这个要点。

(二) 教学过程规划

教学过程规划是在前端分析的基础上,以教学目标为指导,依据学情及具体学习内容,对教学内容、教学策略、教学过程和课内外作业进行整合、构思和规划。

1. 组织教学内容

小学数学教材上的内容是数学教师教学的主要内容,但为了让学生的学习效果实现最优化,教师可以结合学生的实际情况,对教学内容进行适当的选择与组织。对此,可从以下几点入手:一是对数学教学内容进行适当的增删,增加更具有趣味性、更有助于学生掌握的内容;二是对数学教学内容进行科学的组织与处理,以便于小学生理解学习内容;三是数学教学内容的呈现顺序要由浅入深、由易到难,循序渐进。

其实,在数学的课堂教学中,只要达到教学目标就可以了,是否是借助教材内容来达到的是次要的。如果有其他选择,且效果也会更好,那么抛开教材的素材也是可以的。但是教材所传递的数学内容需要得到落实。例如,沪教版小学数学教材中的进位加法是用数圆片来计算"5+9",教学中也可以用"3+8"作为例子,也可以用买糖果作为例子。只要能够让学生理解进位加法的思想就可以,不必非要采用教材中的例子,或许其他例子对学生来说更有新鲜感,更有吸引力。教师应该"用教材教",而不是"教教材",要有驾驭教材的能力。

2. 选择教学策略

数学课程和教材的内容皆是由成人选择和编排的"经验",如果不辅以适当的教学策略,学生对于数学学习内容的掌握会非常有限。对此,小学数学教师要依据学生的实际情况和具体教学内容,采取有效的教学方法、教学媒体,将"成人经验"转化为"学生经验",促进学生对于数学知识的理解和学习。在选择教学策略时,一方面应不拘泥于固定的教学方法和媒体,对多种教学方法和教学媒体进行灵活选择、优化组合;另一方面,所选择的教学方法和教学媒体须与教学内容相统一、与学生特征相适应。

在选择教学策略时要重点考虑两个方面。一是课堂引入,引入一定要有吸引力,最好能让学生明确学习今天内容的目的为何。常见的课堂引入有复习引入、情境引入、活动引入、问题引入、开门见山等。无论是何种引入,都要符合学科知识的逻辑、学生认知的逻辑,且要与新授内容要有较强的联系,过渡要自然。如果能有新意更好,达到意料之外、情理之中的效果。对于职前教师来说,引入非常关键,要高度重视,多琢磨。二是教学重点的突出,教学设计的过程并非一定是从课堂的开始到结尾,也可以教学的重点为中心,层层往外推,每一层要有逻辑关联,且都是为目标的达成服务的。切勿面面俱到,涉及的点太多,反而会让学生抓不住重点,造成"什么都了解,但什么都不理解或理解得不深"的局面。只要把要传递的内容讲清楚,突出重点,能让学生有明确的所得即可。一般来说,重点的内容不应是教师主讲,不应是单向的传授,而应该是教师引导,学生总结归纳,然后教师补充,这种方式可让学生印象更深刻。追问、类比和反比是有效的教学方式,教师在设计教学时对此可进行初步的设想。

3. 规划教学过程

小学数学教师在设计教学时,会针对"如何展开教学内容"这个问题做出详细的设计,这种详细的安排与布置就叫做预设教学过程,它既包括对教学环节的安排,也包括具体的师生活动、教学情境等。由于这一部分涉及具体的教学步骤和多样化的师生互动,因而在文本形式的教案中往往占据着较大篇幅,小学数学教师在进行教学设计时,需注意的要点也更多:一是设计的课堂教学环节要完整,详略得当,一般包括导入、新课讲授、巩固练习、小结四个环节;二是要阐明每个教学环节的设计意图;三是设计的数学教学情境须贴近生活实际;四是设计的教学活动要以学生为主体,能调动学生的积极性;五是对学生的回答、可能提出的问题要进行合理预设。

4. 设计课内外作业

作业是小学数学教学中必不可少的一环,既可以帮助学生巩固数学学习成果,培养良好的学习习惯,也可以通过作业的批改,让教师更好地了解学生的掌握程度,为做好下一步的数学教学提供现实依据。小学数学作业主要可分为课堂内的作业(也可称之为课堂练习)和课堂外的作业,课堂外的作业又可以分为校内完成的作业和校外完成的作业(也可称之为家庭作业)。从形式上说,小学数学作业可分为解题类作业、读写类作业、观摩类作业和活动类作业这四种类型。其中:解题类作业在数学课程中最为常见,主要以文字和符号形式进行解答,一般需要包含运算和推导等过程;读写类作业在小学数学中也较为常见,尤其是在学习新符号时,需要不断重复来强化;观摩类作业在小学数学中出现得不多,主要指课内外观摩一些数学文化、纪录片、微课等方面的视频,这类作业随着信息化的普及将会越来越常见;活动类作业在小学数学中也较为常见,大多出现在家庭作业中,尤其是在低年级学段,主要包括数一数、量一量、看一看、动手制作等,可以个人完成,也可以和同学、家长等合作完成。

在教学设计中,教师需要针对教学内容、学情和教学环节,设计合适的作业。小学数学教师在设计作业时要把握好以下几点:一是所设计的作业要紧扣教学目标、紧贴教学内容,要有助于学生的理解和掌握,有助于培养学生的数学思维。二是要把握作业的整体性、结构性,综合思考作业的各个要素(如来源、类型、难度、数量、差异)。三是切勿为了贪图方便而直接选择教材或教辅中的题目作为课内外作业,如果情境、难度和形式不适合,教师就不要采用,或者可对它们进行改编,一切都要以符合教学目标的达成和促进小学生数学核心素养的发展为中心。

三、小学数学教学设计文本的撰写与评判

教学设计是一个从分析到构思,从流程规划到素材组织改造,从思考到撰写的过程,最后以文本的形成为终结。可以说,教学设计文本是整个设计过程智慧的结晶,也是教师教学设计能力的重要体现。因此,教学设计文本的撰写十分重要,可以文本的撰写为抓手,引领分析和规划乃至教学设计的整个过程。

(一) 文本撰写的主要过程

上述的主要模式和基本结构具有较强的学理性,在实践操作中其实都会涉及,但由于小学数学教师工作较为忙碌,要做到这么细致需要较多的精力投入,很难变成常规性工作。为此,在日常教学中,在撰写教学设计文本时,可以采用以下简化过程:

第一,列出本节课的主要知识点,最好在纸上列出,便于后续的对照和参考;

第二,思考学生的年龄特征、思维特征和知识基础,并做适当的记录;

第三,列出本次课堂教学的知识性目标与能力性目标,最好列在纸上,便于后续的对照和参考;

第四,查阅资料,包括各版本的小学数学教材、网络上的文献、教学设计、自己或他人已有的课件等教学资源;

第五,根据上述分析,结合自己的理解和教学风格,规划基本的教学思路,包括大概分成哪几个环节,最好能写出各环节的名称和目的,最好也列在纸上,便于后续的对照和参考;

第六,以上都可视为思考和准备的过程,准备就绪后可以开始撰写教学设计文本,把每个环节的内容尽量写得详细些,尤其是关键性的内容和活动的设计;

第七,根据教学设计文本初稿和前期的构思完善教学课件,准备相应的视频、图片和教具等;

第八,根据课件对教学设计文本初稿进行修改,并撰写较为细致的教学设计文本。

(二) 教学设计的基本评价标准

对教学设计文本的评价应该结合学生基础、知识特点和教师专业,适合教学的就是最好的,因此不能简单比较。但是,总体来说,相对优秀的教学设计文本有以下一些基本特点:

1. 教学背景分析准确、深入

文本中对教学内容和教学对象分析的描述较为全面,结论合理、准确。

2. 教学目标和教学重难点合理、明确

文本中教学目标和教学重难点的定位都比较准确,刻画清晰,能较好观测。

3. 教学过程的规划脉络清晰、要点明确

教学过程的各环节和文字描述能紧扣教学目标，紧贴教学背景，充分体现教学重难点，并能给教师的教学以较强的指引。

4. 教学理念先进

从文本中能看出，教学体现了以学生为中心，以学生发展为本，注重学生综合素养的提高。

5. 教学方式合理、有效

教学设计文本中所体现的教学方法与教学目标、教学背景分析等内容相吻合，教学素材丰富、适切，教学过程合理，具有逻辑性。

6. 格式规范、结构合理

教学设计文本的格式规范、具有较好的可读性，结构合理、内容分布有逻辑性。

（三）教学设计文本撰写的注意事项

通过观察可以发现，一些教学设计文本存在教学内容撰写简单、学情分析笼统、教学目标和教学重难点定位不准确、教学过程的内容太多或太少、教学过程中有大量的师生对话、教学设计格式混乱和教学设计中包括了教学反思等问题，因此，在撰写教学设计文本时需要注意以下几个方面。

1. 确定教学目标时，应以学生为行为主体而不是教师

在确定教学目标时，应以学生为行为主体，从学生的学业成就角度进行论述。尽量不使用"使学生、让学生、提高学生、培养学生……"此类文字，可采用"能运用、会使用、可以自主、逐步树立……"此类表述。这种变化不是玩文字游戏，而是要养成习惯，时刻提醒自己教学目标最终要落实到学生的变化中，而不是通过教师讲多少来实现，要真正体现以学生为中心。

2. 撰写重点和难点时，最好用感知或程度词汇作为落脚点

教学重点和难点要较为明确，不能太笼统。例如将重点确定为"认识大小月"就比较模糊。应该思考在学生的学习过程中哪些点最为重要、哪些最困难，这些点要明确、具体、能落实到教学实际中。所以，如果将重点修改成"大小月的正确判定"会更具体，也将具体要点落在了"正确判定"上。难点的撰写也类似，需要既明确，又能落实到较为具体的点上，尽量用感知性词汇，例如"掌握、理解、求解"等。

3. 教学目标中的行为动词最好是可测量、可评价、具体而明确的

教学目标是否达成是衡量教学质量的重要指标，因此表述目标的行为动词最好是具体的、可观测的，尽量不要使用"了解""理解"等较为模糊、难以准确衡量的词汇。例如，如果将教学目标确定为"认识年、月、日"，就比较模糊。要达到怎样的程度才能称为认识了年、月、

日呢？有怎样的表现可以说明达到了这种认识程度？这些都比较难以观测，因为"认识"有不同的衡量标准。如果将其分解成"能说出大月和小月的基本特征，能通过握拳记住大小月，能用自己的语言描述闰年的特征和规律"，这样教学目标就会更具体，也更容易衡量是否达成。当然，如果难以将教学目标都采用可观测的行为动词进行描述，采用相关的程度用词也是可行的，至少体现了要达到的程度。

4. 教学目标一般要包括知识类、能力类和情感类

教学目标应该多元化，不能只聚焦知识类目标和能力类目标，也要兼顾情感类目标。但是，在教学目标中如果出现素养目标又不太妥当，因为素养是一个较为广泛、综合的概念，在具体教学中应该分解为知识、能力和情感等若干维度，才具有可操作性。

知识类、能力类和情感类目标的常用词汇可参考如下：

知识类可参考动词有：识别、感知、认识、为……下定义、说出（写出）……的名称、复述、阐述、解释、说明……

能力类可参考动词有：归纳、总结、抽象、比较、对比、判定、判断、会求、运用、模仿、尝试、改编、操作、调节……

情感类可参考动词有：感受、认识、了解、初步体会、体会、获得、提高、增强、形成、养成、树立、发挥、发展……

5. 教学过程最好分成若干环节，并写出关键性步骤，能阐明自己的设计意图

在进行教学设计时，需要对课堂的过程有较好的大局认识，能整体性规划，因此最好能将其分为若干环节，每个环节有明确的目的，并设定大致的时间分配。一般来说，小学数学课堂教学可分为引入、新知、讲解、练习、总结等环节。在撰写教学设计文本时，每个环节中的关键性步骤可以由问答形式组成，当然学生的回答需要准备若干种预设。每个环节是一个微课堂，做出相应的规划，并写出设计的意图，主要目的在于先说服自己为什么要这么做，这样有助于深化教师对课堂教学的认识，实现从感性到理性的飞跃。

6. 教学设计不应包括教学反思

教学设计是对即将实施的课堂教学的计划，而反思往往是经历过后的总结，一些教师在撰写教学设计时包括了教学反思，这在逻辑上是站不住脚的。有些学校印制的教学设计模板中包括了教学反思一栏，但这个不应是在撰写教学设计时填写的，而应在实施后填写。教师在撰写教学设计后，如果还有一些其他想法，只要还没实施，都可以再对教学设计进行修改。一般来说，修改教学设计可以和教学课件相互结合，直到觉得没有更好的替代方案为止。教学实施后，如果有心得体会，可以写教学反思，这个过程也是一个重新认识自己、更细致地认识课堂教学的过程，这个过程对教师的专业发展也是十分有帮助的。

四、小学数学教学设计的基本格式

教学设计没有统一的格式，只要各种要素都兼顾了，写成怎样的格式都可以，如果要归

纳，大致可分为表格型、文本型和混合型三种。

（一）表格型

顾名思义，就是采用表格形式，将课堂教学各要素填写完整，大致如表 2-1 所示。

表 2-1 表格型教学设计格式

标题	
教学内容	
学情分析	
教学目标	
教学重难点	
…	

教学过程					
环节	内容	教学形式	设计意图	计划用时
作业				

表格型的优势是清晰、不容易忘记，便于转写到新的教学内容中。但是也存在不足，尤其是当内容中有较多的数学公式和图片时，某一栏就会显得特别长，不便于阅读。

（二）文本型

文本型就是去掉表格的外框后，将课堂教学各要素用文字进行表述，对于各内容用标题来区别。大致包括标题、教学内容分析、教学对象分析、教学目标、教学重难点、教学过程和板书设计等内容。

例如，大致格式可如下所示：

    5.1 分数的初步认识

    一、教材分析

    二、学情分析

    三、教学目标

    四、教学重难点

    五、教学过程

（一）设置情境，导入新课（5 min）

　　（二）探究问题，习得新知（10 min）

　　（三）合作学习，巩固新知（10 min）

　　（四）说说写写，运用新知（10 min）

　　（五）课堂小结，布置作业（5 min）

　　六、板书设计

　　文本型的优势是格式可根据需要自己调整，适合文字、图片和公式符号等各种表达方式。但是，在直观性方面会略差一些，而且容易忘记一些内容的表述，例如设计意图等，在撰写过程中教师要时刻提醒自己。

（三）混合型

　　混合型就是将上面两种优势结合在一起，在教学过程之前的内容采用表格型，教学过程部分采用文本型。因为多数符号和图片会出现在教学过程部分，将其改为文本型后就可避免格式上的混乱。

　　例如，大致格式可如下所示：

标题	
一、教学内容	
二、学情分析	
三、教学目标	
四、教学重难点	

　　五、教学过程

　　（一）设置情境，导入新课（5 min）

　　（二）探究问题，习得新知（10 min）

　　（三）合作学习，巩固新知（10 min）

　　（四）说说写写，运用新知（10 min）

　　（五）课堂小结，布置作业（5 min）

　　六、板书设计

　　无论是何种类型的教学设计格式，都仅仅是给教师提供参考，教师在撰写中可以根据需要适当增加或减少。但是内容分析、学情分析、教学目标、教学重难点和教学过程这些是教学设计的基本内容，不应该舍去。另外，在任何一份教学设计中，教学过程部分的篇幅都应是最多的。因为教学设计是为了更好地指导教师的教学，所以过程部分需要构思得较为细致。当然，这种细致并非是将每句话都写出来，只需要将关键性语言写出来即可，尤其是如何提问、如何设计问题串等，可以在教学设计中写明。在教学过程的每个环节或关键性步骤的设计中要写明设计意图，这也是一个自己说服自己的过程，可有效提高设计的合理性。

第三节　小学数学教学设计案例评析

一、"加减混合"的教学设计

（一）教学设计内容

教学主题	加减混合				
年级	一年级	课时	一课时	课型	新授课
教材分析	《加减混合》选自沪教版小学数学教材一年级上册第二章《10以内数的加减法》的最后一节，前面一节"连加、连减"为本节的学习打下了基础，同时本节也为以后学习100以内的进位加减做了铺垫，整个教材的学习是层层深入的。 本节的教材在编排上大致与连加、连减相同，都选择了小鸟的飞来与飞走的情境，三幅图片当中由箭头衔接，旨在帮助学生理解加减混合的含义和计算顺序，同时还在算式中用线注明分步计算的先后顺序，最后搭配四道练习题巩固学生的计算能力，而后续进一步的练习是放在练习册中呈现的。				
学情分析	从学习的内容来看，学生在前面的一个课时中已经接触了连加、连减这样两步计算化为一步的综合算式，并能根据从左往右依次计算的顺序正确解答，所以在这堂课中也有一定的能力可以列出综合算式，并推断出正确的计算顺序。 从学生的认知发展来看，初入学不久的一年级小学生正处于幼小衔接的关键阶段，他们还难以接受一板一眼的数学课堂，枯燥的做题与学习容易让其丧失课堂专注度，融入一些动画、音频、游戏更能激发学生融入课堂的热情。				
教学目标	1. 能根据题意列出加减混合算式 2. 能说出加减混合算式的数学意义 3. 能理解加减混合算式中计算先后次序的数学原理 4. 能正确计算10以内加减混合运算 5. 初步学习交流生活中具有混合计算行为的情景，体会加减混合计算与生活的密切联系 6. 在学习过程中养成独立思考的习惯和团队合作精神				
教学重难点	教学重点：10以内加减混合运算顺序的准确掌握 教学难点：加减混合算式含义的正确理解				

教学环节	教学活动	教学意图
环节一： 复习回顾， 引入新课	师：今天，让我们一起走进森林看看。 （音频：鸟叫声） 师：你们听到了什么声音？ 预设生：鸟叫声。 师：我们一起去看看发生了什么吧！	复习巩固10以内连加、连减的计算；培养学生爱护树木、乐于助人的情感态度；为最后的课堂总结连

(续表)

教学环节	教学活动	教学意图
	1. 小鸟搬家,复习连加、连减 师:原来是小鸟们正在搬家呀,你能告诉它们应该搬向几号家门吗? 算式:6＋1＋3＝　　9－3－4＝ 预设生1:第一只小鸟应该搬向10号门。 追问:你的计算过程是什么? 预设生1:6＋1＝7,7＋3＝10。 师:好的,那我们用完整的话说就是:因为6＋1＝7,7＋3＝10,所以6＋1＋3＝10,第一只小鸟应该搬向10号门。谁能试着这样说一说第二只小鸟。 预设生2:因为9－3＝6,6－4＝2,所以9－3－4＝2,第二只小鸟应该搬向2号门。 师:真棒,你们都算得又快又准确,那这些题目的运算顺序是怎么样的? 预设生:从左往右依次计算。 小结:看来大家对于上节课学习的连加、连减计算都掌握得很牢固,给你们竖个大拇指!	加、连减与加减混合计算的异同点做铺垫。
环节二: 创设情境, 探究新知	过渡句:小鸟搬了新家以后,就邀请朋友来家里做客了,请你们以前后四人为一个小组,根据这幅图一起编个数学问题,并且列出算式。 1. 小组讨论,探究加减混合运算 预设1:原来有4只鸟,飞来了2只,又飞走了3只,现在有几只? 师:根据你们的问题,老师动态地演示一下这个过程。 (多媒体演示) 师:你们的算式是什么? 预设生:4＋2－3。 (板书:4＋2－3) 师:这个算式怎么计算呢? 预设生:先算4＋2＝6,再算6－3＝3。 学生边说边板书:$\underset{6}{\underline{4＋2}}-3=3$ 师:哦,你是从左往右计算的,最后的计算结果是3,我们对照一下图片中现在鸟的只数,1,2,3,也是3只,做对了! 师:那这里的4、2、3分别表示什么? 预设生:4表示原来的只数,2表示飞来的只数,3表示飞走的只数。 (板书:原来　飞来　飞走) 师:好的,你们是先看到飞来的鸟,再看到飞走的鸟,哪个小组提的是不同的问题? 预设2:原来有4只鸟,飞走了3只,又飞来了2只,现在有几只? 师:老师也把这个过程演示一下。	培养学生的数学信息提取能力与数学表达能力。 以动画演示吸引学生的课堂注意力;同时,培养学生的观察能力与逻辑推理能力。 培养学生的总结概括能力,与此同时,加深他们对于加减混合题目的运算顺序的印象。

(续表)

教学环节	教学活动	教学意图
	（多媒体演示） 算式：4－3＋2。 （板书：4－3＋2） 师：这个算式怎么计算呀？ 预设生：先算4－3＝1，再算1＋2＝3。 学生边说边板书：$\underbrace{4-3}_{1}+2=3$ 师：你也是从左往右计算的，我们来验证一下最后的答案，1，2，3，现在有3只鸟，正确！ 师：这里的4、3、2又分别表示什么？ 预设生：4表示原来的只数，3表示飞走的只数，2表示飞来的只数。 （板书：原来　飞走　飞来） 师：好的，你们小组先看到飞走的鸟，再看到飞来的鸟。根据一幅静态的图片，你们推断出了动态的过程，提了两个数学问题，并做出了正确的解答，真棒！ 2. 比较加减混合与连加、连减 （张贴：6＋1＋3＝10　9－3－4＝2） 提问：这是我们一开始小鸟搬家时做的两道题目，现在请你们仔细观察黑板上的这两行算式，它们有什么相同点，有什么不同点？ 预设生1：下面的两个算式只有加号或只有减号，上面的两个算式既有加号，又有减号，第一个算式是加号在前，减号在后，第二个算式是减号在前，加号在后。 （描红第一个算式中的"＋"、第二个算式中的"－"） 师：你真有一对火眼金睛呢！像这样既有加法，又有减法的算式，我们把它们叫做加减混合，这就是我们今天要学习的内容。 （板书：加减混合） 师：谁再来说说你的发现？ 预设生2：我发现这些算式的计算顺序都是相同的，都是从左往右依次计算。 小结：说得很好，加减混合运算，不论加在前还是减在前，都要从左往右依次计算。 （板书：从左往右依次计算）	
环节三： 闯关游戏， 练习巩固	1. 小熊闯关，巩固新知 师：今天我们学习了新的本领，那就一起来和小熊闯关吧！完成任务获得的金币可以在最后兑换精美的礼品噢。 ① 关卡1：小猴与桃子 （多媒体演示小猴摘桃、吃桃的过程） 师：根据这三幅图说一说你的数学问题。 预设生：原来篮筐里有3颗桃子，小猴放进去了2颗，又吃掉了1颗，	根据一年级小学生的心理与认知发展，游戏更能激发他们参与课堂的热情，秉持寓教于乐的理念，也希望学生在快乐的闯关游戏中巩固

(续表)

教学环节	教学活动	教学意图
	现在有几颗? 师:谁来解答一下这个有趣的问题? 预设生:算式是3+2-1,3+2=5,5-1=4,3+2-1=4,所以现在有4颗桃子。 (板书:3+2-1=4) 师:这位同学回答得真完整!恭喜你们帮助小熊通过了第一关,获得了2枚金币,再来闯闯第二关吧! ② 关卡2:编一编生活中的加减混合题 预设生1:原来车上有9人,下车3人,上车2人,现在车上有几人? 师:同桌来列算式,说计算过程。 预设生2:9-3+2,9-3=6,6+2=8,所以9-3+2=8。 (再请两位同学说一说) 师:恭喜你们,在你们的聪明才智之下,小熊又获得了3枚金币,现在你们可以来兑换礼品啦! (呈现标有不同金币数的礼品) 预设生1:我想兑换篮球。 师:那金币数量会发生什么变化呀?请你列式计算一下。 预设生1:算式是2+3-5,2+3=5,5-5=0,金币数变为0。 (继续提问兑换不同礼品的同学,列出不同的加减混合算式)	所学的新知。 将加减混合的计算练习贯穿于整个闯关游戏的始末,引导学生熟练掌握10以内的加减混合运算。
环节四: 课堂小结	师:今天你们学到了什么呀? 预设生:今天我们学习了加减混合运算,计算的顺序是从左往右依次计算。 总结:所以,连加、连减、加减混合的运算顺序是相同的,都是从左往右依次计算。	复习回顾学到的新知,明确加减混合与连加、连减计算之间的联系,发现两者的共同点,从而得出一般性的结论。
环节五: 回家作业	1. 完成课本 P36 2. 完成练习册 P38	
板书设计:	(主黑板)　　加减混合 原来　飞来　飞走　　原来　飞走　飞来 $\underbrace{4\ +2}_{6}-3=3$　　$\underbrace{4\ -3}_{1}+2=3$ $\underbrace{6+1}_{7}+3=10$　　$\underbrace{9-3}_{6}-4=2$ 从左往右依次计算 (副黑板) $\underbrace{3+2}_{5}-1=4$　　$\underbrace{2+3}_{5}-5=0$ ……	

（二）表格型教学设计的评析

这是表格型的教学设计，该设计包括了各种基本要素，较为完整。教学目标虽然没有用知识、能力和情感等小标题明确区分开，但是内容涵盖了这三个维度。教学过程能较好地体现了教学目标的具体要求，对于关键性步骤能写出教师的提问和学生的预设答案，较为合理。教学过程能阐述设计意图，说明教师对于为何这么设计有较为充分的理由，不是仅凭经验而是经过了一定的思考。总体来说，这是一份还不错的小学数学教学设计。

但是，该设计还存在一些不足，主要归纳如下。

① 教材分析还比较简单，只注重教材中内容的呈现，对于教学知识点本身的分析较少。

② 教学过程较为常规，略显平淡，层次性不够，通过小鸟飞来飞走得出混合计算的算式后可适当脱离具体情境，引导学生进行抽象思维层面的分析与思考。

③ 教学过程的过渡还不是很自然，前面阶段为小鸟飞来飞去，后面又是小熊闯关，可围绕一个事情展开，不同环节的切换要有较强的逻辑性，如果能因为解决问题的需要而引出下一环节内容，则更佳。

④ 教学内容和教学过程与教材的重叠度较高，新意不足，如果学生有预习的习惯，则该课堂教学对其吸引力是不够的，数学教师应该以教材为主，又要高于教材，注重数学知识点的传授、数学能力和情感的发展。

二、"三角形的分类(2)"的教学设计

（一）教学设计的内容

三角形的分类(2)

1. 教材分析

《三角形的分类(2)》是沪教版三年级第一学期数学(试用本)第五单元《几何小实践》中的教学内容。在二年级的数学教材中已出现过有关三角形的概念、三角形按角分类等内容。本内容的学习是在这些知识基础上对三角形的又一深入的学习和探索。《三角形的分类(2)》的学习分为两课时，第一课时：学习三角形按边进行分类。第二课时：学习等腰三角形和等边三角形的性质。本课为第一课时，为第二课时打下基础。分类是一种数学思想，它是根据一定标准对事物进行有序的划分和组合的过程，三角形的分类在于带给学生一种数学思维方式，按照某种特性可以将三角形进行不同类别的划分，这种划分可以为学生今后更好地应用三角形，进一步认识和研究三角形奠定知识基础。

2. 学情分析

学生通过二年级下册的学习，对三角形已经有了直观的认识，能够从平面图形中分辨出三角形，正确区分锐角、直角、钝角，心中有一定的分类标准，但这些标准有的并不全面，需要在学习中对三角形三个角的大小分布有更为深入的认知。之前已经学习过按照

角度情况对三角形进行分类,学生有了初步的分类思想,在此基础上学生可了解同一批事物还可以有不同的分类方法。三年级的学生好奇心强,乐于探究,喜欢动手参与,愿意联系自己的生活实际。他们的思维以具体形象思维为主,并逐步开始向抽象思维过渡,不过分析、综合、归纳和概括能力较弱。在学习本节课之前,学生已经在生活中积累了很多关于三角形的感性经验,这些经验构成了学生学习的认知基础。可能这些基础还无法用数学语言来描述,无法用数学方式来表达,但已经成为学生知识的一部分了。因此,我们在进行教学设计时,要站在学生已有知识的基础上设计教学活动,关注学生学习的起点。

3. 教学目标

知识与技能	● 能够说出三角形的构成 ● 能够按边对三角形进行分类
过程与方法	● 通过搭建图形,提高动手操作能力与发现问题的能力 ● 通过小组合作,提高协作能力 ● 感受数学与生活的联系,激发学习兴趣
情感态度与价值观	● 形成初步的分类思想 ● 激发数学学习兴趣,形成良好的学习态度

4. 教学重点与难点

- 教学重点:等腰三角形、等边三角形、不等边三角形的边和角特征的准确认识
- 教学难点:按边对三角形正确分类

5. 教学准备

- 教具:多媒体课件、三角形、板贴
- 学具:小棒、连接头、等腰三角形纸片、等边三角形纸片

6. 教学过程

环节一 动手操作,复习引入

【教师活动】

出示锐角、直角、钝角和由多个三角形组成的图形。

提问1:这个图形由什么形状组成?

提问2:三角形有几个角、几条边、几个顶点?

提问3:你能把图中的三角形分分类吗?你的分类标准是什么?

【学生活动】

预设1:三角形。

预设2:3个角,3条边,3个顶点。

预设3:角;边的长短;颜色……

教师揭示课题:三角形的分类(2)。(板书课题:三角形的分类(2))

【教师活动】

课前发放学具,分组,请学生用三根小棒尽可能多地搭建图形。

提问:得到的图形是什么图形?有什么特点?

【学生活动】

小组合作搭建图形,讨论图形的特点。

> **设计意图**
>
> 学生对三角形已经有了初步的认识,复习旧知,唤起回忆。通过让学生用小棒拼搭三角形,直观地感受三角形是由三条线段围成的图形,形象感知有的图形三条线段的长度相等、有的图形两条线段的长度相等、有的图形三条线段长度都不相等,为三角形按边分类做好铺垫。

环节二 小组合作,交流反馈

【教师活动】

教师引导学生以小组为单位,上台展示并介绍搭建图形的特点,若有遗漏则其他小组补充。

提问:你能把这个小组的三角形分分类吗?说说你是怎么分类的?

【学生活动】

学生在教师的引导下,将展示的三角形按边分类。

预设1:按角分,可以分成锐角三角形、钝角三角形和直角三角形。

预设2:可以按边分。我们发现有些三角形两条边相等,有的三角形三条边都相等,还有的三角形三条边都不相等。

【教师活动】

根据学生的回答进行板书:

  两条边相等的三角形

  三条边相等的三角形

  三条边都不相等的三角形

> **设计意图**
>
> 小组合作学习是当前课程改革中的一种有效学习方式,能够给予全体学生参与学习、表现自己的机会,最大限度地调动学生的积极性与主动性。

环节三 揭示概念,认知特征

【教师活动】

提问1:你喜欢哪一类三角形?

出示情境：小巧、小亚和小胖也要来说一说。小胖：我喜欢三条边都不相等的三角形。（圈出此类三角形分给小胖）小亚说：我喜欢三条边相等的三角形。（圈出此类三角形分给小亚）小巧说：我喜欢两条边相等的三角形。

提问2：应该把哪一类三角形分给小巧？

出示情境：可是小巧把小亚的三角形也拿走了。

提问3：小巧这样做有道理吗？

【学生活动】

预设1：应该把两条边相等的三角形分给小巧。

预设2：应该把三条边相等的三角形和两条边相等的三角形都分给小巧。

预设3：有道理，因为三边相等的情况包括在两边相等里了。

【教师活动】

分析三边相等和两边相等的情况：三边相等是两边相等的一种特殊情况，三边相等时两边必然相等。总结三角形的名称。

提问1：你能给这些三角形取个名字吗？

小结：三条边都不相等的三角形叫做不等边三角形。两条边相等的三角形叫做等腰三角形。等边三角形是特殊的等腰三角形，等边三角形也叫正三角形，其三条边都相等，三个角都是60°。

提问2：等腰三角形哪里是腰？另一条边叫什么？等腰三角形的角有什么特点？叫什么？（用多媒体进行演示）

小结：等腰三角形中两条相等的边是腰，另一条边叫底边。等腰三角形两腰的夹角叫做顶角，另外两个角叫做底角，等腰三角形的底角相等。

【学生活动】

结合新授内容，集体汇报。

> **设计意图**
>
> 通过形象直观的分类，让学生理解三角形按边分类后的名称，理解等腰三角形、等边三角形之间的关系，对概念的认识得到了进一步的完善。

环节四 综合运用，巩固提高

【教师活动】

小练习：判断下列说法正确吗？

- 等边三角形是特殊的等腰三角形。
- 等腰三角形是特殊的等边三角形。
- 等腰三角形一定是锐角三角形。
- 等边三角形一定是锐角三角形。

环节五　回顾总结，反思评价

【教师活动】

提问1：将三角形按边分，可以分为几类？

提问2：其中等腰三角形还包括了哪一类三角形？为什么？

提问3：在生活中你看到过哪些三角形？又有什么特点？

【学生活动】

预设1：两类，不等边三角形和等腰三角形。

预设2：等边三角形。等边三角形是特殊的等腰三角形。

【教师活动】

小练习1：

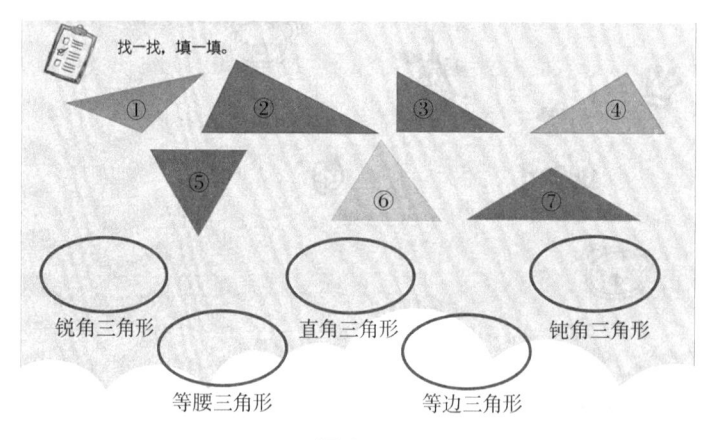

图2-7

小练习2：

猜猜书本下藏着什么样的三角形？

图2-8

布置作业

- 练习册
- 找一找家里有哪些物件是三角形，根据今天学到的本领，把它们分分类，并和爸爸妈妈分享。

(二) 教学设计的评析

这是文本型的教学设计,该设计包括了各种基本要素,较为完整。教材分析和学情分析还比较全面,说明在设计教学之前教师对背景有较好的了解。教学目标分成三个层面,比较清晰。教学过程的内容也较为丰富,有行为设计,有提问和预设回答等,每个环节能写出设计意图,说明教师的设计是较为理性的。总体来说,这是一份还不错的小学数学教学设计。

但是,该设计还存在一些不足,主要归纳如下。

① 在教学中缺乏对学习目的性的解释,也就是学生是被动地学习这种分类知识的。教师可以在引入环节设置某种情境,让学生体会到分类不仅重要,而且已有的分类不能解决所有问题,有必要也完全可以从另一个角度对三角形再分类。如果带着这种目的性进行后续的学习,课堂教学的效果会更佳。

② 教学目标在教学过程中并未得到充分体现,尤其是能力性和情感性目标,并未能从设计中得到较好回应,该设计较为注重知识性的掌握,一些提问也较为简单,未能有效发展学生的能力和情感。

③ 教学过程相对平淡,设计缺乏深层次的思考,针对三年级学生,可以设计一些培养抽象思维的内容。

④ 教学环节之间以及环节内部的过渡还不是很自然,更多的是教师的提问在推进,如果这种提问是有较强相关性的,课堂的整体感会更强。

三、"平均数"的教学设计

(一) 教学设计的内容

	教学主题	深度挖掘本质　凸显概念意义——平均数[①]
1	教学内容分析	本节课选自苏教版义务教育教科书·数学四年级上册第49—50页例3,随后的"练一练",练习八第1—3题。平均数是在学生已经掌握简单的数据收集与整理方法,并会用统计表和条形统计图表示数据的基础上教学的。教材从学生已有的经验出发,创设"男、女生套圈比赛"的问题情境,围绕解决"男生套得准一些还是女生套得准一些"这个问题,引导学生经历用平均数刻画数据特征、解决实际问题的过程。这样编排,把认识平均数置于统计背景下,既有利于学生理解平均数的含义,感受平均数是表现一组数据集中趋势的统计量,又能让他们体会平均数的应用价值,发展数据意识和应用意识。
2	学情分析	一般来说,学生对平均数的认识可以划分成计算、概念、统计三种水平层次。在此之前,学生的认知体系中已经建立起充分的平均分经验,他们能比较容易地掌握求平均数的计算方法,达到一定计算水平。而要真正理解平均数是代表一组数据整体水

[①] 庄薇.深度挖掘本质 凸显概念意义——"平均数"教学设计与说明[J].小学数学教育,2023(22):61—63.

(续表)

		平的虚拟值,能用平均数表达一组数据的整体水平,或对几组相关数据进行比较,或基于样本平均数推断整体情况,就有一定难度了。鉴于此,平均数的教学不能只关注求平均数的方法,更要帮助学生理解平均数的统计意义,学会用平均数表达数据,发展数据意识。
3	教学目标	1. 理解平均数的含义,掌握求平均数的方法,初步学会利用平均数分析表达数据。 2. 经历用平均数分析表达数据、解决问题的过程,体会平均数的特征,积累数据分析经验,发展数据意识。 3. 在数学活动过程中体会平均数的价值,感受数学与生活的联系,培养用数学语言表达现实世界的意识。
4	教学重难点	重点:理解平均数的含义,体会平均数的特征。 难点:理解平均数的含义,体会平均数的特征。

5. 教学过程

(1) 游戏导入,激活经验

谈话:为庆祝元旦,四年级(1)班举行套圈比赛。张晓红、王晓兰、李晓飞三位同学分在同一个比赛小组。张晓红领到7个圈,王晓兰领到4个圈,李晓飞只领到1个圈。对此,你有什么话要说?

追问:怎样做才能变得公平呢? 你能把这些套圈重新分配一下吗?

引导学生掌握通过移多补少或放在一起后重新进行分配获得公平的分法。

设计意图:从数学内容结构上看,意义感是学生对所学知识价值的理解与认同。通过套圈游戏前分圈的情境,以及"怎样做才能变得公平呢"这一驱动性问题,让学生对真实生活情境中的问题展开讨论与交流,激活已有的"移多补少"的生活经验以及"平均分"的数学经验,同时激发持续探究的动力。

(2) 自主探索,理解意义

① 创设情境,引发需求。

谈话:这次四年级(1)班的套圈比赛,每人都要套15个圈,老师把其中两位同学套圈的成绩制成了统计图。出示课件如图所示:

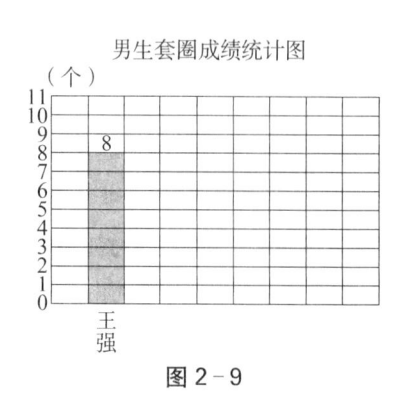

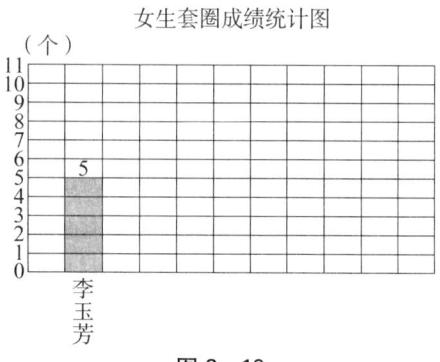

男生套圈成绩统计图

图2-9

女生套圈成绩统计图

图2-10

提问:这两个同学,谁套得准一些? 你是怎样想的?

预设:王强套中 8 个,李玉芳套中 5 个,因为 8>5,所以王强套得准一些。

谈话:第一组男生和第一组女生进行比赛,他们套圈的情况如下。出示课件如图所示:

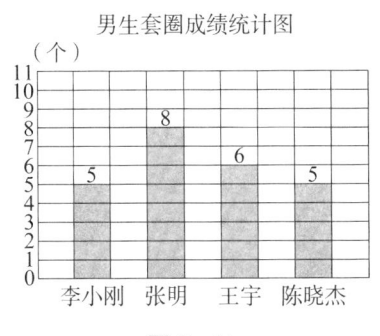

男生套圈成绩统计图

图 2-11

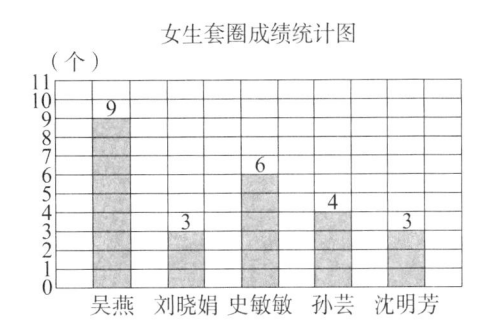

女生套圈成绩统计图

图 2-12

提问:从图中你知道了什么?

追问:你觉得男生组套得准一些还是女生组套得准一些? 你是怎样比较的?

预设 1:找出男生组和女生组中套得最多的,套中个数多的那个组就套得准一些。

预设 2:先分别计算出男生组和女生组套中的总个数,总个数多的那个组就套得准一些。

预设 3:先分别计算出男生组和女生组平均每人套中的个数,再比较。

引导:你认为哪种方法是合理的? 为什么?

学生交流后明确:个人套得再多,只代表个人成绩,不能代表小组套圈水平,预设 1 的方法不合理。预设 2 的方法也不合理,因为两个组人数不同。先分别算出男生组和女生组平均每人套中的个数,再比较,预设 3 的方法才是合理的。

设计意图:核心素养导向下的数学课堂,追求学生对以核心知识为载体的核心概念产生意义性理解。这一环节延续上面的套圈情境,首先提出"两个同学谁套得准一些"这个问题,将核心概念与学生的生活经验建立联结,培养学生初步的数据意识。接着,创设男女生哪一组套得准一些的问题情境,让学生通过交流体会到在人数不同的情况下,个体水平不能代表整体水平,有意识地引导他们从关注个别数据过渡到关注一组数据的整体情况,初步体会平均数的意义和价值,同时引发进一步探索的积极心态。

② 自主尝试,理解意义。

②-1 探索男生组平均每人套中多少个,理解平均数的意义。

提问:你打算怎样求男生组平均每人套中多少个? 自己试着在练习纸上画一画、写一写。

学生独立活动后,组织全班交流。

预设 1:移多补少:从张明套中的个数里拿 1 个给李小刚,再拿 1 个给陈晓杰。

结合学生交流,课件演示移多补少的具体过程,并在平均数的位置画一条虚线。

揭示:像这样从多的里面移一些补给少的,使得每个数据都变得同样多,这种方法就叫

"移多补少"。

预设2：先合后分：5＋8＋6＋5＝24(个)，24÷4＝6(个)

提问：为什么要把这些数先加起来再去除以4？

结合学生回答，课件演示把所有数据合到一起再平均分的过程。

揭示：这种方法和我们以前学过的平均分方法是一样的，叫做"先合后分"。

引导：比较这两种方法，它们有什么相同的地方？

明确：不论是哪种方法，都要使每人套中的个数变得同样多。

揭示：男生组每人套中6个，"6"是5、8、6、5这4个数的平均数。（板书：平均数）

提问：平均数"6"是表示男生组每个都正好套中6个吗？

明确：平均数"6"代表男生组套圈的整体水平，但并不意味着每个人都正好套中6个。

追问：平均数"6"和王宇套中的"6个"表示的意思一样吗？

体会：王宇套中"6个"，只代表个人水平；平均数"6"是男生组所有人套中个数移多补少的结果，它与每个人的套圈成绩都有关系，反映的是整个小组的套圈水平。平均数具有代表性。

设计意图：这一环节重点引导学生从两个方面理解平均数的含义。第一，在统计意义上把握平均数。教师通过情境与问题设计，驱使学生利用已有经验进行"移多补少"，借助几何直观开展比较、抽象，思考"平均数"的作用，经历在真实情境中孕育"平均数"、感知"平均数"、明晰"平均数"概念的过程。第二，在计算活动中把握平均数。从表面来看，学生很难区分"平均数"和除法运算中的平均分。为此，教师通过三次追问："平均数'6'表示什么？""平均数'6'是表示男生组每人都正好套中6个吗？""平均数'6'和王宇套中的'6个'表示的意思一样吗？"引导学生在交流对话、思维碰撞中逐步理解平均数的含义，体会"平均数能代表一组数据的整体水平"这一本质特征。学生从两个方面理解平均数的意义，体会平均数的统计价值，有利于发展数据意识。

②-2 探索女生组平均每人套中多少个，体会平均数的特征。

提问：观察女生组套圈情况统计图，估计女生组平均每人套中多少个？会比9个多吗？会比3个少吗？为什么？

学生交流后明确：平均数在一组数据的最大值和最小值之间。

追问：女生组平均每人究竟套中多少个呢？

学生自选方法解决问题。

全班交流不同的计算方法，得出女生组平均每人套中5个。

提问：女生组没有一人正好套中5个，为什么我们却说女生组套中个数的平均数是"5"呢？

体会：平均数代表一组数据的整体水平，平均数是虚拟的。

②-3 比较：男生组套得准一些还是女生组套得准一些？这个问题现在能回答了吗？我

们是根据什么比较出来的?

设计意图:这一环节引导学生迁移运用已有的思维经验,自主求得女生组套中个数的平均数,加深对平均数意义的理解。在学生经历估值、计算等活动,并求出女生组平均每人套中5个后,通过追问"女生组没有一人正好套中5个,为什么我们却说女生组套中个数的平均数是'5'呢?",使学生在对话、思辨中丰富对平均数的认识,进一步体会平均数是一组数据整体水平的代表,平均数介于一组数据的最大值与最小值之间,体会平均数具有代表性、虚拟性、区间性等特点。

(3) 应用解释,丰富理解

① 例题变式,体会敏感性。

谈话:女生组的杨露同学也想加入比赛。杨露加入后,女生组套圈水平可能会怎样? 出示课件如图所示:

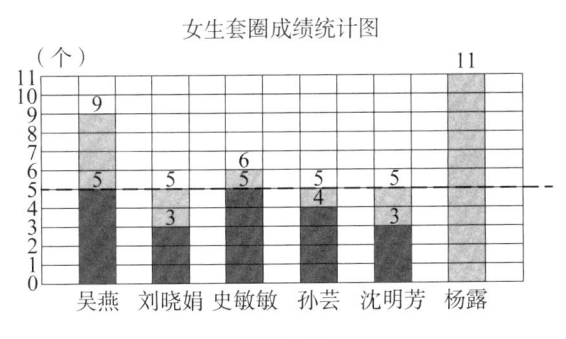

图 2-13

提问:如果杨露套中11个,现在女生组平均每人套中多少个? 你又是怎样想的?

预设1:移多补少:原来每人5个,杨露再分给每人1个,这样平均每人套中的个数就变成了6个。

预设2:先合后分:9+3+6+4+3+11=36(个),36÷6=6(个)。

追问:如果杨露套中4个,女生组平均每人套中的个数会怎样变化? 如果套中5个呢?

体会:平均数具有敏感性,任何一个数据的加入或改变都有可能会使平均数发生变化。

设计意图:这一环节重在让学生体会平均数容易受极端数据的干扰,具有敏感性这一特点。在女生输掉比赛后,教师创设杨露加入比赛的情境,提出"女生组的套圈水平可能会怎样"这一问题,将学生的思维引向纵深。学生通过讨论女生组平均每人套中个数随杨露可能套中个数的变化而变化,能够深刻领悟平均数的敏感性和随机性。

② 指导完成练习。

提问:小丽有3条丝带。观察这3条丝带的长度,你觉得平均长度可能大于12厘米吗? 可能小于7厘米吗?

追问:如果不计算,你能看出这3条丝带的平均长度比10厘米长还是短吗?

```
          7 cm
       ┌────────────┐         10 cm
       │            │          ┊
                               ┊
          12 cm               ┊
       ┌──────────────────┐    ┊
       │                  │    ┊
                               ┊
          8 cm                ┊
       ┌──────────────┐       ┊
       │              │       ┊
```

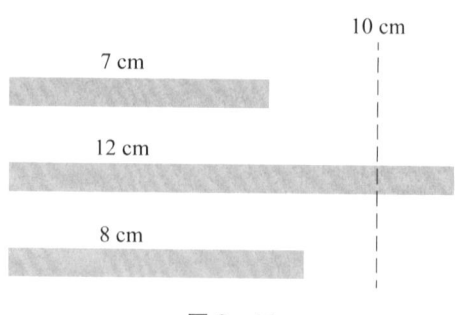

图 2 - 14

学生在交流中体会：平均数如果是 10 厘米，超出平均数的部分和不到平均数的部分应该正好相等。第二条丝带超过 10 厘米的部分是 2 厘米，第一条丝带不足 10 厘米的部分是 3 厘米，第三条丝带不足部分是 2 厘米。所以，这三条丝带的平均长度一定比 10 厘米短。

要求：计算这 3 条丝带的平均长度。

③ 感受生活中的平均数。

要求学生利用平均数知识解释下面的判断是否合理，并说明理由。

③-1 学校篮球队队员的平均身高是 160 厘米。学校篮球队队员的身高都是 160 厘米。

③-2 学校进行 1 分钟跳绳测试。四年级(1)班平均每人跳 102 个，四年级(2)班平均每人跳 108 个。四年级(1)班的沈燕说她跳的个数比四年级(2)班的程露多。这可能吗？

③-3 一个池塘平均水深为 110 厘米，亮亮的身高是 130 厘米。他认为自己到这个池塘里游泳一定没危险。亮亮的想法对吗？

设计意图：这一环节的练习设计由浅入深，意在帮助学生进一步深化对平均数的理解。第一个问题是例题教学情境的延续，重在引导学生深刻感悟平均数的敏感性；第二个问题迁移数形结合的思维经验，使学生在解决问题的过程中主动想到运用"一组数据中超出平均数的部分和不到平均数的部分相等"这一特征，判断自己的估计是否正确，有助于发展思维的有序性与严谨性；第三个问题是运用平均数解释生活现象，重在引导学生在交流中体会平均数在刻画随机数据整体水平方面的特殊价值，体会平均数在生活中的广泛应用，提高分析、判断和决策能力，发展数据意识。

（4）知识梳理，回顾总结

师：通过今天这节课的学习，你有什么新的收获呢？

学生交流。

（二）教学设计的评析

上述"平均数"这一课时的教学设计是一个混合型教学设计，该设计包括了内容分析、学情分析、教学目标、教学重难点、教学过程等教学要素，结构上较为完整，每个教学要素的阐述也较为清晰准确。其中，教学过程的设计，采取"游戏导入、激活经验——自主探索、理解意义——应用解释、丰富理解——知识梳理、回顾总结"的教学方式；课始的导入环节采用"游戏导入"的方式激活学生的经验，调动学生的学习积极性和参与性；新知探究环节由教师引导，让学生经历联系、思考、尝试、交流等活动，理解平均数的概念；巩固新知环节设计了例题的变式训练，引导学生体会平均数的敏感性，并通过指导学生完成由浅入深的练习深化对平均数的理解；课堂小结环节引领学生梳理本课的核心内容。整体来看，该教学设计结构清晰，意图明确。

总的来说，这是一份比较规范的教学设计。但是该教学设计仍存在些许不足，主要表现在两个方面：一是教学目标的设计，可进一步明确本节课指向的数学核心素养要素，要渗透的主要数学思想方法，在表述方面尽量用一些可观测的词语；二是教学活动形式的设计还可以适当丰富些，在注重情境延续性和变式训练的同时，可以考虑设计一些引导学生自主合作探究的多种情境任务。

四、案例评析小结

上述的教学设计案例仅供参考，因为即使是相同的教学内容，在对不同的学生进行教学时，也需进行不同的设计，因为学生的知识基础不同、思维特征不同，培养的目标也不一样。这也是市面上很少有具体的教学设计案例类书籍的原因之一，即使有也是仅供参考，教师对其要有清醒的认识，切勿"拿来主义"。任何他人的教学设计、课件都只能作为参考，不能照搬照抄。每个教师都会有自己的教育观，要根据自己和学生的具体情况，主动构思自己的教学思路。只有这样，在实施课堂教学时才能更有自信，更得心应手，教学效果也才会更好。

在撰写教学设计之前，前端分析很重要，切勿匆忙上阵，教师应该仔细思考以下几个方面的问题。

（一）这个教学知识点的内容到底是什么

这是教师实施教学的最基本条件，教师需要明确这个教学知识点的学科本质是什么，属于哪种类型的知识，具体表述是什么，是否有不同的表述等。例如，在教学"面积"时，既要明确"面积"的概念是怎么表述的，也要理解面积的本质内涵，并分析什么是本节课所需要传递的学科重点。在该知识点中，面积的测量是关键，教师在教学中不要纠结于"面积"定义的表述，否则就会咬文嚼字，陷入什么是平面图形的讨论中，而失去对数学思想方法的领会。其实这个内容中蕴含了用规则代替不规则的，用多个规则近似不规则的数学思想方法，这种方法是将来学习定积分的基础。尽管小学数学在学科知识上还算简单，但是在听课过程中还是能发现有些教师会犯学科知识方面的错误。如果在设计教学时，能对教学知识点有较为全面和细致的思考，就可以避免这些问题。另外，数学中有一些概念和名称是人为约定的，教师要理解，即使学生有不同的说法，只要是合理的就要先肯定，然后再告诉他们统一约定的必要性。[①]

（二）学生学过哪些和这个教学知识点有关的内容，在教学中要讲到什么深度比较合适

教学中最重要是从已知到未知，经由此，学生才能建立起知识的有效联结，所以在设计教学时教师需要思考学生之前学了哪些知识，包括上节课学了什么知识，和这个主题相关的知识学生学了哪些等。想清楚这些问题对如何设计引入很关键。然后，教师要思考这个知识点中什么是最关键的、什么是学生一定要掌握的，哪些是最好能掌握的，哪些是这次课还不需要掌握的。

（三）这节课要达到什么目标

把前面两个部分思考清楚，接下来就可以确定目标，教学目标要相对具体。目标的确定以知识性为主，但不能仅仅限于知识性目标，也要兼顾能力性和情感性的教学目标。教学目标的确定可以从粗到细、慢慢具体、逐步完善，并不一定要一步到位。

（四）这节课大致进程如何？

在目标确定后，就要围绕教学目标思考教学的大致流程，这时候的流程是粗略的，主要从大局观角度思考教学过程大致分为几个环节，再安排每个环节的时间比例和大致目的。这种大框架确定后，就可以制作教学课件和教具，然后在教学课件和教学设计的完善过程中交互推进。最终做到教学设计不仅合理，也能有效实施，设计和实施要以能达成教学目标为目的。

思考与练习

1. 什么是数学教学设计？
2. 小学数学教学设计的基本结构有哪些？

[①] 庄薇.深度挖掘本质 凸显概念意义——"平均数"教学设计与说明[J].小学数学教育,2023(22):61—63.

第三章
小学数学课堂教学语言技能的认识与提高

课堂教学语言是教师课堂教学时最为常见的行为表现,是教师实施课堂教学最为重要的媒介,对学生的学业成就和身心发展都有直接的影响,在教育教学中扮演着关键性角色。教师的课堂教学语言能力,也是教师专业化水平的重要体现,小学数学教师应该通过各种途径提升自己的课堂语言表达能力。

第一节　小学数学课堂教学语言技能的认识

一、小学数学教师课堂教学语言技能的重要性

课堂教学语言对课堂教学的重要性已不需要进行过多的阐述,它是教师在课堂教学中向学生传授知识最主要的手段,以课堂教学语言为载体的教学行为,占课堂所有教学行为的80%左右。[1]《义务教育数学课程标准(2022年版)》中指出,"教学活动应注重启发式,激发学生学习兴趣,引发学生积极思考,鼓励学生质疑问难。"[2]这些都表明,教师的课堂教学语言是课堂的生命所在,也是课堂教学的活力所在。小学数学教师的课堂教学语言,不仅直接影响小学数学知识的传授,也将在很大程度上影响小学生的数学思维方式、创造力、数学表达能力的发展和数学良好学习习惯的养成。

教师在课堂中运用恰当的语言,可以启发学生积极思考,拨动学生的心弦,对学生产生心理、感情上的催动和激励作用,教师一句点拨、启示性的话,有时就能使学生茅塞顿开。[3]课堂教学中,教师的精心提问能够激发学生的学习兴趣,指引学生的思维方向,教师的评语也能给予学生正确的反馈。[4] 调查表明,有85%的学生认为教师课堂教学语言具有吸引力是课堂有趣味的主要原因,其中有45%的学生认为教师课堂教学语言对学习态度的影响很大,40%的学生认为其影响较大。[5] 学生认为轻松幽默的课堂教学语言可以化解上课时的

---

[1] KENNETH D M. Classroom teaching skills [M]. New York: McGraw-Hill, 1922:57.
[2] 中华人民共和国教育部.义务教育数学课程标准(2022年版)[M].北京:北京师范大学出版社,2022.
[3] 罗树华,李洪珍.教师能力学(修订本)[M].济南:山东教育出版社,2000:62.
[4] 胡飞.浅谈课堂教学的语言魅力[J].上海教育科研,2010(01):83—84.
[5] 刘晓伟.教学语言的造境功能[J].中国教育学刊,2011(07):37—39,47.

紧张疲劳,让学习环境变得轻松愉快,提高学习效率。① 如同俄国教育家乌申斯基曾说:"如果你把课讲得生动些,那么你就不会担心儿童闷得发慌。"提升课堂教学语言的趣味性是吸引学生注意力的有效方式,但必须掌握好这个"度"。

教师的语言表达能力不仅会影响学生的数学学习,也会影响学生的语言表达能力。小学生由于年龄尚幼,呈现出好奇心强、观察力强、爱思考等特点,但因知识经验等还不足,他们的理性思维发展不完全,对于知识的探求缺乏理论与实践能力。通过与教师的交流,学生也可以从其课堂教学语言的修养和水平中学习到美好的品质和良好的性格,从而得到全面的发展。② 数学这门学科知识体系复杂、概念抽象,数学思想中的符号思想、转换思想、类比思想、数形结合思想等对于小学生的理解能力而言更是有一定的难度。因此,数学教师需要将抽象的数学符号语言经过多次加工传授给学生,以符合小学生的认知发展特点。所以,小学数学教师的课堂教学语言技能对数学课堂教学质量有着十分重要的影响,这也是衡量教师自身专业水平的重要标志,教师应该引起足够的重视。

二、小学数学教师课堂教学语言技能的基本要素

教师课堂教学语言技能水平主要可以从语言表达的类型和形式两个方面来衡量。在课堂教学语言表达类型方面,虽然有不同的分类,但是总体来说可以分为陈述性语言和提问性语言两种类型;在课堂教学语言表达形式方面,主要包括语态、节奏和肢体语言等方面,这些也可称为教师课堂教学的辅助性语言。

(一) 小学数学教师的陈述性语言

陈述性语言即教师的陈述,包括主动陈述,也包括回应学生或者教学管理的被动陈述,其主要目的在于陈述数学知识,解释数学题目或者课堂教学的过渡。在小学数学课堂教学中,教师需要用语言描述数学情境、帮助学生理解数学问题,也需要用语言阐述数学概念、定理和性质,用语言分析数学题目的解答要点和过程,用语言描述数学任务,以及用语言进行课堂教学的组织与管理。在课堂教学中,教师在陈述时,讲什么内容,怎么讲,都是十分关键的。既不能"满堂灌",什么都由教师自己讲,也不能什么都不讲,让学生自己去发现。在讲授的同时,还要及时观察学生的神态,如果觉得学生可能还没有听懂,教师就要从另外一个角度来阐述,或者降低难度,从特殊或类似情形入手,逐步帮助学生理解。

一些学者为了更好地进行研究,还会对教师的课堂陈述性语言进行细分。一般可将其分为解释性语言、反馈性语言、过渡性语言和管理性语言四个方面。

① 解释性语言:指针对知识的概念、原理、方法等的理解而进行讲解、讲述,将数学学科

---

① 宋其蕤,冯显灿.教学言语学[M].广州:广东教育出版社,1999:142.
② 刘嘉昊.初中体育课堂中教师教学语言行为研究[D].济南:山东师范大学,2018:7.

知识或数学问题情境内容向学生进行说明、解释的语言。比如:"我们知道角是由一个顶点和两条边组成的。""一元等于十角,一角等于十分。"

② 反馈性语言:指对于学生的回答做出回应、评价和判断的语言。比如:"你回答得真棒""你说得有些不够完整呢"。

③ 过渡性语言:指为了更好地衔接各个教学环节,教师主动陈述的语句。比如:"好的,接下来我们进行一个小比赛,好不好?""下面我们进行一个小组讨论。"

④ 管理性语言:指维护课堂秩序,保证课堂有序进行的语言。比如:"同学们,坐坐好""请保持安静"。

(二) 小学数学教师的提问性语言

在课堂教学中,教师的提问是十分频繁的,教师需要通过提问与学生互动交流,检验学生的学习情况,也需要通过提问更好地帮助学生理解。除此之外,课堂提问也是教师切换教学环节,推进课堂教学进程的重要方式。从形式上看,提问性语言可以分为单一提问和连环提问;问什么、怎么问,都会对学生的思维产生很大影响。有的提问很有质量,能较好地引导学生思考,有的提问就比较"低级",只需要学生简单回答"好""可以""对"等就可以。布卢姆基于认知水平的不同层次,将认知领域分为六个层次,即知识、理解、应用、分析、综合、评价。有学者以此为参考,将教师的课堂提问分为管理、识记、重复、提示、理解、评价六种类型。[①] 这种分类较为细致,在实践中主要可将课堂提问分为过渡性提问、识记性提问、理解性提问和应用性提问四个类别。

1. 过渡性提问

教师的提问目的主要在于教学环节的过渡,有时与数学学科内容关系不大,但大多数时候需要学生集体回答,表示征求意见且语言有暗示之意。比如:"对不对啊?""明白了吗?""和他们小组分的结果是一样的,大家说对吗?"

2. 识记性提问

根据事物的基本要求、基本材料作答,如概念、定理、性质、步骤、材料等的简单复述,或是简单的回忆性提问,只需从记忆中提取材料,并不需要学生理解所学的知识。比如:"角的定义是什么?""你看到了什么?""这面墙长几米?"

3. 理解性提问

教师应用相关知识点启发学生进行思考,要求学生能够用自己的话对问题进行叙述,表明想法。这类提问需要学生经过观察和思考后作出回答。比如:"为什么图形 1 的面积是图形 2 的两倍呢?""你为什么在这里写等号?"

---

① 叶立军.数学教师课堂教学行为研究[M].杭州:浙江大学出版社,2014:66.

4. 应用性提问

要求学生能够分析事实或现象，理清事物存在的内在关系，结合所学知识进行思考、归纳、总结，应用于解决某些问题。这类提问需要学生在理解的基础上分析综合知识。比如："三角形有什么特征？"

（三）小学数学教师的辅助性语言

教师在表达时，不仅讲什么内容很重要，这个内容是以什么样的语气说出来的，带着怎样的神态和表情，是否还伴随着相应的手势动作，语音和语调是怎样的，语速变得快了还是慢了，这些辅助性语言对于语言内容能否得到正确的传达和有效接收都很重要。研究发现，新手教师和专家型教师的教学辅助性语言存在较大差异。例如，有学者研究发现，新手教师的语言表达啰嗦、不严谨、口语多、不规范，甚至出现大量代替学生"读题"的现象，而且语速过快。[1] 有学者研究显示，在语调、语速、音量、目光语和表情语方面，专家型教师明显优于非专家型教师。[2] 也有学者研究发现，优秀教师注重课堂教学语言的语态与语气，学生更容易接纳教师提出的要求，更容易拉近教师与学生之间的距离，使得师生之间的感情和谐融洽。[3] 有学者认为音量、音高、声调、节奏、语速、笑声、感叹声等语言载体，对话语意义的作用重大，可使课堂教学语言更具优美化、形象性，摆脱呆板的讲解，具有表达情感、替代言语和信息传递等功能。[4] 这些都表明了辅助性语言与语言内容结合的重要性，小学数学教师在课堂教学语言技能训练中，应该注重辅助性语言的多样性和合理性。

一般来说，可以将教师的课堂教学辅助性语言分为肢体语言和语言载体两个方面，肢体语言主要包括神态和手势，而语言载体主要包括语气、语速和语调这三个方面。

1. 肢体语言

教师的课堂教学肢体语言是指教师在用声音表达时，能通过手势动作和面部表情的配合，更形象、有效地传递所需表达的信息。

2. 语言载体

语言载体主要指表达时用怎样的语气、语调和节奏。其中语气可分为疑问语气、陈述语气、感叹语气和祈使语气等；语调可分为升调、降调、平调、重音和轻声等；节奏可分为语速和停顿，语速是整句话的表达速度，停顿是两句话之间的停留时间。

辅助性语言对课堂教学的生动与否有着重要的影响，也是专家型教师的主要特色之一，职前教师和新手教师在训练时可以有意识地尝试，当达到灵活又合理运用的程度时，就会让小学数学的课堂教学更具吸引力。

---

[1] 张淑敏.专家—新手教师数学课堂教学语言比较研究[D].赣州:赣南师范学院,2015:1.
[2] 王佳.专家型教师与非专家型教师教学语言行为对比的实证分析[D].大连:辽宁师范大学,2010:20.
[3] 陈婷婷.优秀小学语文教师课堂教学语言研究[D].徐州:江苏师范大学,2014.
[4] 吴鑫.语体学视野下的教师语言研究——以中学语文教师语言为例[D].杭州:浙江工业大学,2014:68.

第二节　小学数学专家型教师课堂教学语言的基本特征

在教学实践中发现，专家型教师的课堂教学语言有较强的独特性和卓越性。有学者研究发现，相较于新手教师，专家型教师善用隐喻、能较好地运用启发诱导性语言、注重过渡性语言的渗透和衔接，[1]他们在教学中提问和追问的时机及程度都要优于其他教师。[2] 有学者对专家型小学数学教师的课堂教学语言进行了研究，[3][4]发现了一些基本特征，可为职前教师和新手教师的课堂教学语言能力发展提供必要参考。

一、小学数学专家型教师课堂教学语言特征研究

（一）研究方法与工具

为更有效地实施课堂观察，本研究将出现频率较高的一级维度课堂教学语言内容，再细分为若干二级维度。其中：提问性语言按照提问的功能再分为过渡性提问（指问答较为简单，多为"是不是"和"好不好"等方式的提问）；识记性提问（指学生通过回忆就可回答的提问，例如"什么是角"）；理解性提问（指学生思考后才能回答的提问，例如"为什么可以在这里写等号"）和应用性提问（指学生需要综合思考，主要应用于问题解决的提问，例如"最多可以买几个"）四种类型。反馈性语言按照反馈程度再分为弱口头反馈（简单回应学生的回答，例如"很好"）、强口头反馈（使用带有强烈感情色彩的语言回应学生的回答，例如"你回答得真完整"）和重复性反馈（重复学生的回答）三种类型。数学语言载体中的语气部分，根据表达情绪再分为陈述语气、疑问语气、感叹语气和祈使语气四种类型；语调部分根据变化程度再分为升降调、平调和长重音三种类型；语速部分以授课教师日常表达的语速为基准，再分为加快、正常和放慢三种类型。研究的具体分析框架如表3-1所示。

表3-1　课堂教学语言分析框架结构列表

一级维度	二级维度	三级维度	一级维度	二级维度	三级维度
课堂教学语言内容	提问性语言	过渡性提问		反馈性语言	弱口头反馈
		识记性提问			强口头反馈
		理解性提问			重复性反馈
		应用性提问		管理性语言	/
	陈述性语言	/		过渡性语言	/

---

[1] 叶立军.数学教师课堂教学行为研究[M].杭州：浙江大学出版社，2014.
[2] 陈薇,沈书生.小学数学教学中深度问题的研究——基于专家教师课堂提问的案例分析[J].课程·教材·教法，2019，39(10)：118—123.
[3] 黄友初,陈杰芳,尚宇飞.小学数学优质课堂的教学语言特征研究[J].课程·教材·教法，2021，41(04)：105—111.
[4] 于冬梅,黄友初.小学数学专家型教师课堂教学的基本特征——基于4位专家型教师教学视频的分析[J].数学教育学报，2024，33(02)：41—48.

(续表)

一级维度	二级维度	三级维度	一级维度	二级维度	三级维度
课堂教学语言载体	语气	陈述语气			平调
		疑问语气			长重音
		感叹语气		语速	加快
		祈使语气			正常
	语调	升降调			放慢

分析框架的效度检验主要分成三个步骤，首先，各维度的划分和内涵诠释均参考了相关研究文献，并明确了各维度的内涵和操作性定义；其次，分别请数学教育学教授、教育学博士、小学数学特级教师、小学数学高级教师五位专家进行评判，一致性程度的均值都在4.0以上（满分5.0）；最后，对部分表述进行微调后，利用该框架对若干课堂教学视频进行预分析，发现能较好地厘清小学数学课堂的教学语言。这表明，该分析框架具有较好的内容效度。在研究信度保障方面，为了降低分析者的主观影响，每个视频均由三位研究者根据分析框架独立编码和统计，如遇到歧义，则由三位研究者和数学教育学教授、小学数学特级教师五人共同商议。

（二）研究结果分析

本研究对两位小学数学正高级、特级教师的10节课堂教学视频进行分析，这10节课包含了数与代数、统计与概率两个部分的内容，年级分布从一年级到六年级不等。根据分析框架进行编码统计，分别从课堂教学语言内容、教学语言载体和课堂过程这三个角度对小学数学专家型教师的课堂教学语言特征进行分析。

1. 课堂教学语言内容的基本特征

（1）提问性语言运用得最多，管理性语言基本不涉及

研究发现，专家型教师课堂教学中提问性语言运用得最多，用时占教师课堂教学语言总时长的38.03%，平均每节课62.30次，占教师课堂教学语言总频次的41.96%。陈述性语言的运用时长次之，用时占比23.59%，过渡性语言和反馈性语言的用时占比分别为21.90%和16.36%。管理性语言基本不涉及，用时占比仅为0.13%。提问性语言和反馈性语言都是以师生互动为主，两者的语言用时占比达到了54.39%，超过了半数。这表明，优质的小学数学课堂，教师善于运用课堂教学语言引起学生兴趣，能通过一系列关联性较强的提问引发学生的思考，能通过合适的反馈激发学生的深层次思维活动。在有效提问和反馈的课堂教学语言引导下，小学生的数学学习活动从具身体验性感知阶段逐步过渡到对数与形的形象性认识阶段，在高年级阶段还能上升到抽象性认知阶段。

阐述、分析和讲解是数学课堂上传递知识的重要方式，其功能主要由陈述性语言来承

担。研究结果显示,专家型教师的陈述性语言和过渡性语言时长之比为1.08∶1,两者基本相当。这表明教师在对内容进行阐述、分析和讲解时,不是简单地自我陈述,而是注重过渡性语言的融入,使得陈述的内容更加合理、生动,教学内容的衔接更具逻辑性和趣味性,这也让课堂教学的过程更加自然和流畅。研究还发现,专家型教师的课堂教学语言具有较强的生动性,可以有效吸引学生的注意力,教师还会根据对课堂的观察,灵活运用提问性语言和反馈性语言,或者利用语气和语调等语言载体的变化,及时对有注意力分散倾向的学生进行必要的刺激和警示。这使得优质的课堂教学中,几乎不需要运用管理性语言对课堂纪律进行干预。这些都表明,优质的小学数学课堂教学,教师不仅课堂教学语言的类型较为丰富,而且运用也较为合理。专家型教师善于通过不同类型语言的组织与配合,提高课堂教学的有效性,也能娴熟地运用提问性语言、反馈性语言和过渡性语言等非管理性语言,对学生的课堂学习进行调节和间接性管理。

(2) 理解性提问运用得最多,过渡性提问不常用

研究发现,课堂中提问性语言的运用虽然是最多的,但是专家型教师的提问都较为简洁,提问平均时长仅为6.72秒/次。语言的凝练程度较高,所提出的问题都十分明确,能让学生感到清晰明了。其中,理解性提问用时最多,平均每节课为292.90秒,占提问性语言时长总体的70.11%,远高于识记性提问(平均每节课时长为62.20秒,占比为14.89%)和应用性提问(平均每节课时长为57.10秒,占比为13.67%),而机械提问基本不涉及,平均每节课时长仅为5.60秒,占比为1.34%。这与"理解"是数学课堂提问的基本取向是相符的,[1]也体现了专家型小学数学教师的课堂教学都较为注重学生的数学理解。

分析发现,理解性提问贯穿于课堂教学的整个过程,多是要求学生在思考和理解后,能用自己的语言进行阐述;识记性提问多出现在关键性概念或定理的教学中,主要起到强化记忆的作用;应用性提问多出现在解决问题的教学中,引导学生能综合运用数学知识,在高年级的教学中出现较多,在低年级的教学中出现较少;过渡性提问一般出现在课堂教学的环节衔接中,通过"好不好""是不是"和"对不对"等简洁性提问引入后续内容的教学,在低年级的教学中出现较多,在高年级的教学中出现较少。这些都表明,专家型教师能较好地运用提问性语言营造学习氛围,引发学生深度思考,注重鼓励学生表达观点,重视对学生思维的启迪,关注学生的数学理解。

(3) 课堂提问类型与教学内容的抽象程度密切相关

研究发现,专家型教师的课堂提问具有很强的灵活性,能根据授课内容的类型和数学知识的抽象程度做出相应的调整。[2] 以理解性提问为例,其占比与教学内容的抽象程度密切相关,抽象程度越高,理解性提问的运用也会越频繁。例如,在"毫米的认识"的教学中,理解性

---

[1] 邝孔秀,刘芳,劳金晶.小学数学教师课堂提问的现状与改进策略[J].课程·教材·教法,2020,40(10):77—81.
[2] 尚宇飞,黄友初.小学数学专家型教师课堂提问特征研究[J].现代基础教育研究,2023,52(04):132—139.

提问频次和用时的占比都是10节课中最高的,分别为82.93%和81.42%。其原因在于三年级学生的生活中很少用到毫米,教师需要运用理解性提问帮助他们构建相应的量感。相反,如果教学内容与学生的生活联系比较紧密,教师运用理解性提问就会相对较少。例如,在"年月日"的教学中,理解性提问频次和用时的占比仅为56.76%和58.59%,在10节课中位居末尾。因为教学内容贴近学生日常生活,教师就可以较多利用应用性提问帮助学生有效掌握。此外,专家型教师的提问频次也会根据教学内容做出相应的调整。例如,"平均数"内容强调运用,专家型教师会以提问串为引导,鼓励学生说出解答、解释答案,因此该堂课提问的频次和用时都远高于均值。分析还发现,专家型教师会根据问题的难度和提问对象的差异,给出不同的预留时间,并注重培养学生举手回答问题的习惯。这些都表明,小学数学专家型教师的课堂提问具有较强的灵活性和针对性,始终以服务课堂教学目标为宗旨,而非基于自身的教学习惯。

(4) 注重提问深度,擅长追问

研究发现,专家型教师的提问能较好地激发学生的深入思考,高阶思维提问频次占课堂提问总频次的77.88%。学生对于教师提问的回答频数是教师课堂提问频数的1.54倍,说明教师的提问起到了"一问多答"的效果。这不仅有助于小学生高阶思维的发展,也有助于学习积极性的提高。专家型教师会对学生的回答进行有效反馈,既有针对正确回答的肯定性反馈或追问,也有针对错误回答的引导性追问或重复性反馈。经统计,专家型教师对于48.51%的回答采用了直接反馈,而对另外51.49%的回答则以追问的形式进行了间接反馈,追问的占比超过了总反馈的半数。专家型教师的提问具有较强的层次性、连贯性和方向性,不仅设置步步递进、环环相扣的问题串,前后提问逻辑联系密切,而且逐步推进至本节课教学主题。与直接过渡相比,这种提问形式能够有效调动学生的思维主动性。这不仅与专家型教师的专业水平和实践经验积累有关,也与他们的细致备课有关。专家型教师尽管已熟悉教学内容,且具备丰富的教学经验,但在每次课前仍会精心设计教学,尤其是对提出核心问题的方式与时机、对学生不同回答的反馈等,都会细致规划。

(5) 陈述性语言避免长篇大论,反馈性语言注重强口头反馈

在对概念性知识、原理性知识和解题方法进行分析、阐述和讲解时,教师一般采用陈述性语言,它能帮助教师较为系统地阐述学科知识。但如果运用不当,容易导致教师侃侃而谈,"唱独角戏"。这既影响学生对知识的"消化",也会由于课堂教学语言和形式的单一而降低学生的注意力。研究发现,在优质的小学数学课堂中,教师陈述性语言的平均频次为21.40次,占总频次的14.58%,平均每次陈述时长仅为11.76秒。这表明,教师在运用陈述性语言进行知识讲解时,十分注意语言的节奏,注重陈述性语言和其他类型语言的结合,避免长篇大论的陈述性讲授。这与小学生的学习规律和认知特征是相契合的,较好地关注了学生的理解和接受程度,既体现了以学生为学习主体的教学理念,也很好地诠释了小学数学优质课堂教学语言的动态性。

反馈性语言是课堂教学语言的重要组成部分，教师需要对学生的回答做出回应、评价和判断，传递正确的思考路径，调动学生的学习积极性。但如果课堂教学语言较为匮乏，准备得不充分，教师的反馈就会比较简单。例如，"对""很好""很棒"等简短的反馈语就略显单薄，给学生以敷衍之感，反馈效果也自然大打折扣。研究发现，优质课中教师的反馈性语言不仅频次较多，平均每节课达到了32.10次，占总频次的22.16%，而且平均时长达到了5.73秒/次。这表明，优质课堂教学中，教师对学生的反馈不是简单的应付，而是包含了较为丰富的反馈内容，能让学生感受到教师对其的重视，有效激发其学习动力。在反馈性语言中，强口头反馈的比例最高，频次占比达到了70.82%，重复性反馈的频次占比为23.81%，弱反馈最少，频次占比仅为5.36%。对学生的回答进行强口头反馈，可以有效增强学生的自我效能感，强化学习动机。观察发现，教师虽然以强口头反馈为主，但是会在反馈中注重与其他类型反馈结合，间隔性的运用更能凸显强口头反馈的运用效果。值得一提的是，由于低年级学生的回答声音太轻或表述不清，教师往往会通过重复性反馈让学生的回答更加明确，也达到强化的效果。因此，重复性反馈在低年级教学中出现的比例相对较高。

2. 课堂教学语言载体的基本特征

（1）语气和语调变化较多，语速以正常为主

优质课堂的教学语言具有较强的生动性，重要原因在于语言载体较为丰富。教师能根据不同的教学内容和教学情境选择适当的语言载体，既有效地调动了学生的情绪和思维，也使得教学信息的传递更加合理。研究发现，陈述语气、疑问语气、感叹语气和祈使语气四种语气载体在课堂教学中的运用都比较多。其中，频次最高的是疑问语气，占比为39.12%，祈使语气和陈述语气的运用频次占比基本相当，分别为23.29%和21.30%，感叹语气的运用频次最低，但占比也达到了16.30%。将课堂教学内容分为"数与代数""统计与概率"两个部分，发现教师的教学语气在两者之间基本一致。但是，从年级角度进行比较，不同教学语气存在较为明显的差异。陈述语气在低年级课堂出现的频次相对较多，疑问语气在高年级课堂出现的频次相对较多。这种变化与不同年龄学生的学习特征有关，低年级学生在课堂学习中需要教师更多运用平和语气进行分析和讲解，而高年级学生的独立思考能力相对较强，教师可通过疑问语气激发学生深入思考。

不仅是语气，优质课堂中教学语言语调载体的运用也较频繁。研究发现，教师在课堂教学中对升降调、平调和长重音这三种语调的运用都有一定的比例，运用频次最高的是升降调，占比为41.51%，平调的运用频次占比为39.87%，长重音的运用频次占比最低，但也达到了18.63%。课堂教学中，升调、降调和平调的转换，可以有效吸引学生的学习兴趣，教师也能通过长重音来凸显教学的重点。在语速方面，教师运用正常语速的频次最高，占比达到了85.98%，其次是相比正常语速较慢的语速，运用频次占比达到了10.77%，相比正常语速较快语速的频次较少，占比仅为3.25%。这些都表明，在优质的小学数学课堂中，教师善于运

用语气和语调等语言载体,有效避免课堂教学的单调和平淡。丰富而合理的语言载体,不仅可以活跃课堂气氛,激发学生的数学思维,也更有助于学生理解和掌握数学知识,有利于教学目标的达成。

(2)提问以疑问语气为主,语调多变,语速多为平稳或缓慢

课堂教学的生动性与教师语言表达的语气、语调和语速均有关。在小学课堂教学中,如果教师的语气、语调和语速缺少变化,课堂教学就会相对平淡、缺乏起伏,难以引起小学生的学习兴趣和思维主动性。专家型教师的课堂教学较为生动的重要原因之一在于教学的语言载体较为丰富,并能够根据不同内容和情境选择适当的语态。研究发现,小学数学专家型教师的课堂提问虽然以疑问语气为主(占比64.36%),但也会使用祈使语气(15.32%)与陈述语气(14.53%)等表达不同的语义功能。例如,使用祈使语气的课堂提问布置任务,使课堂指令更加委婉:"请你用圆片帮我表示出1/2,可以吗?"专家型教师提问语调的变化较为丰富,其中升降调的使用频次最高,占比为59.72%,平调占比为24.64%,长重音占比为15.64%。表明专家型教师课堂提问载体丰富多变,通过升降语调的变化给学生传递积极的情感,营造轻松愉快的交流氛围。教师的语速影响学生接收、处理信息的效果,专家型教师在表达时善于根据不同的内容控制语言节奏,如在讲到重难点部分时会通过放慢语速给学生预留整合话语中关键信息的时间。观察还发现,教师在使用不同的语言载体时,还伴有相应的表情和动作,极具感染力。

(3)不同类型课堂教学语言所依附的语言载体,特征各异

教师在表述不同类型语言时,所运用的语言载体也有着不同的特征。由于管理性语言在研究中基本不涉及,研究仅对教师在运用提问性语言、陈述性语言、反馈性语言和过渡性语言四种不同类型课堂教学语言时所依附的语言载体分别进行统计,各频次的具体占比如表3-2所示。

表3-2 不同类型课堂教学语言运用语言载体的频次占比汇总表

载体 类型	语气				语调			语速		
	陈述	疑问	感叹	祈使	升降调	平调	长重音	加快	正常	放慢
提问性语言	12.10%	69.59%	3.63%	14.67%	57.79%	31.77%	10.44%	2.42%	87.29%	10.29%
陈述性语言	48.93%	15.36%	13.80%	21.91%	27.37%	48.30%	24.32%	1.56%	75.23%	23.21%
反馈性语言	14.72%	13.74%	49.04%	22.50%	30.88%	34.89%	34.23%	4.58%	86.70%	8.72%
过渡性语言	25.34%	17.94%	12.84%	43.89%	37.14%	48.23%	14.62%	5.70%	86.57%	7.73%

从表3-2可发现,不同的语言载体在不同的语言类型中分别扮演了主导角色。在语气载体方面,疑问语气在提问性语言中的运用频次最高,占比达到了65.59%;陈述语气在陈述性语言中出现的频次最高,占比达到了48.93%;感叹语气在反馈性语言中出现的频次最高,

占比达到了49.04%；祈使语气在过渡性语言中出现的频次最高，占比达到了43.89%。语调载体在不同语言类型中的运用也存在差异。其中，升降调在提问性语言中出现的频次最高，占比达到了57.79%；平调在陈述性语言和过渡性语言中出现的频次都较高，占比分别为48.30%和48.23%；长重音在反馈性语言中出现的频次最高，占比达到了34.23%，显著高于长重音在其他类型语言中出现的频次。这说明，教师在反馈中较多地使用了重音，给予了学生较强烈的回应，体现了对学生的关注和重视。在语速载体方面，这四种类型课堂教学语言的表述都以正常语速为主，会在少量表述中运用相较正常语速偏慢的语速，而且多出现在陈述性语言中，极少出现相较正常语速偏快的语速。

由此可见，专家型小数数学教师能根据不同类型的语言，采用不同的语气、语调和语速，凸显课堂教学语言的丰富性、生动性和合理性。分析还发现，不同语言类型在表述时具有较为鲜明的特征。其中，"疑问语气＋升降语调＋正常语速"组合在提问性语言中出现的频次最高，"陈述语气＋平调＋正常语速"组合在陈述性语言中出现的频次最高，"感叹语气＋平调＋正常语速"组合在反馈性语言中出现的频次最高，"祈使语气＋平调＋正常语速"组合在过渡性语言中出现的频次最高。

3. 课堂教学语言在课堂过程中的基本特征

(1) 师生课堂语言的时长有差异，但频次相近

研究发现，在课堂教学中，教师语言的用时较长，是学生语言用时的1.62倍。这与小学数学课堂中需要教师较多进行分析和讲解有关。虽然要重视学生在学习中的主体性地位，课堂教学不能"满堂灌"，但并不意味着教师课堂讲授的作用就可以弱化。诚然，一些知识可以引导学生在小组活动或自我学习后主动发现，但是以学生为主的探究性学习也需要教师通过课堂教学语言进行引导和铺垫。课堂教学中也需要教师对知识的重点或难点进行分析，对学生的课堂表现进行反馈，对课堂内容进行总结等。因此，在大多数课堂教学中，教师课堂教学语言用时占比较大是合理的，这也是教师在教学中主导性地位的体现。

统计发现，虽然教师语言用时与学生语言用时的比值为1.62，但是在语言频次方面，教师和学生大致相当，每节课平均值分别为149.7次和134.9次，师生语言频次比值仅为1.11。这表明专家型小学数学教师与学生有较好的互动。教师能通过提问和引导，鼓励学生表达自己的见解，又能对其回答进行反馈，体现了"打乒乓球"式的课堂交流模式，在师生对话中将课堂逐步推进。

(2) 引入教学环节以提问性语言为主，以反馈性语言和过渡性语言为辅

课堂引入是一节课的开端，对整节课的顺利完成起到重要的作用。在教学伊始，教学语言的主要目的是吸引学生的兴趣，调动学生的积极性。研究发现，在课堂引入环节，教师主要运用提问性语言、反馈性语言和过渡性语言。其中，提问性语言时长占比最高，达到34.75%，尤其是识记性提问，其次是反馈性语言和过渡性语言，时长占比分别为26.77%和

22.46%,三类语言时长总和占比达到了83.98%。这表明,教师往往会以提问为核心,以反馈性语言和过渡性语言为辅助,逐步引导学生进入教学主题。

在提问方式上,引入环节主要采用识记性提问和理解性提问,它们在提问性语言的总时长中占比分别为55.04%和35.38%,在内容上多为学生较为熟悉、较易回答的生活问题或数学问题。在反馈方式上,以强口头反馈为主,占比达到了反馈性语言总时长的68.95%;以重复性反馈为辅,时长占比为29.08%。这说明在引入环节,教师较为重视对学生的反馈。在语气方面,以疑问语气为主,以陈述语气和祈使语气为辅,时长占比分别为41.05%、22.11%和21.05%。在语调方面,以升降调为主,以平调为辅,时长占比分别为48.42%和35.26%。在语速方面,绝大多数为正常速度,时长占比为82.63%,以正常偏慢为辅,时长占比为10.53%。这些都表明,在课堂引入环节,课堂教学语言以引导和激发学生为主要目的,在语言载体的包装下,通过提问和反馈,调动课堂气氛,既能达到回顾已有知识的目的,又能有效激发学生的求知欲。

(3) 主体教学部分以陈述性语言为主,以提问性语言和过渡性语言为辅

引入环节过后,课堂进入主体教学部分,该部分的教学也常被细分为探究和巩固两个教学环节。研究发现,无论是在探究环节还是巩固环节,小学数学专家型教师的课堂教学语言类型都是以陈述性语言为主,以提问性语言和过渡性语言为辅。在探究环节,陈述性语言的时长占比为40.96%,提问性语言的时长占比为25.83%,过渡性语言的时长占比为18.04%;在巩固环节,陈述性语言的时长占比为42.46%,过渡性语言的时长占比为26.46%,提问性语言的时长占比为18.43%。这些语言的频次占比情况也类似,但是在课堂教学的四个环节中,教师课堂教学语言时长和频次的最高值都出现在探究环节,语言时长均值为553.9秒,语言频次均值为72.4次。反馈性语言虽然不多,但是也占有一定的比例,在两个环节的时长占比分别为15.17%和12.65%,且都以强口头反馈为主。这些都表明,专家型教师在课堂教学的探究环节都投入了较多精力,能较好地运用陈述性语言对新知识进行分析和讲解,并以过渡性语言作为衔接,较好地保持知识的逻辑性和思维的连续性。教师往往以提问性语言作为启发器,通过一系列的理解性提问,引导学生在思维和认知上逐步深入。

在教学的探究环节和巩固环节主要采用疑问语气,时长占比分别为36.11%和47.32%。其他三种语气时长占比从高到低分别为祈使语气、陈述语气和感叹语气,但是数值差异不大。在语调方面,主要采用升降调和平调,两者的时长占比差异不大,升降调在两个环节相比平调略多3个百分点和7个百分点。在语速方面,主要采用正常语速,其在两个环节的时长占比分别为82.92%和89.51%,偶尔会放慢语速,但是极少出现加快语速。这些都表明,在主体教学部分,语言载体以疑问语气为主,其他语气为辅,升降语调和平调相结合,通过语气、语调和语速的变化,使得课堂教学更具生动性和有效性。

(4) 小结教学环节以过渡性语言和反馈性语言为主,但与其他类型差异较小

小结环节是课堂教学的末尾部分,主要目的在于对本节课的教学内容进行提炼和总结,

对教学的重点和难点进行强化。研究发现,在课堂小结环节,教师的课堂教学语言以过渡性和反馈性为主,两者的时长占比分别为25.48%和23.19%,频次占比分别为26.68%和27.60%。但是四种类型课堂教学语言的运用差异不大,提问性语言和陈述性语言的时长和频次占比也都在16%以上。这表明,在课堂小结教学环节,教师的语言类别较为多样,总体上以对学生的反馈为主。在反馈方式上,主要采用强口头反馈,时长占比为82.13%,以重复性反馈为辅,时长占比为15.97%。这表明,在课堂小结中,教师的课堂教学语言以引导和补充为主要目的,引导学生对知识进行回顾和总结,教师再做适当补充。这既可以检验学生的学习效果,也可以更好地培养学生的数学表达能力。

在课堂小结环节主要采用疑问语气,时长占比为31.71%,但是其他语气的时长占比也都在21%以上,总体较为均衡。在语调方面,以平调为主,时长占比为47.97%,升降调和长重音运用得也较多,但差异不大,时长占比均在22%以上。在语速方面,绝大多数时候采用正常语速,时长占比为93.5%,偶尔会放慢语速。这些都表明,在小结教学环节,课堂教学语言载体的运用较为多样,各种语气和语调都较为均衡。在确保课堂教学生动性的同时,又能做到沉稳表达,总结中善于运用长重音对重点内容进行强调,不会因为面临下课时间而加快语速来降低小结环节的教学质量。

二、小学数学专家型教师课堂话语特征研究

(一) 研究方法与工具

教师课堂教学语言主要体现在讲解和互动这两个方面,相较于讲解,互动更适合小学阶段运用。这种由教师主导的、师生之间的课堂互动语言也被称为课堂话语。课堂话语也被认为是思维与交往的媒介,课堂话语互动促使学生学习的发生。[1] 它不仅体现在知识与信息的传递,还体现在人际交往关系的建构和心智结构的塑造,可作为助力学生核心素养发展的催化剂。小学数学专家型教师的课堂话语往往较为突出,研究其特征可以为新手教师的课堂教学语言能力发展提供有益参考。

1. 研究对象

本研究将"千课万人"第二届全国小学数学"思维发展与素养生长"高峰论坛中四位专家型教师的课堂教学视频作为研究对象,他们均满足上述标准,且W教师也是2011年版和2022年版义务教育数学课程标准研制组的核心成员,并与Y1教师同为教育部国培专家。这四节课涵盖了数与代数、图形与几何、统计与概率、综合与实践四个数学课程内容学习领域,年级分布兼顾小学三至六年级,课型兼顾新授课和拓展课。具体信息如表3-3

---

[1] 肖思汉,刘畅.课堂话语如何影响学习——基于美国课堂话语实证研究的述评[J].教育发展研究,2016,36(24):45-54.

所示。

表3-3 研究对象的基础信息表

课例	教师	年级	课题	领域	课型	时长	教龄、职称与荣誉称号
L1	W	五	复式折线统计图	统计与概率	新授课	53′	51年,正高级,特级教师
L2	Y1	三	分数的初步认识	数与代数	新授课	44′30″	36年,正高级,特级教师
L3	Y2	四	不可能的三角形	图形与几何	新授课	41′	28年,正高级,特级教师
L4	Z	六	图形中的秘密	综合与实践	拓展课	45′	25年,正高级,特级教师

2. 理论框架

"课堂话语"指课堂中的师生对话语言与互动形态,充分反映着课堂中的师生关系。对话语维度的分析主要基于曹一鸣等人提出的课堂话语定量研究三角度和课堂互动类型,[1]同时遵循钟启泉提出的"参与、对话、分享、多样、探究"的多声对话课堂准则。[2] 分析对象主要以课堂视频为基础,考察课堂中的师生话语量、话语机会、话语类型和对话形态。具体包括三个角度的分析:师生话语量与话语机会是否满足人人皆可发表自我观点,即话语是否实现多元交响;师生话语类型及频次是否满足成员间有来有往地提问与对答,即话语是否实现相互应答;对话形态及频次是否满足师生间、生生间都可以倾听与表达,围绕共同的主题展开深入地对话,即话语是否实现多声对话。

3. 研究工具

各维度指标的程度刻画,需要更为明确的观察点,根据小学数学学科的特征和课堂视频分析的研究结果,本研究设计了具体、操作性的课堂视频编码系统,如表3-4所示。

表3-4 小学数学专家型教师课堂视频的编码系统

话语维度	观察点	具体描述
话语权	话语量	教师话语总时长、学生话语总时长及相应占比
	话语机会	教师发言频次、学生发言频次及相应占比
对话形态	师班对话	教师面向全班同学的讲授、提问、反馈等
	师个对话	教师面向学生个体的提问、要求、反馈、辅导等
	师组对话	教师面向学生小组群体的讲解、辅导、评价等
	交叉对话	教师提问一位学生时,也和全班同学进行交流
	生生对话	学生与学生之间的问答、反馈、讨论等

---

[1] 曹一鸣,王玉蕾,王立东.中学数学课堂师生话语权的量化研究——基于LPS项目课堂录像资料[J].数学教育学报,2008,17(03):1-3.
[2] 钟启泉.打造多声对话的课堂世界[N].中国教育报,2016-09-22(07).

(续表)

话语维度	观察点	具体描述
话语类型	陈述性语句	教师讲解内容、布置任务或进行小结
		学生回答问题、汇报个人和小组成果
	提问性语句	教师向学生提问或基于学生回答的进一步追问
		学生向教师或其他学生提出问题
	反馈性语句	教师对学生回答给予针对性的回应
		学生基于师生的问题和评价对自我观点进行补充或修正

本研究主要采用课堂视频分析，并结合对教学设计的文本分析，研究主要分为两个步骤：第一是对四位专家型教师的课堂视频进行编码，包括对课堂视频进行全程的文字转录，再根据编码系统对所有的转录文字进行编码，并有意识地标记课堂教学中的关键节点和教师提出的大小任务与基本问题，而后对编码结果进行统计。第二，在对编码数据定量分析的基础上，再反复观看课堂视频和教学文本，既遵循各维度的分析角度深入细致地对专家型教师课堂话语的特征进行定性分析，又在课例的比较中尝试提炼出共同特征。为了更好地揭示专家型教师课堂教学形态背后的话语特征，研究者从两个方面进行分析：一方面，从整节课层面分析师生话语量、话语机会和对话形态，另一方面，从每一语句层面分析师生话语类型和对应功能，进而提炼了专家型教师课堂话语的基本特征。

（二）研究结果与分析

教师教学角色的组织与教学类型的运用是为了有效地实现教学目标，促进学生核心素养发展。课堂教学在教师角色与教学类型上应满足学生多层次的发展需要，达到教学的精准性。通过对四节课的分析发现，专家型教师的课堂教学皆存在直导教学、促导教学和辅导教学这三种类型，在时间占比上直导教学平均值为 11.4%，辅导教学的平均值为 22.1%，而促导教学的平均值达到了 66.5%。[①] 这与专家型教师聚焦学生自主发展，注重以大概念整合教学目标相一致，即投入更多课时组建学习共同体，协同理解大概念的意义。这些都需要专家型教师采用适切的课堂话语进行阐述、组织和引导。

分析发现，四位专家型教师的课堂皆保证每位学生的话语机会以实现多元交响的课堂，保证聚焦问题的对话与分享以实现相互应答的课堂，保证全体间多向互动以实现多声对话的课堂。进一步聚焦教师教学语言，发现提问与追问成为专家型教师课堂教学语言中浓墨重彩的一笔，四位教师皆充分发挥提问性语言的中介作用，以营造多声对话的课堂，具体的课堂话语结构如表 3-5 所示。

[①] 于冬梅,黄友初.小学数学专家型教师课堂教学的基本特征——基于4位专家型教师教学视频的分析[J].数学教育学报,2024,33(02):41-48.

表 3-5　四位专家型教师的课堂话语结构

类别	观察点	L1	L2	L3	L4
话语量	教师话语时长(s)	1478 (46.5%)	1689 (63.2%)	1363 (56.0%)	1434 (53.1%)
	学生话语时长(s)	1180 (37.1%)	843 (31.6%)	315 (12.2%)	934 (34.6%)
	小组活动时长(s)	522 (16.4%)	138 (5.2%)	782 (31.8%)	332 (12.3%)
	师生用时比	0.86:1	1.72:1	1.26:1	1.13:1
话语机会	教师发言(次)	59	239	67	73
	师平均话语时长(s)	25.1	11.2	20.6	19.6
	学生发言(次)	72	243	63	54
	生平均话语时长(s)	16.4	3.5	5.0	17.3
	师生发言频次比	0.82:1	0.98:1	1.06:1	1.35:1
对话形态	师班对话(次)	30	160	41	45
	师个对话(次)	5	49	6	7
	师组对话(次)	11	0	12	6
	交叉对话(次)	24	30	20	21
	生生对话(次)	7	3	4	12
话语类型 师	讲解(次)	2 (3.4%)	3 (1.3%)	3 (4.5%)	5 (6.8%)
	提问(次)	21 (35.6%)	71 (29.7%)	32 (47.8%)	34 (46.6%)
	追问(次)	20 (33.9%)	150 (62.8%)	20 (29.9%)	17 (23.3%)
	评价(次)	6 (10.2%)	5 (2.1%)	5 (7.5%)	10 (13.7%)
	布置任务(次)	3 (5.1%)	1 (0.4%)	3 (4.5%)	3 (4.1%)
	小结(次)	7 (11.9%)	9 (3.8%)	4 (6.0%)	4 (5.5%)
生	回答(次)	53 (73.6%)	226 (93.0%)	58 (92.1%)	37 (68.5%)
	提问(次)	9 (12.5%)	0 (0.0%)	0 (0.0%)	9 (16.7%)
	补充或修正(次)	3 (4.2%)	14 (5.8%)	2 (3.2%)	6 (11.1%)
	汇报成果(次)	7 (9.7%)	3 (1.2%)	3 (4.8%)	2 (3.7%)

1. 专家型小学数学教师会以充分的发言机会与时间实现互动的多元交响

从话语量来看,四节课中师生话语时长比皆低于 2∶1,教师话语与学生话语基本相当,并伴随一定时长的小组活动。其中,L1 中的师生话语比例更是出现了反转,呈现"教师讲得少,学生讲得多"的课堂面貌。L2 中的师生话语比例虽相对偏高,但作为一节概念新授课,面对的又是三年级学生,教师理应更多地使用语言来启发学生引导与提炼概念。再从话语机会来看,四节课中师生发言频次相对均衡且较高,教师和学生都有机会在课堂中表达自我观点,其中,L1 和 L2 中学生发言频次多于教师,说明学生拥有更多的话语机会。并且,四位教师的平均发言时长均较短,多以精炼的语言提出必要问题,或与学生进行短平快的互动,这使得更多的学生参与课堂,也能有充足的时间分享探究的历程,进行一些有深度的复杂发言,实现多元交响。

2. 专家型小学数学教师通过提问性语言的频繁使用实现师生互动

从话语类型来看,四位教师与学生的话语皆较为丰富,涵盖陈述性语言、提问性语言与反馈性语言。其中,教师的提问性语言最多,提问与追问平均占其发言频次的77.4%,反馈性评价与小结次之,而后是讲解与布置任务。提问性语言的多次使用保证了学生参与课堂的广度与深度,Y1教师充分彰显了这一点,71次(29.7%)提问启发学生不停地思考未知,150次(62.8%)追问引导学生不断地思考深入。正如课中一段精彩的追问:

教师首先问学生"黑板上放了几个饼?"

生答"两个",

师:继续往下,现在又拿了几个饼?

生答"一个",

师:继续往下,现在又拿了几个饼?

生答"半个",

师:好厉害,仔细观察,这是几个饼?

生稀疏回答,

师:这是小半个饼,同学们,请接着往下看,这是多少个饼?

生答"这是一块小饼,1/8个饼,1/4个饼,1/3个饼……",

师:同学们,这块饼有这么多答案了,都是对的吗?那么哪个可能是对的呢?

生沉思,

师进而说道:今天我们就来研究这个问题,上面的饼和下面的饼有什么不一样?这半个是怎么得到的?这小半个又是怎么得到的?

由此,自然引出本节课的核心问题以使学生展开思考。再看学生话语类型,多以回答师生问题为主,且绝大多数是学生的主动表达。此外,四位教师也非常强调学生提问,学会提问是学生走向深度学习的有效途径,是"教师中心教学"的终结与"学习者中心教学"的萌动。无论是发言同学还是小组代表,都会在分享观点后提问大家是否听懂,其他同学如有提问或建议,分享者再做解释,实现成员间的相互应答,最后教师小结,正如W老师一再强调的"交流是重要的思考"。

3. 专家型小学数学教师通过集体成员间的多向互动实现多声对话

从对话形态来看,四节课都包含了师班对话、师个对话、师组对话、交叉对话、生生对话,每一位成员都有来有往地进行着对话。在师生对话中,四位教师是组织者与促进者,他们通过提问、追问与评价等,有意识地将话语权移交与分配给学生,使话语权在集体间不断轮转。同时,师班互动、师个互动与交叉对话是交错进行、循环往复的,四位教师不仅关注班级整体的学习进程,也关注到每一位孩子的学习状态。在生生对话中,四位教师更像是参与者与倾听者，在每位学生发言后教师都不先说，而是把说的时机留给学生，同时，他们基本不指定发言者，而是让学生主动争取话语权，自己则作为智慧的听众与评审，真诚倾听、自主重构、礼貌质疑、客观评价。正如L4在进行完学生辩论和陪审团投票后，Z老师送给同学们的一句话："课堂上最艰难的不是形成自己的观点，而是在倾听同伴的不同声音时，能不能找到不同观点背后的原因，并在必要的时候，敢于放弃自己的错误观点，及时作出调整。放弃，有时比坚持更难！"也正是生生间的直接对话推动着学习的不断深入，学生主动表达、相互倾听，多声对话的课堂就此实现。

研究还发现，四位小学数学专家型教师的课堂教学结构都较好地遵循了来源于现实，学习于现实，应用于现实，且以基本问题为串联，通过"体验阶段→建构阶段→迁移阶段"，实现具体体验与抽象意义的协调统一。体验阶段表现为任务开启，唤醒经验。一般不超过课时的10%，教师明确布置一项大任务来开启课堂，唤醒学生的已有经验，激发学习兴趣与学习需要，为理解大概念做好准备。建构阶段强调以问题串联来理解意义。在约占常规课（除L4外）80%的时间中，学生都在亲身探究大任务的过程，通过解决基本问题建构大概念。迁移阶段则经历应用所学、自觉改善、实现创新。对于常规课，这一阶段的时间占比大约是10%，而L4作为拓展课，这一阶段的时间占比高达48.4%，学生有充足的时间在应用所学与总结收获中自觉改善，从而实现创新。

小学是人生认知的启蒙期，小学生对周围事物充满好奇，有着强烈的求知欲；小学是人性萌芽的关键期，在此期间，学生的性格开始养成，品格开始塑造。[①] 小学生的认知特征和成长规律凸显了小学教育对人才培养的重要性，而教师的课堂教学语言是重要的影响因素。小学数学专家型教师的课堂教学具有较强的吸引力，能有效传递教学知识，较好达成教学目标，体现了其具有较强的课堂教学语言能力。分析专家型教师课堂教学语言的基本特征，可为新手教师的课堂教学语言能力发展指明方向，使其能通过有效的训练方式提高课堂教学语言能力，提升课堂教学效果。

第三节　小学数学课堂教学语言技能的提高

课堂教学语言技能是衡量教师专业水平的重要标志，甚至有时候教师一开口就能大致判断其教学能力的高低。但是，课堂教学语言没有固定模式，只要教学效果好，就是"好"的课堂教学语言。一般来说，职前教师和新手教师的课堂教学语言技能还较为稚嫩，需要通过若干路径持续有效地提升。

一、树立较强的课堂教学语言技能提升意识是前提，积极反思是关键

在教师专业的发展过程中，积极的意识始终是前提。教师首先要树立较强的课堂教学语

---

① 黄友初，马陆一首.小学全科型卓越教师的内涵、特征与培养路径[J].教育科学，2020，36(02)：47—52.

言提升意识,才能更有效地提高。倘若教师具有较强的提高意识,在观摩课堂教学时,就会对授课教师的语言表达内容、风格和语言的亮点更加关注,并结合自身的具体情况,经分析后有针对性地进行提高;在自己开展教学实践时,就会有意识地对课堂教学语言进行设计,尤其是关键性的提问和转换性语言;甚至在现实生活中,也会对周围人的语言表达进行重点关注。所以,在课堂教学语言技能提高的过程中,教师是否有积极提高的意识是前提条件,只有具备强烈的愿望,才会更具提高课堂教学语言技能的积极性和主动性,提高的程度也会更显著。

此外,教师自身的积极反思也是课堂教学语言技能提升的关键,看到的、听到的,只有经过不断地反思,才能有效内化为自己的。教师通过不断反思自身课堂教学语言特色,尤其是课堂教学语言在数学学科性、准确性、合理性、教育性、启发性、可接受性、简明性等方面的表现,才能更清晰地认识到自己该项教学技能的优点与不足,并有针对性地制定优化改进策略,课堂教学语言技能提高才能有的放矢。所以,职前教师或新手教师要积极反思,主动思考,经常性地琢磨某句话该怎么表达,刚才自己或者其他教师这样说是好还是不好,等等。这对课堂教学语言技能的提高是十分有帮助的。

二、在课堂教学语言内容方面,先确保准确性,再逐步过渡到合理性

课堂教学语言是教学信息传递的载体,也是教师开展教学工作的重要工具。教师在进行课堂教学语言训练时,首先需要确保课堂教学语言内容的准确性,保证教学内容的准确性与科学性,这也是数学教学正确性的基本保证,可以帮助学生正确理解数学内容。例如,教师在教授两位数加法时,将相加的法则"个位上的数加个位上的数,十位上的数加十位上的数"表述为"个位加个位,十位加十位",后一表述看似简洁,却混淆了"数位上的数"与"数位",语言不够准确严谨,有失科学性,这样不规范的表述也会给学生理解内容的本质造成障碍。教师应在日常的教学中做好示范作用,帮助学生学会规范表达数学的概念、定理等内容,在确保准确性的前提下,再追求通俗化,让相关内容更通俗易懂。

准确性是数学教师教学语言的前提,在确保了表达的准确性后,教师在训练或者教学实践时,可慢慢让自己的语言表达更加合理性,也就是不但说得对,而且学生也能更好理解。教师的课堂教学语言需合乎逻辑、合乎学生学习的基本情况,这是教学质量的另一重要保障。一方面,教师要重视学生的年龄特点和认知水平,根据学生特点灵活调整课堂教学语言;例如,在小学低年级阶段,教师适当注意语言内容的生动形象性,在表述时考虑转变多种语气,适时地加强重音,巧妙设计停顿,使表达抑扬顿挫;在小学高年级阶段,教师要适当使用激励性的语言评价学生,保护学生的自信心,在适当的时机大力表扬优秀学生,以形成榜样的力量。另一方面,教师要重视学生已有的生活和学习经验,尽可能地设计富有层次的课堂教学语言,引导学生在现有知识经验的基础上积累新的知识经验。例如,吴正宪老师在讲授《平均数》一课时,重视学生已有的知识基础和经验,了解到学生已经熟知平均数的概念这

一学情,所以在授课之初就引导学生谈一谈在过去的生活或学习过程中使用平均数的场景,并结合学生关于班级考试平均分的相关表述,引导学生回答平均数的计算方法,并不断扩大对平均数知识的阐述,逐步引出平均数的本质特征。在教师的层层引导下,学生可以由浅入深、由易到难地掌握平均数的基础知识,这种语言表达也充分彰显了教学智慧。

三、树立提问意识,精心设计关键性提问,注重提问的灵活性

教师应正确认识课堂提问在小学数学课堂教学中的重要性,能基于小学生的学习特征和数学课程的抽象性和逻辑性,利用课堂提问引发学生的学习兴趣,引导学生逐步探索数学知识的内在要义。研究表明,专家型教师善于通过课堂提问帮助学生建立知识联结,通过课堂提问启发学生思维、帮助学生理解数学,通过追问反馈学生的回答、引导学生主动发现认知障碍。在课堂提问的牵引下获得的数学知识,相比较教师的直接讲授,学生会理解得更深刻,学习的过程也会更有乐趣。新手教师不仅要树立课堂提问的意识,还应以专家型教师的课堂提问为参考,在实践中不断摸索,逐步提升课堂提问的质量。

课堂提问虽然具有生成性和随机性,但是它并不是随意的,也不是完全凭借教师的教学经验和实践性知识,更不是"满堂问"。研究发现,专家型教师在授课以前都会认真备课,其中一个重要环节就是对课堂教学中的关键性提问进行设计。他们会针对教学的重点和难点,预判学生可能出现的认知障碍或遗漏,并构思怎样的提问可以让学生更好地理解数学。同时,研究还发现,专家型教师往往会通过一系列有关联的、层层递进的提问帮助学生逐步获得正确答案。这些问题虽然不太可能完全在课前准备,但是类似的提问需要在课前进行设计,尤其是设置何种类型和何种导向的提问。只有做到心中有数,才能在课堂中有的放矢。

《义务教育数学课程标准(2022年版)》中明确指出,数学课程的目标是培养学生的核心素养,课堂教学则是达成这一目标的重要方式。因此,教师的课堂提问应以促进学生核心素养的发展为目标,不仅限于数学知识的识记和解题技能,而应进一步鼓励学生用数学的眼光看问题,用数学思维思考问题,用数学语言表达结果。这种核心素养的获得离不开教师的课堂提问,对于提问的合理性和准确性也有更高的要求。研究发现,专家型教师不会因为教学风格的稳定而固化,而是会根据教学内容的抽象程度和知识类型的区别,在不同的教学环节提出不同的问题,并通过语气、语调和语速的变化,增强提问的有效性。因此,新手教师在课堂提问的设计与应用中,要以促进学生核心素养的发展为目标,根据具体需要选择提问的内容和载体,通过有效课堂提问,引导小学生的数学思维逐步深入发展,彰显课堂提问的教育价值。

四、在课堂教学语言辅助方面,先确保有效性,再逐步过渡到多样性

课堂教学语言作为教学信息传递的载体,要实现信息的切实传递,充分发挥语言的传递功能,确保其有效性是必须的。教师除了要保证语言内容本身的科学合理性之外,还要保证

语言内容在学生的认知能力范围之内,也要与学生时下的思维水平与接受水平保持一致,这样学生才能更好地接收和理解传递的信息,进而确保语言的有效性。这就需要教师在陈述时,能借助各种语言载体,以及肢体和表情等作为辅助,使表达更加形象、生动,所以教师要注重辅助性语言的训练和发展。

　　辅助性语言的运用,首先要保证有效,如果教师在实践过程中发现某些辅助性语言十分有效,就要坚持使用,等到用得较为娴熟了,再考虑是否将多种辅助性语言相结合。语音语调和节奏的变化,以及肢体语言和表情的多样,会使课堂更加生动,更能调动课堂学习气氛。面对不同学生在生活经历、知识背景、认识水平、认知风格、性格等方面的差异性,一成不变的语言显然难以凸显出"以学生为中心"的主体性理念,正视并善用学生的差异需要借助多样化的课堂教学语言。例如:在提问时,教师可以展示疑问的神态,语气也应较为平缓;在得到结果时,教师可以提高声调,并展示喜悦的神态;在陈述重要概念时,可以使用重音来强调。这些都需要教师在设计教学时就有所准备,并在教学实践中放得开,胆子要大,要有自信,要敢于尝试,只有不断在实践中摸索,辅助性语言技能才能得到有效提高。

五、在课堂教学语言训练方面,可从模仿开始,但要形成个人特色

　　模仿对于技能的学习是十分必要的。课堂教学语言技能作为教学技能的一个重要组成部分,它的提升离不开日常的训练,在这一过程中,教师可以首先从模仿开始。职前教师或新手教师,可以在观摩一些专家型教师示范课的过程中,不断建立起对"示范者"的语言的感觉,并在教学实践中模仿使用。例如,模仿专家型教师的一些提问性语言、激励性语言的表达方式,过渡性语言与反馈性语言的渗透时机,以及语言表达的语速节奏等。

　　当然,教师模仿专家型教师的一些课堂教学语言,是为了在"示范者"的引领下,快速强化自身的课堂教学语言水平。不过,教师课堂教学语言要真正实现质的飞跃,或者说要达到艺术化的水平,单靠模仿是远远不够的,还需要教师结合自身的性格、教学风格及特点,不断打造并逐步形成具有个人特色的课堂教学语言。模仿是为了入门,有了一定感悟后,就要找到适合自己的课堂教学语言特色,这样才能在课堂上自如地运用,也更为有效。

思考与练习

1. 小学数学教师课堂教学语言技能的基本要素有哪些?
2. 小学数学教师的辅助性语言有哪些?并论述它的价值。

第四章
小学数学课堂导入技能的认识与提高

在小学数学的课堂教学中,导入十分关键,合理的导入可以吸引学生的注意力,使其更有效地学习。小学数学教师应重视导入技能的发展,了解常见的课堂导入方法,并能根据教学内容和教学对象的变化熟练、灵活地运用。

第一节 小学数学课堂导入技能的认识

一、小学数学课堂导入的重要性

好的开始是成功的一半,一个成功的开头,对后续课堂的教学实施十分重要。教师应该意识到导入对小学数学课堂教学的重要性。

(一)有效导入可以明确学习目的,更好达成教学目标

无论是成年人还是儿童,在做某事之前一般都有着明确的目的,知道目前或接下来要做的事是为了什么、有什么用。否则,就不会去做,或者做了也不会用心。学生的学习也一样,如果不知道接下来的学习内容有何目的,可以具体用来解决什么问题,那么他们在学习过程中就不可避免地会产生"学了有什么用""为什么要学这个东西"的疑惑,进而影响学习的专注度。如果在学习以前就通过教师的导入了解今天这节课的学习目的,那么学生就会带着解决问题的心态去学习,学习的效果也将更加显著。

可能有些老师认为,学习的目的是一直存在的,即掌握知识,在考试中取得好成绩。这虽然没错,但对于课堂教学来说过于宏观,即使不是升学的目标,这也是学段或者学期学习的目标。这种目标或许会时不时地在学生头脑中闪过,而在日复一日的课堂学习中,这种学习目的会被逐渐弱化,不能起到有效引导学生学习的作用。就如同参加马拉松比赛,运动员知道终点在哪里,但是抵达目的地的意志力会被长时间、相对单调的奔跑所冲淡。倘若运动员在跑步以前对沿途的线路比较熟悉,并自己设定若干距离作为小目标,那么在跑步过程中,就可以小目标的完成为基础,一段段地去攻克,完成后不仅能获得短暂的满足感,也会产生新的动力。类似地,学年或学期学习的目的对于每堂课来说太过遥远,以此一直引导并激发学生进行学习不太现实。这就意味着,教师在导入时要让学生明确本节课的学习目的,最

好是能让学生带着问题往后学,这样的课堂会更为有效。例如,在进位加法教学时,学生已经学习了 10 以内的加法和凑 10 法,教师可在导入中给出一个用这两种方法都不能解决的题目,然后和学生说:"看来我们的'武器'还不够多,有很多问题我们还不能解决,就比如这两个相加会超过 10 的数的运算,所以我们今天一起来探讨一下这种数的运算。"这种导入会使学生更加明确本次课的学习目的,知道所学是为何,后续的课堂学习也会更加有效。

(二) 有效导入可激发兴趣,提升学生的学习动力

明确了学习目的,学生在课堂学习时知道了所学内容的目的,学习就可以有的放矢。但是,仅仅知道为何学习还不够,还要有兴趣去学。例如,如果教师在课堂伊始说:"我们以前学会了 10 以内的加法和凑 10 法还是很不够的,如果两个数相加超过 10,我们就不能运算,那么今天我们来学习这种方法。"这样的导入,学生虽然明确了学习的目的,但是未必能激发其学习的动力。如果采用小学生较有感知和体会的情境导入,如只有学会了这个运算,才能解决情境中的问题,那么小学生会有更大的兴趣投入到后续的学习中。

值得一提的是,课堂导入要激发学生的学习兴趣,与导入要有趣并不完全一致。有趣的导入会让学生觉得有意思,学习过程可能也会很轻松,或许课堂中还会充满了欢声笑语,但是并不一定都能激发起学生的学习兴趣。能有效激发学生学习兴趣的导入可以是有趣的,也可以是能激发学生探究欲的任务和问题,或者是能激发学生胜负欲的小组合作或个人比赛。怎样的导入才能有效激发学生的学习兴趣和学习动力,通常和具体的数学知识点有关,也与学生的年龄特征、校园文化和社会文化有关系,一般都会以提问为结尾。教师应该善于思考,有意识地在模拟教学和真实的教学实践中不断尝试,从中获得体会和感悟。

(三) 有效导入有助于平缓过渡,可帮助建立知识联结

数学知识具有较强的体系性,各知识点之间存在着直接或间接的关联,在数学学习过程中,如果学生能将新学的知识纳入已有的知识图谱中,就能较好地掌握和运用。倘若未能建立有效联结,学生只能孤立地记住新知识,那么知识的掌握就不牢固,也不能灵活运用。因此,教师在课堂导入中,可以从已学知识的复习开始,慢慢过渡到新授知识,让学生的思维能平缓过渡。这种导入不仅有利于学生掌握知识,也会让学生感受到数学并非是空泛和枯燥的,而是有迹可循的,有助于提升其学习数学的兴趣。

为了能让学生对新授知识有较好的感知,教师往往会在课堂导入中复习已学知识作为过渡,这种导入方式在数学教学中较为常见,也能取得较好的效果。但是有的教师在设计导入时还不够细腻,缺乏逻辑上的关联,导致课堂导入未能发挥应有的效果。例如,在教学进位加法时,教师在课堂伊始对上节课的凑 10 法进行复习,复习结束后,教师给出一个需要进位的一位数加一位数,然后说这个运算不能用凑 10 法解决,这就是本节课要学习的进位加法。凑 10 法和进位加法当然存在着密切的联系,但是在教学进位加法时采用复习凑 10 法作

为导入,只能起到复习的作用,并不能起到导入的作用,反而引起到负面的效果。因为在数学课堂教学时,教师往往需要启发学生思考,深化学生的认知,发展学生思维。如果在教学伊始复习了凑 10 法,那么在给出需要进位的一位数加一位数算式时,就会对学生的思考产生较强的暗示作用,不利于学生思维的拓展。倘若创设情境,引出需要进位的一位数加一位数的问题,让学生思考一下该怎么处理,可能学生会给出很多种方法,教师可以一一写下来,通过比较后认为先拆开凑 10 法这种方法最简单也最合理,然后再复习凑 10 法,这种导入的设计在逻辑上更为合理,教学过程更为流畅,更有利于帮助学生发展认知思维。所以,有效的课堂导入对于学生知识点的过渡和新知识的学习都很重要,弱化了学生对数学的抽象和深奥的畏惧,有助于学生的知识联结,但是对导入的设计也提出了较高的要求,不仅内容要相关,更要过渡合理。

(四) 学生的学习注意力具有阶段性,导入的激发十分必要

在正常情况下,每个人注意力集中的时间都有一个限度,成年人的稍长,儿童稍短,但是这种注意力不仅和年龄有关,也和个体的意志品质有关,更会受到关注对象的影响。如果所要关注的事物对个体来说很有吸引力,个体很有兴趣去了解,那么他的注意力的持续时间就会延长。就比如我们在看自己喜欢的电影时,会觉得时间过得特别快;如果在等待时,就会觉得时间过得很慢。课堂学习也一样,如果学生觉得课堂缺乏吸引力,教师不能有效调动他们的学习热情,那么他们的注意力很快就会转移到其他地方;反之,如果导入有效,可以激发他们学习的兴趣,他们的学习注意力就会持续得更久,课堂教学效果也自然会更佳。

小学生受到客观因素的影响程度较大,故数学课堂中对导入进行设计是十分有必要的。恰当合理的课堂导入,不仅可以让学生的数学学习更加自然、顺畅,也会使学生学习的注意力更为集中。例如,在学习乘法时,如果缺乏导入直接进入乘法的学习,告诉学生乘法口诀,然后练习巩固,学生难免会觉得乏味和单调。如果创设情境:"有两个小朋友比赛谁的加法算得快,一个小朋友总是算得很快,他说自己有秘诀。这个秘诀是什么呢?我们一起来看看。"然后从加法逐步过渡到乘法。这种导入相比较之前的导入,对学生的吸引力显然更大,学生也更能集中注意力去学习。这些都表明了有效课堂导入对小学数学教学的重要性,教师应该重视课堂导入,在设计教学时能根据具体情况,有意识地设计既符合学生思维认知,又能有效吸引学生注意力的课堂导入,而这有赖于教师课堂导入技能的提升,要求教师在职前学习阶段就要多思考。

二、常见的小学数学课堂导入类型

(一) 情境导入

小学生特定的思维方式和认知水平决定了数学问题与具体情境相结合的必要性和合

理性[①]。小学数学学习内容与学生的实际生活有很大的联系,实际生活中处处可以见到数学,学生在生活中也能经常发现和数学有关的有趣现象和规律,但是对于小学生而言,直接理解数学课本上的内容还是有一定的难度,并且他们也不一定能够完全理解学习数学课本上的数学知识的意义。因此,对于低年龄阶段的小学生,运用情境导入法能够帮助他们建立起数学知识与实际生活的联系,实现知识学习到知识理解、知识理解到知识应用的跨越,知道自己为什么要学习数学知识以及学习的数学知识到底有什么作用。

小学数学课堂导入的情境导入应该具有合理性和实效性。《义务教育数学课程标准(2022年版)》在教学建议中指出,在数学教学中要注重创设真实情境,可从社会生活、科学和学生已有数学经验等方面入手,围绕教学任务,选择贴近学生生活经验、符合学生年龄特点和认知加工特点的素材,并注重情境的多样化和合理性。因此,教师在设置情境时要充分考虑,所选择的情境是否与本节课的内容有密切联系,是否遵循小学生身心发展的规律和认知发展的规律。例如,在上课过程中,很多教师为了完成课程基本程序,刻意设置情境导入环节,实质上情境本身的内容与课堂知识关联不大,这样的导入只能说明,教师完成了课堂教学设计的基本环节,但并没有实现预设的教学目标,也没有达到应有的教学效果。再比如有的老师喜欢以数学小故事的形式导入数学课堂教学,但是有些数学故事情节较为复杂,与小学生的实际生活距离较远,甚至还会出现小学生不认识的汉字。这样一来,学生理解教师课堂引入部分的意思就需要大量时间,不仅会使得课堂教学本末倒置,也会影响学生后续学习的进展。由此可见,课堂导入的情境不是任意安排的,不仅要科学严谨,还要合理有效。这就要求教师对数学教材进行深刻地研读,发掘教材背后的课堂导入切入点,思考选取什么样的情境能够最为贴切地呈现本节课的主要知识和主要数学思想方法,什么样的情境能够最大程度实现课堂引入和后续教学过程的自然衔接,什么样的情境最易于激发小学生的数学学习兴趣。

情境的设置除了要符合教学内容和学生认知之外,还要有效,思考所设置的课堂导入是否具有适用性和可操作性,能否在课堂教学中起到积极作用。为此,教师首先要对教学内容的学科逻辑和教育逻辑有较为深入的分析,既要明确该教学内容的学习进阶过程,也要明确学生学习中可能会出现的难点。其次,教师要对教学目标有深入和准确的解读,不能急于求成,要以促进学生核心素养的发展为目标。例如,为了帮助小学生理解情境的内容,可以给他们留出足够的时间,让学生不仅懂得导入的内容,也可以领会情境中展现的知识与即将学习的数学课本上的知识之间的联系。当然,教师在选择情境时应以简洁精准为主,达到引入目的即可,不必过于繁琐。最后,情境的选择应尽量贴近学生的实际生活,通过生活化的情境让学生产生熟悉的感觉,减少其对课堂学习内容的排斥。例如学习面积时,教师可以让学生利用手里的工具,比一比哪个面积更大?让学生想一想自己是怎么比较两个物品的大小

[①] 左姗姗.PISA视角下小学数学情境性问题的设计[J].小学教学(数学版).2017(06):12—14.

的,借助学生对实际生活中的物品大小的观察,感受面积的数学意义。在教学中如果能利用人的身体或者教室中既有的物品作为导入,学生就会有更深的体会。

(二) 复习导入

小学阶段的学生处于一个快速接纳外界事物的阶段,大脑中会不断更新、储存、替换感兴趣的事物,并且他们不能对新接触的外界事物进行系统科学地筛选、整理和分类,一旦出现能够吸引注意力的新事物,他们就有可能忘记一些原本已经记住的知识。这也是小学生经常会忘记前一天所学知识的原因,这个现象在低年级学段则表现得更加明显。因此,根据小学生的心理发展特征以及对所学新知识的记忆和遗忘的规律,在数学课堂导入时采用复习导入的方法,及时对旧知进行强化,能够起到很好的巩固作用。

小学数学各知识点之间有很强的关联性,每个部分都不是孤立存在的,但是这种关联并不一定是外显的,通常需要教师通过一系列的教学策略去点明这类联系,帮助学生完成数学知识体系的建构。数学的学习是一种由表及里、由浅入深的积累的过程,同样也是将已经学习过的知识内化并且建立起与新知识之间的联系的过程,复习导入以已经学过的旧知识作为新知识的起始点,一方面及时复习了所学知识,有利于教师及时得到学生学习情况的反馈,可以对下一步教学进度和教学策略进行灵活调整。另一方面建立了新旧知识的联系,有利于数学学习的体系化。同时,从学生学习与认知的角度出发,复习导入也有很积极的作用。在小学课堂中,复习导入一般以回答问题的形式进行,如举手作答、抢答、齐答等形式,这类方式对于小学生来说十分有效,他们表现欲强、上课积极性高,同时,通过提问的复习方式,也可以迅速将学生的注意力集中起来,让其快速进入学习状态中。教师可以根据数学知识的难度、问题的类型以及学生当堂课的精神状态等选择提问的具体方式。例如,对于公式、乘法口诀等便于记忆又比较重要的知识,读起来朗朗上口,基本所有学生都能够熟练背诵,那么就可以采用齐答的形式,这样一来,教师就可以在最短的时间内尽可能多地检测到学生对所复习的知识的掌握情况,提高课堂教学的效率。对于一些计算题或者提问类的、需要学生稍作思考的题目,由于每个学生的掌握程度和反应能力存在差异,教师可以根据实际情况,采用抢答或者举手回答的形式,检测个别学生对知识点的掌握程度,同样也可以根据其余学生对举手回答的同学或者抢答同学答案的认同与反馈情况,预估其他学生的掌握情况。以上提问的复习方式可以很好地实现学生从以往的知识学习到新知识学习的过渡,体会数学知识之间的内在联系。

(三) 设疑导入

设疑导入,顾名思义要选择一个问题作为数学课的开端,小学数学的教学是离不开问题的,小学生本身就处于一个对外界事物十分好奇的阶段,问题有利于激发他们的好奇心和注意力,从问题导入入手,能够帮助学生迅速投入到问题解决中去。但值得注意的是,这里的问题并不是随意设置的,而是要经过精心的思考,并且将引入课堂的问题精准表述,确保学生能够听懂,才能进行下一步的教学活动。问题是数学的灵魂,而好奇心是小学生的天性,合理把握二者之间的关系,根据小学生感兴趣的内容精心巧妙地设计一些有趣味、引人入胜的问题,可以有效调动学生的积极性,激发学生的数学思维。

例如,在带领学生学习对圆的认识时,教师可以在粉笔上系一根线,一手固定线的末端,将其按在黑板上,另一只手拉紧线,转动粉笔在黑板上转圈画出一个标准的圆。这个时候学生通常会产生疑问:老师是怎么做到的呢?教师此时紧紧把握学生产生疑问的节点,提出本节课的问题:老师是怎么画出这个圆的呢?为什么老师的粉笔没有乱跑而是形成了一个圆呢?老师为什么要按住线的末端呢?系住粉笔的线又可以起到什么样的作用呢?这一系列的问题首先是在学生脑海里产生的,教师只是在学生产生的疑问的基础上,用精准的语言将这些问题整理表述出来,从头到尾都是学生在主动观察现象、提出问题并且尝试解决问题,学生是这个问题导入中的主导。当然,教师活动也起到了重要的作用,教师为学生创造了这个发现问题的情境,并且把控了从学生观察到学生疑问到教师设疑和最后师生共同解决问题的教学节奏,实现了导入环节的教学目标。

古希腊哲学家亚里士多德认为:"思维从问题开始,思维从惊讶开始",这一理念在数学课堂教学中得到了生动体现。在数学课堂教学中,只需简单的几个问题,就可以促使学生渴望探求数学的奥秘,引导他们进入探索数学知识的学习情境,在这种求知欲的驱动之下,学生会以积极主动的学习态度展开数学学习,从而培养和发展数学思维。设疑导入往往与情境导入相结合,两者的区别往往就是情境的多与少,设疑导入突出"设疑",可以是带有情境的,也可以是纯数学的,或者是带有弱情境的。

(四)活动导入

美国教育家杜威提倡让学生在"做中学",在活动中感悟。数学必须让学生"动起来",这样学生才能更加广泛地接触和感受事物,并且从感知和体验的过程中萌发出不同的情感与态度。小学阶段的学生往往表现出较强的集体荣誉感、较高的学习活动热情以及较好的配合度,在数学教学中可以合理利用小学生这类突出的意志品质,设置恰当的活动引入的内容,激发小学生的学习兴趣和参与感,以趣引思,吸引小学生主动对要学的数学知识产生浓厚的兴趣,并产生学习新知识以解决数学问题的强烈欲望。游戏导入法可以调动学生的研究主动性,通过寓教于乐的教学方法,激发学生多种感官参与学习过程,在游戏里进行合作、探讨和学习,也可以帮助学生加深对学习内容的印象。但是,在设置活动导入时需要考虑到课堂教学内容的容量、具体活动的操作难度、活动的管理难度等因素,所以该种导入方式在小学数学的常规性教学中出现得不多。

小学数学课堂教学的活动导入以数学游戏为主,还可以是手工、折纸、数学小实验等活动。例如,在学习多边形时,除了常规的向学生展示不同形状的多边形之外,也可以鼓励学生从生活中发现不同的多边形,并将自己发现的生活中的多边形实物带到班级里和师生分享,增强学生的学习动力。在小学数学教学中,折纸则有更广泛的发挥空间,例如教师可以用折纸的方式教学生剪出一个五角星,使其进一步学习多边形的相关知识以及角的一些知识。这种方式不仅会让学生觉得新奇有吸引力,也会使他们对教师产生一定的崇拜感,从而便于教师进一步激励学生去尝试、动手以及解决问题。数学中简单的折纸剪纸还包括莫比乌斯环、万花尺、"出入相补"的拼图等,都可以激发学生学习数学的兴趣,启迪学生的数学学习思维。同时,数学实验也是一种很好的活动引入方式,数学学习容易给学生带来枯燥、麻烦的刻板印象,但实际上一旦领会了数学知识的内涵,就能体会其无穷的乐趣。例如,数学中比较经典的实验"舒尔特方格":将 0 到 9 这十个数字写在形状大小相同的纸片上,再将纸片上的数字打乱顺序,按照九宫格的方式摆在桌面上,然后要求学生将数字按照从大到小的顺序边读边指,并且对这一过程进行计时,最后评选出读得最快表现最好的学生。这样的数学小实验不仅能够锻炼学生对十以内数的认识,而且通过这种"边读边指"的方式能够加强学生的注意力,提升学生的专注力和记忆力。

小学阶段是培养学生逻辑思维能力的重要阶段,但是数学教材上的一些知识有时过于抽象,学生在学习的时候容易产生倦怠感,而活动导入可以让学生获得积极的数学学习情感体验,丰富多彩的数学活动反映了素质教育的内涵,推进了让每一个学生都获得终身发展的目标,能够提升学生的核心素养。

(五) 直接导入

直接导入也就是"开门见山"式的导入,即教师在一节课开始的时候就直截了当地阐明本节课要学习的知识。这种方式看似"简单粗暴",却能够"先发制人",让学生迅速地集中注意力。对于小学生来说,每节课都是一个新的开始,每节课学习的内容也有所不同。但是小学生的课余生活比较丰富,在上课之前他们可能还在从事其他的活动,思绪和注意力可能也还沉浸在课前的活动之中,直接导入可以迅速将他们拉回到课堂中,具有"先声夺人"的效果,使得学生在课堂伊始就将注意力转移到课堂学习中来,为完成新的学习任务做好准备。

直接导入的方式最直接,也最易于操作,不需要教师再额外准备其他的导入资料,因此很多教师在日常教学中都倾向于选择这种方式。但是直接并不等于生硬,而是指省去很多不必要说明的部分,使得教学更加直观、具体。例如,在学习认识人民币时,学生在实际生活中已经对其使用方法和作用有了一定的了解,并且能认识不同面值的人民币,那么就没有必要再进行赘述了,可以直接向学生展示不同面值的人民币,引导学生回忆它们在实际生活中可以起到哪些作用,同时也可以和活动导入法相结合,鼓励学生开展学校小超市的活动,用代币教具去购买虚拟物品,通过直观的感受与体验获得更加深刻的认识。当然,直接导入的使用不能过多,尤其在低年级教学中要慎用,否则容易演化成灌输式教学,导致学生的被动学习,进而阻碍学生批判性思维的发展。

第二节　小学数学课堂导入的案例与分析

　　课堂导入的重要性已为广大小学数学教师和数学教育研究者所熟知,很多学者也对此进行了研究。但是研究发现,课堂导入并没有引起一些教师的足够重视,他们习惯性和经验性地选择导入成为一种常态,而非遵循针对性和适切性的原则。本节将从相关研究中选取若干案例进行分析,以期为小学数学课堂导入技能的提升和课堂导入的研究提供参考。

一、优质课例中课堂导入的特征分析

　　马清宜采用 Nvivo 分析软件和 ITIAS 课堂互动分析系统对国家教育资源公共服务平台(1s1k.eduyun.cn)上的 4 个优质课进行分析,获得了课堂导入的若干特征。[①]

（一）情境导入案例的特征

　　在苏教版数学三年级上册第七单元《分数的初步认识》内容教学中,教师创设"猪八戒吃饼"的导入情境。猪八戒"只要一小块儿","一小块儿"到底有多大,教师并没有明说,而是让学生动手撕圆片,把圆片撕成大小不一的形状。把一个整圆撕开,其实也预示了今天的学习内容:把一个整数拆开,即分数。学生在有趣的动手操作中逐步认识到:一个圆就代表过去学习的整数,而圆的一部分要用什么表示呢? 从而对新课充满好奇和期待。

　　部分课堂实录如下:

　　师:孩子们请看大屏幕。有一位老朋友也来到我们的课堂了,这位老朋友是谁?

　　生:猪八戒。

　　师:猪八戒在西天取经的途中肚子饿了,他就来到一个农民的家里要饼吃,孩子们,我们先来看,他第一次要了多少饼? （教师在黑板上贴上两个圆片)用哪个数表示?

　　生:(齐声回答)两块,用数字 2 表示。

　　师:猪八戒没吃饱,又向人家要。我们来看,这次他要了多少? （教师在黑板上贴上一个圆片)用哪个数字表示?

　　生:(齐声回答)一块,用数字 1 表示。

　　师:哦,他肚子大,没有吃饱。接下来,他要吃多少? 大伙儿猜猜看。（学生开始大胆猜测,三块、四块……）

　　师:猜得都不对,他吃了多少呢? 我们来看大屏幕。（媒体呈现:我只要一小块儿）

　　生:一小块儿。

　　师:对! 猪八戒其实早想好了一个形状,但他不懂数学呀,只能说"我只要一小块儿",想

[①] 马清宜.小学数学高质量课堂导入特征及达成策略研究[D].镇江:江苏大学,2023.

一想,一小块儿究竟是多大? 我这儿有饼。谁愿意上来撕给大家看? 撕的是不是一小块儿? (三位学生上来撕,每个学生撕得都不一样)

师:问题来了,同样的要求,都是一小块儿,怎么撕得大小不一样呢? 形状也不一样呢?

生:对一小块儿的想法不一样。

生:没有统一的要求。

师:对呀! 其实就是对一小块儿的理解不一样,所以撕出来的大小也不一样。

分析发现,在上述导入中,教师行为占比为61.79%,其中,占比较大的是26.78%的教师提出开放性问题行为和11.8%的教师讲授行为;学生行为占比为28.56%,呈现出较好的学生课堂语言行为趋势。其中占比较大的是23.21%的学生主动应答。说明该教师在导入环节能够充分调动学生学习的积极性,激发学生主动回答的欲望,使得课堂充满活力。结合视频也可以看出,在该案例中,学生在教师的引导下,学习热情高涨,争先恐后地想为"猪八戒"解决问题,对于教师提出的开放性问题,如"怎么撕一小块儿饼呢?"每一位同学都有自己的思考和见解。所以该案例呈现出教师主导、学生主体的教学结构。教师不仅是知识的传授者,更是课堂的引导者和促进者。

沉寂的占比为0.89%,其中无助于教学的混论和做练习的占比均为0%,学生思考占比为0.89%。由此可以看出在这个沉寂比率中,没有出现无效的语言或者无效行为。说明该教师的课堂把控能力很强,并且做了充足的课前准备,整个导入环节效率很高。结合视频也可以看出,该教师对于教学细节的把控能力很强,如:提前准备丰富的教学用具,避免大量板书浪费时间;同时兼顾黑板上答题的同学和下面的同学,避免学生"无所事事"等。整个导入环环相扣、过程流畅,没有出现课堂停顿现象。

教师行为中直接影响的占比为39.28%,间接影响的占比为22.51%。这表明,案例中教师更趋向于向学生施加直接影响。直接影响下占比较高的教师行为有教师鼓励表扬、采纳意见和教师提出开放性问题,间接影响下占比较高的教师行为有讲授、指示。

案例中一共出现两次教师鼓励表扬学生的行为,占比1.79%。第一次表扬出现在3分57秒处,学生上台操作"怎么撕出一小块儿?",教师带动班集体中的同学为其鼓掌,这种表扬方式让讲台上的学生意识到自己的表现得到了老师和全体同学的认可,缓解了其上台的紧张,获得了安全感,同时也感受到了班集体的温馨;第二次表扬出现在5分18秒处,学生回答"怎么撕得大小不一样呢?",教师肯定学生的回答并及时口头表扬:"真好,真棒。"案例中的表扬频率虽然不高,但是表扬及时有效,学生感受到了教师的肯定,学习也更加自信了。

教师提出开放性问题的行为在教师行为中的占比高达26.78%。本节课的教学内容是《分数的初步认识》,教师通过导入环节让学生明白"什么是分数? 分数是什么意思?"但是教师的提问却没有提到分数,而是围绕"猪八戒"情境,提出了一系列的开放性问题。如:"他要吃多少? 大伙儿猜猜看。""一小块儿究竟是多大? 我这儿有饼,谁愿意上来撕给大家看?""同样的要求,都是一小块儿,怎么撕得大小不一样呢?"等。把数学知识和有趣的情境"猪八戒"结合起来;把书本中的数学问题转化成猪八戒遇到的实际问题。学生在帮助猪八戒解决问题的过程中,摆脱了思维定势,实现了思维的创新。

教师讲授行为的在教师行为中占比为11.8%,多是对教学内容和步骤提供事实。结合视频也可以看出,该教师的讲授时间并不多且语言精炼,不拖泥带水,更多是对"猪八戒"故事的讲解,或是对问题的补充。主要目的是让学生明白教师想要表达的意思。

学生在课堂导入的行为中,比例最高的是主动应答,为23.21%,说明学生积极性高、课堂参与度高。如视频中教师在提出开放性问题"为什么撕出来的一小半不一样"后,学生积极举手回答,有"对一小块儿的想法不一样。""没有统一的要求。""一小块儿的范围不明确,所以没法儿统一。"等等。学生的回答各有不同,但是每一种答案都很精彩,每位同学都积极地参与到课堂中,课堂气氛非常热烈。

(二) 问题导入案例的特征

在人教版数学四年级上册第八单元《沏茶问题》的内容教学中,教师根据学生生活实际连续抛出三个问题,引出本次课的主题。教师首先抛出第一个问题"你们会做哪些家务活呢?"学生在自由回答的过程中思维得到发展,对本节课学习的内容更加好奇和感兴趣;紧接着教师又抛出第二个问题"这些事情能够同时做吗?",引导学生思考哪些家务是可以同时进行的,把学生生活中常见的事情放到课堂中,让学生在课堂中去解决实际生活中的问题,让学生体会到我们要学的正是生活中要用到的,让学生体会到生活中数学无处不在;最后一个问题则是"你能用'一边…一边…'的句式来说一句话吗?",造句是语文学习,在数学课堂中提出用"一边…一边…"造句,这样的设计是语文和数学学科的整合,让学生认识到我们可以同时做不同的事情,而这样合理的安排方式正是这节课要学习的统筹方法。

部分课堂实录如下:

生:我知道咱们班的同学个个都挺爱劳动的,在家里也经常帮助爸爸妈妈做家务,我想问问,你们会做哪些家务活呀?

生:我会和妈妈一起做饭。

师:你真是妈妈的贴心"小棉袄",看来我们班的同学都挺棒的。

师:在我们的生活,这些事情能够同时做吗?请看大家看大屏幕。

(课件出示:下面能够同时做的事情有哪些?)

A. 洗菜和切菜　B. 扫地和用洗衣机洗衣服　C. 走路和唱歌　D. 用电饭煲煮饭和盛饭

生:走路和唱歌。

师:大家同意吗?

生:同意。

生:看电视和吃零食。

师:这是不是大家特喜欢的呀。

生:是…

生:扫地和用洗衣机洗衣服。

师:说说你为什么这么想呢?

生:因为洗衣机洗衣服的时候,是洗衣机在洗,我可以在一边扫地。

师:大家觉得用电饭煲煮饭和盛饭可以同时进行吗?为什么呢?

生:不能,因为饭还没煮熟怎么盛呢?

师:你们真聪明。

师:我们接着往下看,你能用"一边(干什么)……一边(干什么)"的句式来说一句话吗?

(课件出示:选词填空)

生:自由回答(教师即时评价)

师:刚才同学们在造句中说的一边干什么,一边干什么都是同时做几件事?不仅在语文中有这样的表述,在今天的数学课里也有关于这方面的知识。

今天我们一起学习怎样"合理安排时间"。(板书课题)

分析发现,在课堂导入中,教师行为占比为58.75%,学生行为占比为30%。教师语言行为与学生语言行为的比率介于1与2之间。教师在提出导入部分需要解决的问题后,引导学生结合自己的生活实际思考如何作答,在学生作答的过程中教师及时反馈,在面对不恰当的回答,如"边看电视边吃零食"时,教师没有立刻批评指正而是引导全班同学思考这样的行为是否规范。该教师能够在有限的教学过程中给学生提供更多的课堂发言机会,让更多的学生表现自我,体现了学生是课堂主体的教学结构。

沉寂在课堂导入中的占比为5%,远低于常模水平(11%或12%),其中无助于教学的混乱和学生做练习行为均未发生,学生思考占比为5%,说明案例中师生的无效言语较少,课堂效率比较高。在课堂提问后,教师给学生留有独立思考的时间,学生就能够在片刻的宁静中整理自己的思路和疑惑。如教师在多媒体上呈现问题"下面能够同时做的事情有哪些?",问题下还有从1到6的六个选项,对于小学生来说,问题和选项字数较多,教师给予其一定的思考时间,是有利于小学生理解题意、整理思路的。

教师提出开放性问题在教师行为中的占比为25%,案例教师能够合理地计划和安排各个认知层次的问题。提问由易到难,层层递进,先从简单的题目问起,如"你们会做哪些家务活呀?"逐步调动学生思考生活中与之相关的知识点,再提出更高层次的问题,如"下面能够同时做的事情有哪些?""你能用'一边(干什么)……一边(干什么)'的句式来说一句话吗?"这样的提问方式能给学生一个思维预热的过程。学生在思考问题、回答问题的过程中获得信心,思维空间不断地被扩大,这样一来,学生就能更好地解决教师提出的高层次问题。并且该教师在设计问题时能够充分考虑到学生生活实际和所在班级的学生学情。教师以学生实际生活中熟悉的"做家务"话题作为问题的素材,学生在回答问题的过程中联想到自己在生活中的直接经验,体会到"合理安排时间"的必要性。这样的课堂提问能给学生带来更多的深层次思考,有利于小学生数学思想方法的掌握和数学思维能力的提高。

教师鼓励表扬行为在教师行为中的占比为6.25%。结合具体案例来看,教师表扬方法适当,表扬次数适中。例如在教师提问"你会做什么家务呢?",学生回答"我可以和妈妈一起做饭",教师给出具体表扬"你真是个贴心的'小棉袄'",称赞学生是父母的好帮手,这不仅是对学生正确回答问题的表扬,也是对学生良好行为的表扬。结合课堂观察发现,该学生在教师表扬后面带笑容,在后续的课堂中发言积极,充满自信。案例中的教师重视整体表扬,在大部分同学都回答结束后或学生集体回答后,及时对所有同学进行整体表扬"我们班同学都挺棒的""同学们真聪明"等。这种整体表扬既可以优化师生关系,又可以营造良好的班级氛围。以及利用群体表扬,学生回答问题之后,教师并没有直接表扬而是向全体学生征求意见"大家觉得怎么样?"学生们一起回答"很好",这样的同伴评价使得评价主体更加多元,而且也利用了集体的力量缓解该生的紧张情绪,增强了该生数学学习的信心。

学生行为中占比最高的是学生主动应答,为23.21%。结合具体案例来看,学生在教师的引导下能够积极发言,有自己的主动思考。如,在回答"能够同时做的事情有哪些?"时,学生的回答结合了自己的生活实际"扫地和用洗衣机洗衣服。因为洗衣机洗衣服的时候,是洗衣机在洗,我可以在一边扫地。""电饭煲煮饭和盛饭不可以同时进行,因为饭还没煮熟怎么盛呢?"等。在教师的引导下,学生积极思考,踊跃回答,在回答时加入自己对实际生活的反思,回答已经超出了问题本身的答案。

(三) 复习导入案例的特征

在人教版数学二年级下册第七单元《整百、整千数加减法》的内容教学中,教师根据学生已经熟练掌握20以内加减法的情况,在教学导入中呈现学生熟悉计数器,并带领学生复习"如何在计数器上表示万以内的数呢?",学生在拨数、回答的过程中,加深对之前所学的"认识万以内的数"的理解,并且认识到本节课的学习内容是在之前学习的"认识万以内的数"的基础上进行的。

部分课堂实录如下:

师:同学们,第七单元万以内的数我们即将学完,同学们认识了万以内的数。在学习万以内的数的时候,我们借用了一个非常有用的学具老朋友——计数器。同学们,你们还记得如何在计数器上表示万以内的数吗?请同学们看大屏幕这四个数,你们来说我来拨。(多媒体展现数字:1、10、100、1000)

生1:在个位上拨一个珠,表示1个一。

生2:在十位上拨一个拨,表示1个十。

师:100怎么拨呢?

生2:在百位上拨一个珠,就表示一个百。

师:1000怎么拨呢?

生2:在千位上拨一个珠就表示一千。

师:他说得怎么样呢?

生:很好。

师:来,我们看,我们刚才在表示这四个数的时候,都是拨几颗珠啊?

生:一颗珠。

师:这是不是说明这四个数一样大呢?

生:不是。

师:为什么都是拨一个珠,但是却不一样大呢?

生:因为它的单位不一样。

师:这位同学说单位不一样,哪一位同学能说得再清楚一些呢?

生:因为他们的数位不一样,在个位上表示1个一、在十位上表示1个十、在百位上表示一个百、在千位上表示1个千。

师:你说得真棒!如果想把1000拨在百位上怎么拨呢?

生:在百位上拨10个珠。

师:那我就可以说1000里面有几个百呀?

生:10个百。

师:那几个1000呢?

生:一个1000。

师:(教师多媒体展示数字1300)这个数字谁会拨呢?

生:在千位上拨一颗珠,在百位上拨三颗珠。

师:我们说1300里面有什么呢?

生:1个千和3个百。

师:我们可以把这1300看成多少个百呢?

生:13个百。

师:这是我们已经学习到的?

生:万以内的数。

师:又叫整百、整千的数。我们会用它来解决问题或者进行计算。那整百、整千的数相加、相减我们怎么解决呢?今天让我们一起来学习整百、整千数加减法。(老师板书、学生齐读,导入部分结束。)

分析发现,该案例中,教师行为占比为40.23%,其中占比较大的是教师提出开放性问题。学生行为占比为43.68%,高于弗兰德斯提出的20%的标准值,呈现较好的学生课堂语言行为趋势。结合具体案例来看,在教师的提问中,学生主动应答和被动应答相结合,在教师的引导下学生从回忆计数器的用法过渡到用计数器拨新课中要用到的数,层层递进,学生在教师的引导下信心倍增,积极参与到课堂当中,逐步加深对知识的深度理解。该案例呈现教师主导、学生主体的教学结构。

该案例中,沉寂的占比为 3.45%,远低于常模水平(11% 或 12%),其中无助于教学的混乱行为占比 1.15%,学生思考行为占比 2.30%,说明案例中师生的无效言语少,教学效率高。结合具体案例来看,无助于教学的混乱行为发生在导入开始前的介绍,可以忽略不计;思考行为发生在教师板书时,学生结合导入部分的内容思考接下来要学习的新内容。这样的思考有助于学生把前后知识连贯起来。

教师提出开放性问题在教师行为中的占比为 32.18%,结合具体视频来看,本案例虽为复习导入,但教师并没有局限于直接带着学生回顾以前的知识点,而是结合教材精心设计问题,从数字一逐渐提问到整百、整千数,帮助学生从以前学过的简单的知识点过渡到新课要学习的"整百、整千数加减法"。

教师鼓励表扬行为在教师行为中的占比为 6.9%,结合具体案例分析,该教师能够对紧张的同学及时表扬"你说得非常好,你真棒,请继续说下去",帮助学生缓解紧张情绪,给学生继续说下去的勇气;该教师能够利用集体表扬和集体的认可,使得回答问题的学生感受到集体的力量和温暖,课堂表现更加有自信;该教师能够对每一位回答问题的同学及时表扬,鼓励。学生得到教师的鼓励表扬,课堂参与更加积极,班级学习氛围热烈。

教师讲授行为在教师行为中的占比为 6.9%,结合具体案例分析,该案例为复习导入,教师通过讲授向学生传达信息:万以内的数字已经学完了,并引出学生以前用到的学具"计数器"。语言干净利落,不拖泥带水。不仅讲清了内容,而且勾起了学生的好奇心"为什么要用计数器呢?计数器和这节课有什么关系吗?"。该教师的讲授使学生主动地参与到数学学习中,积极地思考本节课的学习内容。

学生行为由主动应答和被动应答组成,并超过教师言语,说明在该导入部分,学生成为了课堂的主人。结合具体视频来看,学生回答问题的积极性很高,对于教师一开始的提问,如何用计数器拨数,学生被动应答较多。有的学生一开始可能想不起来知识点,但在教师的引导下,逐渐回忆起相关概念,对问题的答案充满信心,积极举手发言。而随着教学过程的不断推进,学生回答有了自己的独立思考和见解。在面对教师的问题"为什么都是拨一个珠,但是却不一样大呢?"时,有的同学就想到"数位不一样",并且能够举例佐证自己的观点。

(四) 游戏导入案例的特征

在北师大版数学二年级下册第六单元《角的初步认识》的内容教学中,教师以字谜游戏作为导入,和学生进行猜字谜互动游戏,而谜底就是角,猜谜游戏符合小学生的年龄特点,所以该环节小学生的课堂参与度很高,在猜字谜的过程中,学生逐步了解到本节课所学习的内容——角。引入"角"这个字后,教师紧接着呈现了第二个游戏—看图猜词,上一个游戏学生已经知道了本节课的学习内容——角,但是不知道"角"是什么?而这一部分则将"角"藏在学生学过的汉字中、学生认识的图形中,让学生去猜"角"、找"角",将"角"的形态展示给学生,加深学生对角的印象。

部分课堂实录如下:

师:孩子们喜欢玩游戏吗?

生:喜欢。

师:那我们今天来玩一个猜字谜的游戏。准备好了吗?

(大屏幕依次展现三个字谜)

师:旭日东升(打一个数)。

生:九。

师:说说看,你是怎么想的?

生:旭这个字去掉一个"日"就是九。

师:真是非常聪明,掌声送给他。

师:灭火(打一个数)。

生:一。

师:下面一个是甩掉尾巴争先进(打一个字)。你知道是什么吗?甩掉尾巴是用,争先进,那就是要崭露头角啦!

生:角。

师:你反应得真快!所以最后拼起来就是一个角字。

师:(大屏幕展现第二个游戏,看图猜词)孩子们,请看大屏幕!你能看图组出含角的词吗?我请哪一组来开火车呢?

生:(依次回答)牛角、眼角、嘴角、三角尺。

师:这是一本书,叫深度学习。(教师提示)

生:书角、五角星。

师:很好!孩子们,如果将这些物体的外形移下来的话,会得到一些平面图形。(大屏幕展现对应的平面图形)而下面这三个平面图形在我们的数学王国里有一个特殊的名字,那就是?

生:角。

师:那今天这节课我们就一起来研究数学王国里的角。

教师板书"角的初步认识",学生齐读课题。导入部分结束。

分析发现,案例中,教师行为占比为21.15%,学生行为占比为21.15%,教师操作多媒体行为占比为51.92%,即教师使用多媒体呈现教学内容是本节课的重要组成部分。结合具体视频来看,该教师并没有过多地依赖多媒体技术,而是利用多媒体作为课堂演示的工具。教师在演示时会适当地结合自己的讲解,恰当地告知学生课堂内容当中体现的数学方法、贯穿的数学思想。该教师以引导者的角色出现,利用多媒体技术来帮助学生更好地理解游戏内容,学生在教师的引导下,主动应答和被动应答相结合,积极地参与到课堂当中。该案例为教师主导、学生为主体的教学结构。

该案例中,沉寂占比为5.77%,均为学生思考行为,说明案例中未出现无效语言,课堂效率比较高。而且,分析视频后发现,学生思考行为发生在教师利用多媒体技术呈现游戏内容后的短暂片刻,是教师给予学生的合理的思考时间,这是有利于学生思考问题、整理思绪的。

案例教师提出开放性问题的占比为7.69%,该教师利用提问帮助学生经历"揭开谜底"的过程。学生在问题中经历解决数学问题的过程,体会到数学的魅力。教师鼓励表扬行为占比为9.62%,该教师重视表扬的及时性,并且运用了丰富的表扬用语来增强学生的学习信心,调动学生学习的积极性。如"真是非常聪明,掌声送给他""你反应真快"等。

教师操作媒体技术行为的占比为51.92%,说明在该导入环节,一半以上的时间是教师通过媒体技术来向学生呈现学习内容。结合具体视频来看,教师在用多媒体呈现"谜语"时,通过精美的动态图片将"谜语"以及"一步步揭示谜语的过程"生动形象地展现在学生面前,再配合教师及时的讲解和说明,学生很快就理解了这部分的意思。观察视频发现,案例中的小学生被多媒体呈现的丰富且直观的内容吸引,学生学习热情高涨、注意力集中、学习积极性高,视频中几乎每位同学都踊跃举手,希望得到发言的机会,课堂参与度高,课堂氛围热烈。

案例中学生行为由主动应答和被动应答两部分结合组成,被动应答是学生对谜底的猜测,结合视频发现,全班同学对教师在多媒体上展示的谜语充满好奇,每位同学都跃跃欲试,想要说出自己的答案,课堂氛围热烈;还有同学结合了自己的思考,对谜语过程进行分解,一步步推导出问题的答案。

二、课堂导入案例的比较分析

徐蕾采用课堂观察和访谈的方式分别对有十三年教学经验的A教师和有三年教学经验的B教师进行研究,比较两位小学数学教师的课堂导入存在哪些相似点和差异点,并进行了分析。[①]

(一) 教学课例概述

1. "用字母表示数"的课堂导入

(1) A教师的导入实录

师:这节课我们学习新课"用字母表示数"(板书课题)。首先来回忆一下,我们以前没有学习过用字母表示数,但是我们学过用字母表示单位,比如说——

生:可以表示长度单位,如km、m、cm等;

生:可以表示重量单位;

生:还可以表示面积单位。

---

① 徐蕾.小学数学课堂导入的比较研究——基于不同教师的课堂观察[D].济南:山东师范大学,2018.

师：归根结底，我们用字母来表示数，有什么用处呀？

生：写起来比较简便。

师：想一想我们用字母还表示过什么？

生：运算定律。比如，加法交换律可以表示为 a＋b＝b＋a，乘法分配律可以表示为 a·b＋a·c＝a·(b＋c)。

师：用字母还可以表示什么？提示一下，咱们前两天刚学习过什么图形来着？

生：字母还可以表示面积公式。

师：没错，像我们刚刚学习过的平行四边形和三角形的面积公式，是不是都可以用字母来表示呀。

师(小结)：刚才说了这么多，我们发现，用我们用字母可以表示单位、公式，那么用字母表示有什么好处呢？(生：简单，方便计算)今天咱们接着学习用字母表示数。

(2) B 教师的导入实录

师：同学们，你们今年几岁了？

生：10 岁。

师：那再过两年呢？

生：再过两年是 12 岁。

师：再过三年、四年、n 年呢？

生：过三年是 13 岁，过四年是 14 岁，过 n 年就是 10＋n 岁。

师：这里的 n 表示的是什么？

生：表示过去了几年。

师：能不能说得具体一点？

生：表示的是一个数。

师：这就是我们今天要重点学习的知识，用字母表示数。(板书课题)

2. "平行四边形的面积"的课堂导入

(1) A 教师的导入实录

师：(拿出一个长方形框架)大家认识这个图形吗？

生：长方形。

师：已知这个长方形长 20 厘米，宽 10 厘米，那么它的面积是多少？

生：200 平方厘米。

师：它的计算公式就是——长乘以宽。那你能在不破坏这个长方形框架的前提下改变它的形状吗？

生：捏住长方形的一组对角，向外拉，它的形状就变了。

师：(教师演示)拉动之后变成什么图形了？

生：变成平行四边形了。

师：变成平行四边形之后，你能猜出它的面积吗？

生：它的面积应该保持不变，还是200平方厘米。

生：我觉得它的面积比200平方厘米小了。

生：它的面积可能比200平方厘米大了。

师：现在同学们已经给出三种不同的猜测了，但是究竟哪位同学的猜测才是正确的呢？相信大家在学习完这节课的时候就知道正确答案了。（板书课题）

(2) B教师的导入实录

师：同学们，大屏幕上有一幅画，你们能不能从这幅画里找一找你们认识的图形？（学生回答长方形、正方形、平行四边形、三角形、梯形、菱形、圆形。）

师：（大屏幕呈现两个小朋友的对话）某小学有两个花坛，这两个花坛的形状不同，一个是长方形的，一个是平行四边形的，这两个花坛哪个大呢？

师：这两个花坛谁大谁小？

生：长方形大。

生：一样大。

师：看上去似乎差不多，但是我们都知道，只用眼睛来看，所得到的结果是很不准确的，那么有没有什么更准确的方法呢？

生：计算它们的面积再比较。

师：可是没有数据能求面积吗？

生：用方格纸。

师：借助方格纸你能很快地数出它们的面积吗？你是怎样数的？

生：长方形的面积和平行四边形的面积，都是24平方米。

师：长方形的好求吧，一起说公式。（学生答，教师板书）那右边这个平行四边形，你是怎么数的？我们再来观察这个平行四边形的各部分数据，你有什么发现？长方形的面积我们能够很轻松地得出，因为我们已经学过，右边这个平行四边形，你是怎么数的？我们再来观察这个平行四边形的底、高和面积，你发现了什么？

师（小结）：通过观察表格，大家推断，平行四边形与长方形的面积计算方法之间或许存在着某种关联。有的同学发现了长方形的长、宽与平行四边形的底、高之间有关系，而它们的面积相等。因此猜测平行四边形的面积＝底×高。那么究竟是不是这样的呢？接下来我们就一起探究一下吧。（板书课题）

3. "可能性"的课堂导入

(1) A教师的导入实录

师：（拿出一个纸盒）同学们，老师拿的这个盒子里有红色和蓝色的球一共有10个，老师告诉你们这两种颜色的球数量不相等,在不打开盒子的前提下,怎样才能知道哪个颜色的球数量多?

生:可以猜。

师:这样猜是一种办法,但是我们还是不能够确定你说得对不对,即使猜对了也只能说明你运气好。

生:老师,我还有一个办法,我们能不能用以前学习过的摸球的方法?我们每次摸出一个球看它的颜色,记录之后把球再放回盒中再摸,多试几次,出现次数多的颜色就说明这种颜色的球数量多。

师:大家听明白他的意思了吗?谁能再来解释解释他刚才说的?

生:他是根据球出现的次数来判断的,一种颜色的球出现次数多就证明这个颜色的球数量多。

师:你们认为这个办法行吗?

生:行!

师:接下来我们就做个实验。(大屏幕出示游戏规则)

生:我们一共摸了30次,红球出现了20次,蓝球只出现了10次,所以,我们组认为红球多。

生:我们组摸了20次,红球出现了17次,蓝球出现了3次,我们也认为红球多。

师:两个组都认为红球的数量多,要想知道我们的推断是不是正确的,我们需要——

生:把盒子打开看看。

(各组打开盒子,发现红球有9个,蓝球1个,学生们欢呼雀跃)

师:如果我把这几个球放回去再摸一次,会摸到什么球?

生:可能是红球,也可能是蓝球。

师:会不会一定是红球?

生:不会,因为盒子里不光有红色的球还有蓝色的球,因此摸出来的也有可能是蓝球。

生:盒子里红球多,蓝球少,自然红球的可能性大,蓝球的可能性小。但是可能性再小也有可能的啊,因此不一定全是红球。

师:说得真好!看来同学们经过刚才的游戏,已经对可能性有了新的认识。带着这些结论,咱们今天就一起来认识"可能性"。

(2)B教师的导入实录

师:同学们,我手上的这个盒子里有1个蓝色的球和9个红色的球,假设我从这个盒子里随便摸出1个球,可能是什么颜色的?

生:我认为有可能是红色的球,也有可能是蓝色的球。

师:是这样的吗?接下来我们做一个实验,大家分小组进行摸球,以前后六人为一小组,每摸一次就将结果记录一次,实验完成后互相交流。

师:谁愿意代表本组汇报一下小组交流的情况?

生:我们组六个人,每个人摸两次,蓝球出现了2次,红球出现了10次。

生:我们组每人摸一次,蓝球出现的次数是1次,红球出现的次数是5次。

师:红球出现的次数多,表示摸到谁的可能性大?

生齐答:红色球。

师:而出现蓝色球的次数比较少则表明摸出蓝色球的可能性怎样?

生齐答:小。

师:这个游戏告诉我们,虽然事件的发生是不能确定的,但是可能性是有大有小的。接下来咱们就来学习"可能性"!(板书课题)

4. "植树问题"的课堂导入

(1) A 教师的导入实录

师:(出示图片)学校操场边有9棵树排成一排,元旦快到了,学校想在每相邻的两棵树之间摆上了一盆鲜花,其中开始和末尾的树不摆花,这里总共需要摆几盆花?

(学生尝试解决,然后全班交流。)

学生:我通过画图发现,这里总共有9棵树,9棵树之间有8个"空",因此需要摆8盆鲜花。

师:这个"空",在数学上我们可以称为"间隔"(板书:间隔)。用画图的方法我们很快就得出间隔数是8,间隔数能确定了,鲜花的数量也就能确定了。

师:那么现在假设有一排100棵树,仍旧是这样的摆法,这次总共需要摆多少盆鲜花?(学生独立思考,然后全班交流。)

生:100棵树之间有99个间隔,因此需要摆99盆鲜花。

师:为什么是99个间隔?你是怎样得出的?

生:9棵数之间是8个间隔,100棵数之间就是99个。

师:这是一种合理的推想,有道理,还有别的方法吗?

生:如果从第一棵树看起,一棵树对应着一盆鲜花,一棵树对应着一盆鲜花,到了末尾这棵树,它后面已经没有了花,可以看出花的数量其实比树的棵数少了1,所以总共是放99盆鲜花。

师:听懂他的意思了吗?

生:听懂了。

师:虽然从10棵到100棵,树的棵数产生了变化,但是我们仍旧能够采取画图的方法去分析这个问题。(画图演示树与鲜花一一对应)因此,我们可以得出鲜花的数量比树的数量要少1,所以总共需要摆99盆鲜花。同学们觉得小孙同学的想法好吗?(生:好)其实小孙的做法体现了数学上的一种十分重要的数学思想:"一一对应"。(板书)通过画图的方法和结合"一一对应"思想,我们可以非常轻松地找到树与花的数量之间的关系了。今天,咱们就来研究研究植树问题。

(2) B 教师的导入实录

师:同学们,这节课我们要学习植树问题。在学习新课之前,老师想跟大家做个游戏。(课件出示游戏规则:请同学们在本子上画一个三角形和一个圆交替出现,可以先画三角形也可以先画圆,在规定的时间内完成。无论你画了多少,只要告诉我你画的以谁为开头,以谁为结尾,我就能知道你画的是三角多还是圆多,你信吗?)

生:开头是圆,结尾是三角形。

师:如果我没猜错的话,你画的圆与三角形一样多。

生:开头是圆,结尾也是圆。

师:你画的圆比三角形多一个。

师:接下来,我画你猜,看你能猜对吗。同学们想一下,我画一棵树,一块草坪,一棵树一块草坪,交替出现,最后以树为结尾,你猜一下,哪个会多?

生:树多,多一个。

师:我把树缩成一个点,草坪不好画我把它表示为一条线段,可以画为一个端点一个线段、一个端点一个线段……(课件呈现线段图)这个端点我们给它起名字就叫树,这个线段我们起个名字叫间隔,我们可以发现一个规律,你发现点数和间隔有什么关系?

生:树比间隔多一个。

师:在什么情况下有这样的规律?

生:两端都有树。

师:我们看一下第二种栽法,有一点不同,哪里不同?

生:树与间隔一样多。一端栽,一端不栽。

师:这位同学是不是观察得十分仔细呀?还有其他情况吗?

生:两端都不栽,间隔比树多,多一个。

师:很好。还有没有其他情况?

生:没有了。

师:我们总结了三种情况,一种是两端都有树,一种是一端有一端没有,还有一种是两端都没有,这三种情况我们就叫它——植树问题。(板书课题)

(二)两位教师课堂导入的相似点

1. 对于数学课堂导入的认识较为深刻

通过课堂观察和课后访谈发现,两位教师对于课堂导入的重要性都有着比较清晰的认识,并对于数学课堂导入都有着自己独到的见解,课堂教学中能根据不同的教学内容以及不同的教学目标选择不同的课堂导入方法。他们都认为导入环节对于吸引学生的注意力、激发学生的兴趣、调动学生的积极性等方面有重要的作用。他们在教学中会利用课堂导入环节来引出课题,并且希望通过导入环节的有效实施来激发学生的学习动机,调动学生学习的积极性,使整个课堂教学能够得到良性发展。

2. 对于学生参与课堂导入环节较为重视

研究发现,两位教师在课堂导入时大多采用的是师生共导的方式,也就是教师通过设计课堂导入环节,运用不同的方法如提问法、谈话法等,使学生在教师的引导下积极主动地参与到课堂导入的过程中去,这很好地体现了以学生为中心的教育理念。

3. 对于数学知识的讲解较为重视

两位教师在教学中都十分重视学生对数学知识的掌握,在课堂导入环节就比较紧密结合学科知识,能够通过运用合理的方式引出课题,使学生在课堂上的学习能够顺着教师预设的方向进行,并掌握必备的知识,达到基本的教学目标。课后反馈也表明,通过教师的教学,学生基本上都能够掌握必备的数学知识。

(三) 两位教师课堂导入的差异点

1. 数学概念教学的课堂导入应注重新旧知识的联结

数学概念对于学生来说比较陌生,学生理解起来比较困难,因此,教师在课堂导入的过程中要充分利用学生过去的知识经验,使学生在新旧知识之间建立起必要的联系,这样有利于学生对数学概念的理解和掌握。但是由于数学概念相对来说比较抽象,因此教师在对数学概念进行教学的过程中,也可以适当增加导入环节的趣味性,通过联系生活中的实际情境,从学生们耳熟能详的例子出发,这样更能够引起学生的共鸣,引起学生对问题进行积极的思考,从而使学生能够以较快的速度对数学概念形成初步的感知和理解。

A 教师在"用字母表示数"这节课中,是通过联系旧知的方式进行导入的,教师在设计这堂课的导入时,没有一开始就步入正题,而是先带领学生复习之前学过的用字母可以表示公式、单位和运算定律等,让学生初步感知用字母表示数不但非常简洁,还很便于计算,为接下来学生学会用字母表示数与数量关系打下了良好的基础。而 B 教师更倾向于通过找寻生活中的例子来与新知识产生关联,这样的导入能够使学生的学习与实际生活相联系,较好地激起了学生想要学习探究的欲望,调动了学生学习的积极性。但是,这容易导致学生对新概念的建立缺乏认知基础,也会使教师在后续教学中的难度加大。

2. 图形与几何的课堂导入可从具体物体的认识入手

图形与几何的内容较为抽象性,小学生往往难以认清其本质,课堂导入可以从具体物体入手,通过情境的创设,帮助学生形成抽象的几何知识。在"平行四边形的面积"这节课中,要设计教学让学生掌握平行四边形的面积公式及其由来,并学会运用,两位教师所采用的导入方式截然不同,其中 A 教师着重设置疑问,B 教师着重设置情境。深入分析两位教师对于本堂课的导入，我们可以发现，两位教师都注重借助实物或者一定的场景来让学生投入到数学中，进而思考和探索，但是在具体的操作过程方面，两者截然不同。A教师运用的导入方法是"致谬导入"，在长方形木框向平行四边形木框的转变过程中，让学生思考面积的变化规律。由于此时学生对平行四边形的面积还没有清晰的认识，因此在面对这个认知上的小误区时，大多数学生都顺利地进入了教师的"陷阱"之中。B教师在对这堂课进行导入时，运用了"情境导入"的方法，教师首先设置了一定的情境，让学生将注意力转移到比较长方形和平行四边形的面积上来，学生通过比较相对应的数值，初步猜测平行四边形的面积公式是底乘以高，有了猜测之后，教师就顺理成章地引导学生通过合作探究的方式来验证猜测的正确与否。教师运用这种导入方式对于训练学生"猜想——验证"的逻辑思维能力有一定的帮助，但是由于B教师在具体的教学过程中没有很好地把握学情，没有及时地了解到，有一部分学生已经在课下通过自学或者其他渠道初步了解了平行四边形的面积计算公式，因此在这样的情况下，教师在导入环节让学生猜想平行四边形的面积，对于一些学生来说已经失去了吸引力。

3. 概率与统计的课堂导入应注重知识本质的理解

概率统计课的导入，教师一般会选用比较灵活的方式，如游戏、活动探究等导入方法，赋予学生较大的自主权，使学生能够在游戏与活动过程中自主进行学习。在"可能性"这节课中，两位教师都运用了游戏导入的方法来让学生感受可能性的大小，但是对于游戏的具体设计以及教师对于学生的提问等方面，两位教师表现出了一定程度的差异。其中A教师设计的游戏环节是，先不告诉学生盒子里两种颜色球分别的数量，而是让学生思考"在不打开这个盒子的前提下，怎样知道哪种颜色的球多？"，针对这个问题，学生通过思考提出了一种可行性的建议：通过摸球，看哪种颜色的球被摸到的次数多，就说明哪种颜色的球多。随后学生通过实验探究得出了结论，对于影响可能性大小的因素也有了更加清晰理性的认识。A教师设计的问题有助于学生从逆向思维角度出发，对问题进行合情推理假设，有利于发展学生的合情推理能力。而B教师所设计的游戏是预先告诉学生盒子里两种颜色球的数量，再让学生猜哪种颜色的球被摸到的可能性大，学生不假思索便能给出正确答案，产生这样的结果说明，教师设计的这个游戏对于五年级的学生来说是没有挑战性的。后来教师又让学生通过动手操作的方法验证所得结论的正确与否，这个环节在学生都可以预知结果的前提下，意义也不大。由此可见，在B教师的这节课中，看似整个课堂活力四射，学生参与程度很高，但是不符合最近发展区理论，没有达到锻炼学生思维能力的目的。因此，对于概率与统计课程的导入，不能只注重趣味性，应引导学生认识现象背后的数学本质，注重导入与数学知识之间的联结。

4. 综合与实践的课堂导入应以探究性问题为导向

小学数学综合与实践的教学内容具有较强的综合性，大多具有生活情境，与社会生活联系密切，教学过程注重学生的活动和体验，可帮助学生积累活动经验。[①] 小学数学综合与实践课程的学习过程具有较强的探究性，教师往往会采用游戏导入或情境导入，在此过程中设置怎样的探究性问题，对后续的学习十分重要。在"植树问题"的导入中，A 教师采用情境导入，以"多少个间隔"为核心问题，重点突出运用树与间隔"一一对应"的关系来完成数学建模，从少到多，让学生通过直观图示直接看到树与间隔必须按照"一一对应"的方法来计算，使学生在一开始便对问题解决有了非常清晰的思路，在此基础上再做适当变化学生也能够轻松应对了。B 教师在本节课所采用的导入方式是游戏导入，她在本节课的教学设计中，重视对植树问题所包含的三种可能情况的总结，也就是两端都栽树，两端都不栽树，一端栽树一端不栽树，并且要求学生牢牢记住这三种可能情况分别对应的公式，以便在面对这类问题时可以不假思索地直接加以利用。但是，导入所承载的内容过多，教师在导入环节也没有对游戏的原理进行总结说明，导致学生容易混淆。而且教师后面的教学活动也与这个游戏的内容差异较大，导致学生只能机械应用，不能灵活应对此类题型出现的各种可能变式，这与教师的导入没有抓住核心问题有很大关系。

由此可见，课堂导入十分关键，而好的课堂导入，对教师的专业有较高的要求，教师需要具备较强的创新能力。有学者提出了高效数学课堂导入应注意的五个角度，可作为教师设计教学时思考的内容：①注重数学学习角度：从教学一开始就注重学生的情感体验，有意识地激发学生的数学学习兴趣；不仅重视从学生已有经验或数学知识出发，引导学生学习新知，还从导入环节就创设情境，引发学生主动学习动机。②基础知识与基本技能的角度：重视引导学生建立知识的联系，灵活运用所学知识；不仅重视知识的教学，也注重学生掌握双基与形成积极数学情感体验之间的协同发展。③教学信息反馈角度：在导入环节就重视数学学习中的交流质量，并保障所有学生和教师有同等交流的机会。④数学教学的教育性角度：不局限于数学知识的层面，而要注重数学思想方法的渗透。⑤创设问题情境角度：注重创设高质量问题情境引发学生思考，引领学生主动学习新知，即重视的是问题，而不是习题。[②]

第三节　小学数学课堂导入技能的提高

课堂导入技能的提高离不开教学实践，教师要在课堂教学中不断地尝试，为不同的内容设计不同的课堂导入，为不同的对象设置不同的课堂导入，同时也要结合自身的教学风格选择不同的导入方式。所有的方法都依赖实践，仅依靠从实践中归纳总结是不够的，还需要教师不断地学习、探究和反思。而在职前学习阶段，缺乏实践的环境，故学习、探究和反思就显得愈发重要。为此，准教师和新手教师可以从观摩课堂教学、深入解读教材、阅读教学研究文献和教学实践探索中提高自己的课堂导入技能。

[①] 黄友初. 小学数学综合与实践教学的内在逻辑与实施要点[J]. 数学教育学报，2022，31(05)：24-28.
[②] 王光明，王迎. 高效与低效数学课堂导入的案例比较[J]. 教学与管理，2011(01)：49-51.

一、观摩课堂教学

教师是一个终身学习的职业,教师在开展数学教学之余,应积极地学习优秀的教学案例,记录教研活动要点,对数学课堂教学进行反省与思考,不断地积累授课经验,提升专业素养,更加清晰地认知文本解读,进而达成对教学内容的有效整合,高效地实现小学数学教学目标。

在这个过程中,观摩优质课堂教学或专家型教师的课堂教学就是一个重要路径,往往可以从中获得有创造性的、有启发性的课堂导入。

例如,有教师在课堂观摩中发现,在《小数的意义性质与加减法复习课》内容的教学中,授课教师以"不准说0.3,但要让大家明白你是在说0.3,可以有多少种说法?依据是什么?"这个问题作为导入,有效调动了学生的挑战欲和学习积极性。这个导入看似简单,却牵一发而动全身,学生的回答也涉及小数的意义、小数的大小、小数的计数单位、小数加减法、小数与分数百分数的互化、循环小数、小数点的移动及对应大小变换等,涵盖了小数的相关知识。教学的授课教师有效地引领学生在自主交流和沟通中对小数相关知识进行查漏补缺;0.3表示3个0.1;0.3表示十分之三;0.3表示把单位"1"平均分成十份,取其中的三份;0.3表示整数3向左移动一位小数;0.3表示3÷10……。这时授课教师总结:尽管有多种说法,但确实都是同一个"0.3"!这位教师用一个简单的小问题就引出了学生如此之多的思考,最大程度地打开了学生的思绪,激发学生积极进行思考,这样的引入简洁有效、学生参与度高、知识复习全面,这节课就充分说明了最好的教育就是简单的、自然的、真实的、无痕的。类似这种类型的有创意导入、有效课堂导入的课堂教学有很多,随着信息技术的发展,获取高质量的教学视频也越来越容易,小学数学职前教师和新手教师可以积极主动地去观摩,从中获得有价值的感悟和启发。

观摩优秀教师的课堂教学对数学教师尤其是新手教师来说尤其有必要,一些教师在入职之初教学经验较为欠缺,课堂导入也较为机械。因此,需要积极主动地去观摩学习,在观摩中要做好记录,观摩后也要主动分析和思考,将其内化。当然,在观摩课堂教学时,除了导入技能的学习,也可以观摩和思考优秀教师是如何教学重难点的,是如何提问的,是如何处理课堂突发事件的,等等。数学学科有着自己独特的特点,不仅高度概括,还有着很强的逻辑性与抽象性,在小学数学教学过程中,虽然涉及的都是比较基础的数学知识,但是由于小学生的认知思维的发展程度还较低,无论是学习能力还是理解能力都还比较薄弱,需要进一步培养提高,因此,相对来说数学学习难度还是比较大的,需要小学数学教师把握好课堂教学的节奏,引导学生更好地开展数学学习,进而提高数学课堂教学的质量水平。[1]

二、深入解读教材

如果将数学学习比喻为建造一座高楼,那么数学教材一定是这座高楼的地基。小学数

---

[1] 陈美玉.如何把握小学数学的课堂教学节奏[J].文理导航(下旬).2021(01):36,42.

学教师课堂导入技能的提升必须要从充分解读教学知识点入手。解读教材不只是将知识点进行梳理,更重要的是领悟教材的内在逻辑,领会教材编写者的编写意图,寻找不同板块知识间的深层联系。

(一)宏观把握教材知识脉络

小学教材不同年级、不同学期、不同单元、不同课时的安排都有其用意,数学知识之间从来都不是割裂的,各个板块自成方圆又密切联系。因此,教师不管教授哪一个年级的数学课程,都应该对小学的数学教材进行详细地梳理,厘清知识学习的内在逻辑。既要做到能从一个单元的角度出发去分析每一节课的具体知识,也要做到能从不同课时的数学学习中找到知识、方法的共通之处。

例如:沪教版五年制教材中对几何图形的认识就是遵循从整体到局部的规则,先是在一年级上册的第四单元和第五单元分别学习了《物体的形状》和《分彩色图片》,帮助学生对几何图形以及物体形成初步的认识,并且能够通过观察对具有不同性质的几何图形进行初步的分类,这里并没有引入"几何图形"这个概念,而是以"图形片"这个名词代替,也可以看出编写意图并不在于让学生掌握清晰概念,而是形成初步认识。到了一年级下册的时候,开始分两课时学习几何图形中的线段;二年级上册开始学习角与直角,由此可见,在学生对几何图形有了初步的整体认识之后,就可以继续学习图形中的各个基本元素了,这些都体现了从整体到局部的逻辑顺序。至此,小学生对几何图形的整体认识以及基本元素认识已经初步建立完成,接下来理所当然要认识特殊的几何图形,在二年级上册的第五单元系统学习了长方形和正方形的初步认识,在二年级下册又学习了角和三角形的分类。三年级上册学习了轴对称图形,下册学习了正方形、长方形等特殊几何图形的面积计算,这里在特殊图形的基础之上进行进一步深入探究,同时面积的计算学习也实现了几何和算术部分的结合。四年级上册开始学习圆,以及相等的角,四年级下册开始学习平行、垂直等特殊的位置关系。五年级上册学习了三角形、梯形、平行四边形以及组合图形的面积;五年级下册学习了几何图形表面积变化等相关知识。从几何图形在整个小学阶段的知识分布可以看出,编写顺序完全符合小学生对新事物的了解规律,是一步一步积累的过程,学生要形成对几何图形的完整认识,就需要经历这样的阶段化的学习和经验的积累。教师只有做到从宏观上把控数学知识的脉络,才能设置恰当的课堂导入,以符合学生认知的逻辑进行教学,更有效地达成教学目标,课堂导入技能也自然会随之提高。

(二)微观突破教材细节知识

教师对教材的把控就像填词游戏,在整体的框架已经搭建完成的基础之上,优秀的数学教师总是能快速且准确地将每一个细节之处填满。对于数学教材上的内容,我们不仅要关注一节课的重点知识,也要仔细研究教材的每一个细节,教材编写时,每一个导语、例题、提示语、练习、课后习题以及思考的设置都是经过反复斟酌的,因此教师在解读教材时也应该多花时间去琢磨每节课细节之处的用意。

例如沪教版五年级下册第四单元《表面积的变化》一节,教材先是通过两个正方体拼接,引导学生找出拼接前后表面积发生的变化,紧接着又显示及描述出三个、四个、五个,乃至无数多个正方体拼接在一起前后总面积的变化,带领学生寻找拼成后的长方体少了原来几个面的面积,原来的正方体表面积之和是多少,拼成之后的表面积之和是多少。对于教师而言,这三个问题都是非常好解决的,但是对于学生而言,怎么理解"原来的正方体表面积之和"却值得进一步研究,这个问题看似简单,但是在实际数学教学中总是有学生弄不懂,所以教师在进行备课的时候就应该关注到这个细节,在开展相关活动和上课时,应该及时向学生解释清楚:原来的正方体的表面积之和,是指用来拼接成长方体的每一个小正方体在分开放置的时候表面积的总和。

教师不仅要解读教学所使用的版本教材,还要分析不同版本教材中该教学内容的导入,通过比较获得有益的启发。有时候采用本教材所给出的导入,学生会缺乏新鲜感,而其他版本教材的导入对学生来说不仅较为新鲜,而且可能更符合教学内容的学习逻辑。教师可以通过对教材的细致解读,选择最符合教学的导入。小学生的理解能力普遍还有待进一步完善,教师更要注重教学细节的把握,课前准备要深入研读教材、深入思考,做好备课工作,同时也要完善课中和课后的问题,让学生能够更好更直接地理解课堂学习的知识,只有更好地把握教材以及教学之中的细节,才能有效提高教学质量。在实践和学习中不断积累,不断探索,教师的课堂导入技能也会获得更为快速的发展。

(三)灵活整合教材知识

无论是教学所使用版本的教材,还是其他版本的小学数学教材,如果都没有符合学生学习的课堂导入,教师就需要对教学内容进行整合,以使从导入到教学过程都更适合学生的学习。因此,教师需要根据教学实际需要对教材知识进行灵活地整合。如果教师将教材知识直接按部就班地传授给学生,缺乏适切性的整合和改造,那么教师的工作迟早有一天会被人工智能取代。无论是课堂导入技能的发展,还是教师专业水平的提升,都需要教师深入解读教材、灵活整合教材。

但在实际的小学数学教材文本解读中,部分教师在这一点上存在欠缺,这可能会使小学数学教学的效率与质量受限,学生的数学学习综合水平得不到良好的发展,教师的课堂导入技能也难以有效提高。小学数学教学应该是整体的而非碎片化的,对于实际教学来说,将不同模块的数学知识进行整合,从整体的角度出发探寻知识前后的逻辑关系,采用长线情境的全景式教学会有更好的教学效果。长线情境是指以整册数学教材知识为基本单元,在遵循数学知识逻辑的基础之上,模拟知识产生或应用的过程,在较长的时间跨度里把不同领域的数学知识整合起来。[①] 如果在模拟教学或者教学实践中，教师能根据小学生的具体学情，对教材知识进行深入解读，再有针对性地整合，这对于丰富教师的教学知识、发展教学能力和加深对小学数学教育的理解都是非常有益的，教师的课堂导入技能也将得到有效发展。

三、阅读教学研究文献，准确认识儿童

教学研究文献是教育研究者对教育教学经验总结的结晶，具有重要的参考价值。教师阅读教学研究文献，可以更准确地认识儿童，丰富知识面。

（一）充分考虑小学生心理发展规律

在现阶段小学数学教学过程中，教师们在课堂导入环节中所采用的教学内容应当关注学生们的情感体验。在设计课堂导入环节时，应当选取既贴近学生实际生活又能够吸引他们学习兴趣的教学内容，应当考虑到学生们的感受。在此过程中，可以采用一些游戏进行教学，为学生们建立合适的教学情境，以便更好地吸引他们投入学习。总之，教师们在设计课堂导入环节教学内容时，应当充分考虑学生们的情感体验，了解学生们生活的环境，观察学生们喜欢的事物，有针对性地开展教学。而要更好地认识学生，除了教学实践的摸索，更多要借助于教研文献，从他人的研究文献中获得启示，积累必要的经验，这可以大大缩短教师自身的摸索时间，从而获得更快的成长。

教学要讲究因材施教，而因材施教的基础就是对学生有较深层次的了解，这样才能更有针对性地来进行课堂导入。很多学科的知识学习靠的都是记忆积累，但数学却不仅如此，如果学生没有听懂前面的一节课，那么后面教师所讲的内容会更加听不懂，学习数学需要很强的逻辑思维，所以教师要更加用心地去了解学生，在课堂导入的环节也要做到因材施教，从学生的兴趣爱好、学习情况等方面出发，设计出最为恰当的课堂导入。这样一来也可以更加迅速有效地提升数学教师的课堂导入技能。

（二）把握小学生数学敏感期

孩子的数学敏感期在一岁左右就已经开始，这个时候他们对数字表现出了一定的兴趣，而且有着浓厚的探求欲。父母一定要及时关注孩子的数学敏感期，针对他们所处的不同年龄段，对孩子进行不同的教育，让孩子尽早具有数学意识。儿童数学敏感期从1岁一直持续到6岁，可以说一直存续到他们上学之前。1—2岁是儿童掌握初级数概念的关键期；2—4岁是儿童计数能力发展的关键期；4—5岁是数字和物体数量间建立联系的阶段；5—6岁是儿童掌握数学概念、进行抽象运算以及综合数学能力开始形成的关键期。因此小学数学教育要充分把握学生的数学敏感期，以求教学效果的最大化。

例如小学一二年级是培养并强化数感的关键时期，数感是指对数字的直觉，包含理解数

[①] 张宏伟.全景式数学教育对"迁移"的全景解读[J].小学教学参考.2020(17)：14—17.

字含义、数与量的对应、数字之间的大小关系等。学生可能在三四岁的时候就已经学会数数了,但是他可能并不知道自己数的数是什么意思,导致后续上小学后在学习进退位加减法等时十分痛苦,因为他只知道数字却并不知道数字代表什么,如何进行进一步的计算。但是如果学生的数感意识得到了充分的建立,就可以在小学数学学习中熟练地解决问题。还有最常见的找规律,低年级是简单的找规律,如:"1,3,5,7"等,随着年级的提高,会加大难度,出现"1×2+1,2×2+1,3×2+1"等,这些规律题就是在间接地培养学生的推理能力,初中所学的演绎推理与合情推理就是以此为基础,通过所给的已知条件,推理计算出未知的结果。

四、教学实践探索

教学技能的提高需要以教学实践为依托,教师课堂导入技能的发展需要不断地开展教学实践来实现。这种实践需要以精细的准备为基础,准备得越细致,实践后的收获也会越多,成长也越快。为此,职前教师要重视学校中开设的微格教学训练,在模拟教学环节中锻炼自身的语言表达能力,实施具有创造性的课堂导入,并与同学、教师相互交流,从中总结自身的得与失。而新手教师拥有实践教学的环境,更是需要在实践中摸索适合内容、学生和自我的课堂导入。新手教师一方面要认识到课堂导入在小学数学教学中的重要性,另一方面也要在教学实践前做好精细准备,如挖掘教材、阅读教研文献、设计教学流程,这种流程最好源自教材,但又有所超越。

很多教师的课堂导入都会完全依照教材的内容和顺序,这种方式虽然是正确的,但对学生来说终归少了一些新鲜感,也自然缺乏了些吸引力。教师的课堂教学应该要吃透教材,找到适合学生的教学内容和教学方式,这其中有创意的课堂导入是关键。这种导入有别于教材的导入,但又不会偏离本节课教材所传递的知识本质。这样会让有预习习惯的小学生感到有新意,能饶有兴趣地听下去。而如何把握这个度,如何选择合适的内容和方式,则需要教师不断探索,只有勤于思考、善于钻研,教师的课堂导入技能和专业水平才能得到较好的发展。

思考与练习

1. 小学数学课堂导入的常见类型有哪些?
2. 小学数学教师课堂导入技能的提高路径有哪些?

第五章
小学数学概念课教学技能的认识与提高

概念学习是数学学习的基础,也是小学数学教学的重点。[①] 数学概念课则是众多课型的基础,是实现学生掌握概念内容和本质,学会应用概念解决实际问题,发展思维能力和数学素养的重要课型。[②] 小学数学教师应强化对小学数学概念课的认识,提升小学数学概念课教学技能,重视小学数学概念课教学。本章将对小学数学概念的主要特征进行阐述,然后结合具体的案例对如何设计并实施小学数学概念课进行探讨,最后针对如何提高小学数学概念课的教学技能提出若干建议。

第一节 小学数学概念课的认识

概念是数学知识的基础,厘清数学概念的内涵与外延、分类、作用等,可以更好把握小学数学概念课的教学设计与实施。

一、小学数学概念的内涵与外延

数学是研究数量关系和空间形式的科学。数学概念是人类对现实世界空间形式和数量关系的概括反映,是数学知识的基本组成单位,在思维形式上都反映了数学研究对象的本质属性和特征。具体来说,其一,数学概念反映的是一类对象的本质属性,即该类对象内在的、固有的、区别于其他对象的属性,而不是那些非本质的属性。其二,数学概念反映的是一类对象的共同特征,而不是个别事物的属性。例如,"三角形"这一概念,指的是各种形状、大小的三角形的总和,而不是指等腰三角形等具有特定形状、大小的三角形。[③]

数学概念一般包括概念的名称、属性、定义、例子四个方面,表述形式一般可以归纳为"……叫做……",其中"叫做"之前的内容主要是"概念的本质属性","叫做"之后的内容主要是"概念的名称",整句话的内容即为概念的定义。例如,"两组对边分别平行的四边形叫做平行四边形"是对平行四边形这一概念的定义,"两组对边分别平行""四边形"是平行四边形

[①] 郭立军,刘凤伟,李美娟.小学数学概念的学习进阶:以小数概念为例[J].课程·教材·教法,2021,41(10):79—85.
[②] 田晴.小学数学概念课教学目标设计评价指标体系构建研究[D].天津:天津师范大学,2021.
[③] 齐建华,王红蔚.数学教育学[M].郑州:郑州大学出版社,2006:74.

这一概念的本质属性,"平行四边形"则是这一概念的名称。符合这一概念定义特征的具体图形均是"平行四边形"的例子,称为正例;否则称为反例。这一概念本身即平行四边形概念的内涵,而所有的平行四边形,包括长方形、菱形、正方形,则是平行四边形概念的外延。

数学概念的学习即通过概括现实对象共同的数学本质属性,进而理解概念内涵,把握概念外延的过程。在学生的头脑中首先形成概念表象,并不断深化直至构建出清晰的概念图式。概念图式是由一些反映概念属性的观念组成,图式中观念的多少、准确与否、深刻程度如何是反映概念理解水平的重要因素。

其中,分类是一种明确概念外延的方法,通过对数学概念进行分类,能够加深对概念本身的认识。在数学概念的学习过程中,分类活动占有重要的地位,分类是概念理解和获得的基础。实际上,概念的定义本身就是一个分类规则,人们可以通过对概念的研究来确定概念内部之间的关系,以及和其他概念之间的区别。例如,邵光华、章建跃等人基于数学概念的两个来源:一是对客观世界中的数量关系和空间形式的直接抽象;二是在已有数学理论上的逻辑建构,相应地将数学概念分为两类:一类是对现实对象或关系直接抽象而成的概念,与现实较为贴近,例如,三角形、四边形、角、平行、垂直等;另一类是纯数学抽象物,是抽象思维的产物,是一种数学逻辑构造,没有客观实在与之对应,但对数学理论的建构和发展非常重要,例如,方程、函数等。[①]

当然,教师要清楚,这些分类大多是人为规定的,一些概念名称的形成与历史传统有关。教师在教学中要让学生学会概念的本质,而不必在无关紧要的细节上花费太多精力,要注重实质、淡化形式。例如,在教学中让学生判断余数是否包括 0、$x=1$ 是不是方程,这些都不是概念学习的重点,因为是和不是都可以,关键看怎么规定。教师在教学中只要让学生理解余数的具体含义是什么、方程有怎样的特征即可。

二、小学数学概念教学的常用策略

在小学数学概念的教学过程中,学生最容易出现认知冲突、错误概念和概念转变这三个认知障碍相关的问题。[②] 为解决相关的问题,可基于脚手架理论、变式理论、联结理论等实施小学数学概念教学。

(一) 基于脚手架理论的小学数学概念教学

"脚手架"一词是由布鲁纳等人于 1976 年提出的,脚手架理论是依据维果斯基的"最近发展区"提出的教学理论。基于脚手架理论进行教学,主要是指在教学过程中通过搭建脚手架的方式来降低教学任务的难度以实施教学。这也指明教学任务是有高低层级的,教学过程中的任务应该由低到高依次完成。由于数学概念具有较强的抽象性,在教学中搭建若干脚

[①] 邵光华,章建跃.数学概念的分类、特征及其教学探讨[J].课程•教材•教法,2009,29(07):47—51.
[②] 鲍建生,周超.数学学习的心理基础与过程[M].上海:上海教育出版社,2009:125.

手架是十分必要的。其中,脚手架的主要层级可以包括如下四步。

第一步:动手操作。

组织学生看一看、摸一摸、画一画、试一试等,这个过程在小学低年级阶段尤其重要,在高年级阶段根据需要安排,可以考虑省略。

第二步:观察归纳。

向学生呈现不同的例子,让学生通过观察归纳共性的数学特征,教师适时地板书记录下来。

第三步:比较深化。

通过列举反例,深化学生对概念的认识,使其最终能准确概括,并用数学符号和语言对数学概念进行表征。

第四步:练习巩固。

通过练习的训练,学生能更深入地认识概念,把握不同表征下概念的内涵和外延;练习的难度也需要有一定的梯度,应由易到难逐步增加。

脚手架的建立与具体的教学对象有关,教师应该根据学生的认知基础和课堂表现有针对性地设置和调整脚手架的形式和难度。如果学生能在教师的引导下自己归纳出来,教师就不用代劳,要尽量让学生体验思考的过程,经历思维体操后获得的经验会更持久,也更能有效内化,课堂教学应以促进学生的核心素养发展为中心。

(二) 基于变式理论的小学数学概念教学

变式教学是我国传统数学教学方式,也是我国数学教学的一大特色,主要是指在教学中用不同形式的直观材料或事例阐明事物的本质属性,从而对一事物形成科学概念。[①] 它是在教学中使学生确切掌握概念的重要手段之一。在数学变式教学过程中,为了利用概念的非本质特征的变式来凸显概念本质特征,可以通过改变一些能混淆概念外延的属性,或改变概念外延,来获得对所学概念本质的多角度理解。例如,用直观或具体变式引入学习方程概念,用非标准其他形式突显方程概念的本质属性,用"举反例"纠正方程概念的不正确理解。[②] 数学概念教学的变式主要分为通过直观或直观的变式引入概念、通过非标准变式突出概念的本质属性、通过非概念变式明确概念的外延三种。[③]

1. 通过直观或直观的变式引入概念

数学概念的一个基本特征是抽象性,但是许多数学概念又直接来自具体的感性经验,因此,概念引入教学的关键是建立感性经验与抽象概念之间的联系。例如,通过对课桌面、黑板面等的观察,引出平面的初步概念。这也相当于脚手架理论的前两个步骤。此外,许多数

---

① 顾明远.教育大辞典(简编本)[M].上海:上海教育出版社,1999.
② 李静.哲学视野下小学数学多元表征变式教学构建及其实证研究[J].数学教育学报,2016,25(05):45—48,91.
③ 鲍建生,黄荣金,易凌峰,等.变式教学研究(续)[J].数学教学,2003(02):6—10,23.

学概念都是逐次抽象的结果,因此,数学概念的具体与抽象都是相对的。例如,可以用下面的概念变式"$2x=1, 4x-3=5, x^2-1=0, 3x+4y=12, x^2+y^2=1$"说明"方程"概念的本质属性:含有未知数的等式,它具有两个特点:①用符号表示未知数;②建立等价数量关系式。

2. 通过非标准变式突出概念的本质属性

和一般科学概念一样,数学概念是一种外延性概念,也就是说,每个概念都有一个明晰的边界,掌握概念意味着能够通过内涵去确定一个具体的对象是否在这个边界内。因此,教学的一种有效途径就是将概念的外延作为变异空间,将其所包含的对象作为变式,通过类比不同变式的共同属性而突出概念的本质属性。

在概念的对象集合中,尽管从逻辑的角度看,每个对象都是等价的,但是实际上,这些对象在学生的概念理解系统中的地位并不相同。特别地,其中一些对象由于拥有"标准的"形式,或者是受到感性经验的影响,或者是在引入概念时的"先入为主"等而成为所谓的标准变式。例如,图 5-1 中所示的是有关垂直、平行四边形的标准与非标准图形变式。

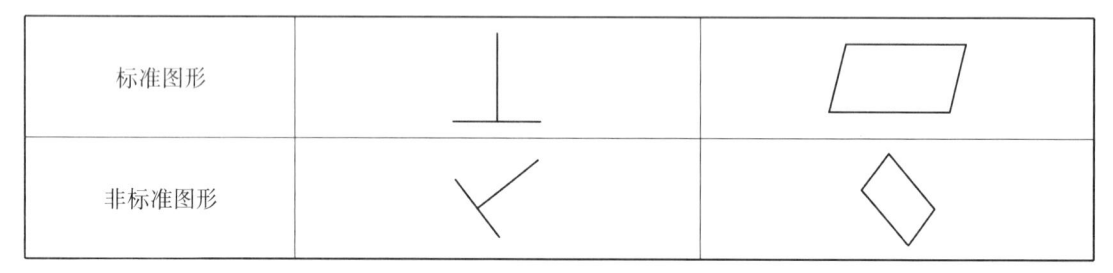

标准图形		
非标准图形		

图 5-1　垂直和平行四边形概念的标准与非标准图形变式

其中,标准变式虽然有利于学生对概念的准确把握,但也容易限制学生的思维,从而人为地缩小概念的外延。解决这个问题的方法之一就是充分利用非标准式,通过变换概念的非本质属性,突出其非本质属性。

3. 通过非概念变式明确概念的外延

概念的内涵与外延是对立统一的,内涵明确则外延清晰,反之亦然。因此,概念的教学除了要在内涵上下功夫外,还应该使学生对概念所包含的对象有一个清晰的认知。

数学概念通常都不是孤立的,而是存在于一个由多种概念组成的概念体系之中。教师可以利用所谓的"非概念变式"来帮助学生直观地理解概念的本质属性。非概念变式的形式多样,其中常用的也有"反例变式"。需要指出的是,非概念变式一般有两个来源:一是来自概念之间的逻辑关系,二是基于学生的常见错误。教师运用"非概念变式"进行教学,一方面可以帮助学生建立相关概念之间的联系,另一方面可以预防或澄清学生在概念理解时可能出现的混淆,从而确切地把握概念变式的本质特征。

(三) 基于联结理论的小学数学概念教学

数学概念的深入理解还需要学生将所学数学概念与已知概念建立有效的联结,而概念图就是常见的教学工具,基于概念图的小学数学教学环节如下。

1. 选择概念图

这是指教师选择所要建构概念的概念图,每一个概念都可以由不同细致程度的逻辑构建形成概念图,教师要根据具体教学内容和学生认知水平选择目标概念图。

2. 归类与排序

这是要求学生根据每个概念所包含属性的从属关系或概括性,将属性相似或相同者归为一类,这样至少分为了两类(属于和不属于)。然后对每一类中的概念按照从属关系或阶层关系进行排序。

3. 联结及标记

要求学生用不同类型线段对概念之间的联系进行联结,并能说明各种联结的类型是什么。

4. 交叉联结

在不同概念群中找出相关联的地方,也用不同类型的线段联结,并能说明联结的理由。这种交叉联结可以激励学生发挥想象力、创造力和应变力。

5. 举例

针对概念图的最低端概念,也就是最特殊化、具体化的概念,要求学生能在融会贯通的基础上举出例子,这可避免学生对概念进行机械记忆。

在数学概念的教学中,应注重实质、淡化形式。一些数学概念本身就是人为定义的,不需要对此进行逐字逐句的分析,应该注重概念所体现的本质内涵。例如,0 是不是 12 的余数,$x=1$ 是不是方程,深究这些意义都不大,让学生理解余数是什么意思、方程的意义是什么更重要。当然,在数学概念的教学中,适当的记忆是必要的,但是更关键的是要帮助学生理解,在记忆中理解,在理解中记忆,然后在不断运用中深化理解,形成稳定的认知结构。

第二节 小学数学概念课的设计与实践

数学概念课是指以讲授数学概念为主的课,其核心主要是要通过教学让学生把握概念的内涵,理解概念所反映的对象的本质属性。这一课型有助于学生对知识进行泛化,从而拓宽学生对数学对象的认识。[1] 概念理解则是小学数学概念课教学的重要目标,为此,需要在教学设计阶段做好精心准备,在教学实施环节有效落实。

---

[1] 吴立宝.中学数学教学设计[M].北京:清华大学出版社,2021:94.

一、小学数学概念课的设计要领

数学教学设计是以数学学科的教育理论为基础，运用系统方法分析教学目标、方案等，并对方案进行评价、修改的过程。[①] 有效的教学设计是有效教学的重要保证。教师应在准确分析数学概念特征以及学情的基础上，确定合理的教学目标，并围绕教学目标，选择恰当的教学方法，设定合理的教学过程。

（一）小学数学概念教学的目标设定

教学目标是教学设计的关键环节。只有设定了明确的教学目标，后续的内容选择和过程组织才会更有针对性。小学数学概念教学目标的设定，需要教师深入分析概念的学科本质，然后从知识角度将其分为若干层级的目标，接着确定概念教学的能力目标，最后确定概念教学的情感性目标。其中，数学知识的学习可以对学生数学思想方法的发展产生影响，学习过程可以对学生的人格品质方面产生影响，教学的组织可以对学生的数学好奇心、求知欲等数学情感以及独立思考、探究质疑、合作交流等学习习惯产生影响。例如，关于"周长"这一概念的教学目标的设定，可基于《义务教育数学课程标准（2022年版）》的内容要求"结合实例认识周长"，设定知识、能力、情感等方面的教学目标。

（二）小学数学概念教学方法的选择

在小学数学概念的教学中，教师需要厘清数学概念与学生生活经验、已有数学概念之间的关系，然后确定采用何种方式构建数学概念。一般来说，主要包括从学生的直接经验形成数学概念，从学生的已有数学概念中形成新的数学概念，或者直接给出数学概念，再让学生逐步理解。教师采用的构建概念的方式不同，课堂导入的选择也会有所差异。职前教师或新手教师等可以通过不断的尝试，找到适合自身风格和内容的课堂导入方式，并熟练掌握其要点。

（三）小学数学概念教学过程的设计

依据教学目标设计教学过程，是教学设计的核心部分，会对具体的教学实施产生重要影响。在小学数学概念的教学中，是否有一个成功的引入会对后续课堂的实施效果产生一定的影响。引出数学概念之后还需要对其进行强化。教师要设计讲解、练习等若干环节，让学生更深入地掌握概念的内涵和外延。在这一过程中需要做好以下几个方面的工作。

首先，教师要明确各环节的目标。教学设计的目的是要超越经验，让课堂教学的实施更具有科学性和合理性。因此，教师对教学过程要有整体性构思，要明确教学目标需要分为哪几个环节、每个环节的目的是什么。这种情况下，教学的过程会有清晰的层次，每个局部的目标十分明确，而且各个局部之间有着密切的联系，是逐步深入的。这种清晰的教学思路对

---

① 吴立宝.中学数学教学设计[M].北京:清华大学出版社,2021:4.

学生的概念理解十分重要。

其次,练习题目的选取要具有针对性。不同类型、不同难度、不同复杂程度的数学题目有很多,教师选择或编制数学题目时不能盲目,要有明确的目的,要针对具体环节和层次目标确定题目,重在帮助学生理解并掌握数学概念。如果已经有题目可以起到相同作用,就不必再重复选取类似的题目。

最后,要善于运用类比和反例帮助学生理解数学概念。数学概念内涵和外延的理解离不开比较,教师在教学设计时,可以考虑在适当内容处,通过类比和反例等帮助学生厘清概念的内涵和外延,从而掌握概念的本质特征。例如,在教学"平行"这一概念时,可通过线段延长后可能相交的反例让学生理解平行是针对直线而言的。

当然,课堂教学一般需要设置小结环节,以让学生对本节课的主要内容和重点内容有更深刻的记忆。数学概念教学的小结并没有统一的形式,主要针对概念的关键词、表达式、易错点进行强调。如果有时间,教师可通过提问,让学生用自己的语言来总结,但要避免流于形式的总结提问。此外,课堂小结往往与板书相结合,这就要求教师在教学过程中注意板书的设计,明确哪里是一直保留的,哪里是可擦的,保留什么内容,什么时候书写等,这些都需要在教学设计阶段规划好。

二、小学数学概念课的教学要点

小学数学概念课与其他类型的课的教学有诸多共性,同时也有其独特性,例如,概念形成与概念同化是概念学习和获得的两种重要方式,这需要教师在教学过程中引起注意,并设计相应的教学。

(一)数学概念形成的教学

概念形成是利用概念所反映的不同事例,让学生去发现概念的本质属性,继而形成新概念的一种方式。概念形成过程的实质是"抽象出某一类对象或事物的共同本质特征的过程"。[①] 曹才翰与章建跃等人提出了概念形成过程包含的七个要素:①辨别:刺激模式;②分化:各种属性;③类化:共同属性;④抽象:本质属性;⑤检验:确认;⑥概括:形成概念;⑦形式:用符号表示。数学概念形成的教学往往以学生的直接经验为基础,通过对具体事物的分析,用归纳的方法抽象概括出数与形的本质属性,最终形成数学概念。概念形成这一教学方式常常适合于"原始概念"的学习,即当要讲授的新概念是"对现实对象或关系直接抽象而成的概念"时,常常可以采用概念形成的教学方式,这一教学方式与布鲁纳提出的"发现学习"较为契合,是一种"探索发现"的方式。采取概念形成这一方式的数学概念课的教学过程可以归纳为以下步骤:第一,创设情境,引入数学概念;第二,比较分析不同事例,概括共同特

---

① 曹才翰,章建跃.数学教育心理学(第3版)[M].北京:北京师范大学出版社,2017:112.

征;第三,抽象出概念的本质特征;第四,形成数学概念,并将其符号化;第五,剖析概念的内涵与外延;第六,应用概念,建立概念体系。

此外,教师在引入数学概念时,实例的恰当选择是非常重要的,选择时应该注意以下几点:

① 针对性。应围绕数学概念的本质属性选择实例,要淡化这些实例中的非本质属性,以免干扰数学概念的形成。

② 可比性。既要设计所形成的数学概念的正例,又要设计不符合这一概念的反例。在概念引入阶段,正例和反例应当容易识别,能明显区分它们的某些不同属性。

③ 适量性。实例要有一定的数量,数量太少不足以形成概念,数量太多会浪费学习时间,并使学生感到乏味。

④ 趣味性。实例要尽可能生动、有趣,语言要简练,以激发学生的学习兴趣。还可借助实物模型、图片、视频、多媒体课件等多种形式引入概念。

⑤ 参与性。组织学生对所列的实例进行比较、分类,并进一步展开讨论,找出它们的本质属性。[①]

从某种角度上说,无论是概念形成还是概念同化,都是学生形成概念的过程。

例如,人教版四年级上册《平行四边形的认识》中的例1:我们认识过平行四边形,你能说出在哪些地方见过平行四边形吗?在学生表达的基础上,教材给出了三种实物,然后从实物抽象出几何图形。进一步建议用两把三角尺研究一下,平行四边形的边有什么特点?学生会发现对边互相平行,对边也相等。在教学过程中,虽然强调研究边,但是可能仍然会有同学发现或者给出"对角相等"的结论。在这些结论的基础上给平行四边形下定义,可能会出现"对边互相平行的四边形是平行四边形""对边相等的四边形是平行四边形""对角相等的四边形是平行四边形"等多组定义,这些定义对于平行四边形来说都是充分必要的。如何将这些定义与教材给出的描述呼应起来?可能只要问"这个图形叫什么?""用发现的哪个结论大家都能接受呢?"很自然地得到"两组对边分别互相平行的四边形叫做平行四边形",教材中把定义权还给了学生。[②]

(二) 数学概念同化的教学

概念同化是由学生自发地将自我认知结构中原有的相关概念与新概念进行联系和作用,在领悟其含义后获得新概念的一种方式。这一教学方式与奥苏伯尔提出的"有意义接受学习理论"较为契合,是一种"接受学习"的方式。曹才翰与章建跃等人提出了概念同化过程包含的五个阶段:①揭示概念的关键属性,给出概念的名称、定义和符号;②对概念进行特殊的分类,突出概念的本质特征;③将新概念和原有认知结构中的相关概念建立联系,初步同

---

① 叶雪梅.数学微格教学[M].厦门:厦门大学出版社,2008:72.
② 曹培英.小学数学《图形与几何》教学研究.《小学数学教与学》公众号.

化新概念;④通过辨认正反例将新概念和原有认知结构中的相关概念分化;⑤把新概念纳入到相应的概念体系中,使相关概念融合,组成一个整体。[①] 这五个阶段也是采取概念同化这一方式进行数学概念课教学的步骤。概念同化的教学往往以学生的间接经验为基础,教师直接陈述数学概念的本质,学生在新旧概念的区分中理解新概念。在概念同化这一方式下,学生不必花费很多时间用于学习并形成数学概念,只需完成大量的练习就可以获得对概念的完整认识。这与概念形成后通过练习和运用来强化概念的本质是一致的,因此也可以称为概念强化。

例如,在学生学习了"长方形"这一概念之后,应如何给出"正方形"的概念,教师常用的方式是长和宽相等的长方形叫做正方形。这是将正方形这个新概念和已有的长方形知识建立联系和区别后推出的。这一概念引出就是采用同化的方式,并且把正方形这一新概念纳入到了长方形这一概念体系中,是给出一个新概念,然后不断强化的结果。

(三)两种方式的结合

在数学概念的学习过程中,由于数学概念本身的高度抽象性,只用概念同化的方式学习难以把握概念背后的丰富内容,也难以理解概念的关键属性;而若只采用概念形成的教学方式,在教学时间方面就会遇到很多困难,也不符合教学的经济学原则。因此,在数学概念教学过程中,概念形成和概念同化这两种方式不能孤立地使用,而应把两种方式结合起来使用。

数学概念形成教学和数学概念同化教学这两种方式不是相互独立的,在使用过程中会因人、因课的不同而有所不同,也可以相互结合。

学生通过观察、比较,初步概括新概念的本质属性,概括的水平越高,归纳过程中对具体对象共性特征的提炼也就越准确。概念形成后,学生还需要通过练习和比较,并在教师讲解和分析的基础上,不断强化概念的理解,这也可以认为是概念的强化。因此,小学生的数学概念教学包括了概念形成和强化两个阶段。如果教师直接告诉学生这个数学概念是什么,有怎样的特征,然后通过练习让学生判断哪些属于这个概念,哪些不属于。这种概念教学的方式没有经历形成阶段,直接进入了强化阶段,虽然说学生也能记住,并正确运用,但是没有经历归纳的探索过程,属于演绎的接纳与运用,倘若未能较好地引导和强化,学生可能就容易遗忘或出现理解的偏差。为此,教师在教学设计阶段就要思考,如何帮助小学生经历归纳的过程,初步形成概念,这也可以培养他们的概括能力和表达能力。值得一提的是,学生在概括本质特征的过程中,往往需要不断地印证和比较,因此在数学概念形成的过程中,教师可以运用类比和反比,让学生更好地厘清概念的本质内涵和外延,准确把握概念的共同属性。

[①] 曹才翰,章建跃.数学教育心理学(第3版)[M].北京:北京师范大学出版社,2017:115.

三、小学数学概念课案例与评析

（一）"认识图形的周长"概念课的教学设计

"图形与几何"是小学数学学习的重要内容领域,本部分以该内容领域中的"周长"这一核心概念的教学案例为例(如表 5-1 所示),通过展示内容分析、学情分析、教学过程片段、教学评析等分析教师的教学思路和教学实施情况。

表 5-1 "认识图形的周长"教学设计案例[1]

教学课题	在质疑提问中审辩概念本质——认识图形的周长				
学段	小学	学科	数学	年级	三年级
教学背景分析	一、内容分析 "认识图形的周长"属于数学四大内容领域中的"图形与几何"领域,第二学段,图形的认识这部分内容。"认识图形的周长"是一节概念课,理解周长的本质对于后续学习计算周长、理解周长与面积的关系等有着重要的作用。 二、学情分析 学生在一年级的时候初步认识了一些立体图形,随后了解了这些立体图形与相关的平面图形间的一些关系,认识了四边形以及长、正方形的特征,还具备了测量线段长度的操作经验。对于"周长"一词,从字面意义上来理解,学生也能够大致知晓,所以我认为在学习本课前,学生具备了相关知识的储备与经验积累。 学生对于"周长"有一定的认知,知道周长是长度,但是不能完整表述周长的概念。对于长方形、圆形等规则图形,大部分学生知道它们的周长指的是哪里,但是对于凹凸型等不规则的图形,尤其是曲线状的图形,学生不能做出正确判断。对于图形内部的线条到底属不属于周长,80%以上的学生不能准确判断。 因此,这节课旨在基于数学素养视角进行深度挖掘,在学生已有的认知起点上,借助学生感兴趣的学习材料,唤醒生活经验,对于"封闭图形一周的长度"这一概念进行深度思辨,拓展其认识和思考的深度与广度,在概念的生成、辨析、应用等系列探究活动中培养学生的质疑、思辨能力。				
教学目标	1. 通过折与分、描与说等活动丰富对周长的"形"与"数"的感知,理解并内化周长的概念; 2. 在问题情境中理解周长的概念本质,培养学生的质疑、提问和思辨能力,发展空间观念,积累数学活动经验; 3. 结合具体情境体会周长与实际生活的联系,感受数学的应用价值,提高数学表达能力,享受数学学习的快乐。				
教学重难点	重点:理解周长概念(封闭图形一周的长度,一周指的是边线)。 难点:借助概念辨析图形内部的线不是周长的一部分。				

---

[1] 万李芳,邵虹.在质疑提问中审辩概念本质——以《认识图形的周长》一课为例[J].小学教学设计·数学,2021(35):16—18.

(续表)

	活动内容	设计意图
教学活动设计	一、审问之"什么是周长"——经历操作探究，初步认识概念 1. 同学们，今天老师带来了一根魔术棒，它可以折出很多的图形，请看（教师折了一个 L 型），继续变（教师折一个长方形）。你们想不想折？ 2. 出示活动要求：用魔法棒折出自己喜欢的图形，四人小组交流图形的相同点和不同点。 3. 展示学生作品。 4. 教师引导学生选择一定的标准把图形进行分类，重点反馈封闭和不封闭的分类方法。 5. 借助电子白板描出封闭图形的边线，在动手操作中初步感受周长是从起点出发，沿着图形的边线绕一圈，又回到起点（终点与起点重合）。 6. 教师总结并板书：封闭图形一周的长度是周长。 7. 利用概念，激发学生提问质疑：不封闭图形有没有周长？为什么？（封闭图形才有周长） 8. 引导学生提问，关于周长还有什么想了解的？ 学生提出：怎么找周长、如何测量周长、怎么比较周长等问题，带着这些问题进行探究。	在概念教学中，教师要抓住概念的本质创设问题情境。在本环节中，教师利用美国心理学家布鲁纳的"学习的最好刺激是对所学材料的兴趣"这一观点，组织学生用喜爱的"魔法棒"折出不同的图形，将周长可视化，也让学习变得有趣味。紧接着充分应用学生的作品，对所折的图形进行分类，并在描、说等多感官结合的活动中初步了解周长。最后，教师紧扣"封闭图形一周的长度"中"封闭图形"这一概念，引导学生提出"不封闭的图形有没有周长"这一问题，激发学生思考，并引导学生借助概念来进行辨析。
	二、慎思之"图形有没有周长"——根据概念判断理解，渗透审辩意识；明辨之"图形的周长在哪里"——聚焦概念反思质疑，提高审辩能力 1. 我们身边的物体有没有周长？周长在哪里？请你用眼睛找一找、用手描一描、用语言说一说。 2. 判断下面图形有没有周长，用手势反馈，有的打"√"，没有的打"×"。 图 5-2　　图 5-3　　图 5-4　　图 5-5 反馈：图 5-2、图 5-3 有周长；图 5-4 没有周长；图 5-5 有周长。 质疑：图 5-4 为什么没有周长？怎么样可以变得有周长？ 生 1：在底下加一条横线。	周长的概念教学中，理解"一周"的长度也就是边线的长度是重点，这也是区别一维周长概念和二维面积概念的核心。面对约定俗成的数学概念，教师不断引导学生暴露自己的原认知，创设"图形内部的线属不属于周长的一部分"这一有意思的争辩话题，让学生在开放的辨析环境中大胆表达自己的观点，最后回到数学概念，明晰真理。

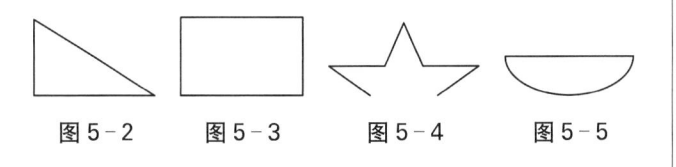

（续表）

活动内容	设计意图
生2：我把它变成五角星。 生3：我要加条线，把两个端点连起来。 质疑：我们大家有很多的办法，这些办法的相同点是什么？ 生：只要变成封闭图形就有周长。 提问1：图5-5的周长在哪里？（学生描出边线） 提问2：改变图形，在里面加一条线 ⊖ ，图形有没有周长？ 生1：有周长，因为它是封闭图形。 生2：没有周长，因为它有中间这条线。 师：回到概念（封闭图形一周的长度），它是封闭图形，所以有周长。 师：周长在哪里？ 生1：外面的一周加里面的一条。因为里面那条也是图形的一部分。 生2：我也同意，因为里面这条也有长度。 生3：我认为只是外面的一圈。因为里面这条不是周长。 生4：我也认为里面这条不是，因为它不是外面的一圈。 师：回到概念（封闭图形一周的长度），中间这条是图形的一部分，但它不是边线，所以不算周长的一部分，周长就是外面的一圈（边线）。 师：那如果里面再加一条线呢？是不是周长？再加一条，再加……哪怕里面全部填满了，周长还是外面的一圈。	
三、笃行之"比较图形的周长"——应用概念辨析理解，促进思维发展 1. 三只小蚂蚁进行爬行比赛，它们各自选择了不同的跑道，比一比，谁爬的路线长（每个小方格的边长是1 cm）？ 图5-6　　图5-7　　图5-8 生1：图5-6中蚂蚁爬得最长，因为它有6块小方格。 生2：图5-8中蚂蚁爬得最长，因为它的弯折多。 生3：一样长，因为通过数长度可以知道，它们爬的长度都是10 cm。 生4：一样长，可以把后面两个蚂蚁爬行的路线进行平移，会发现是一样的。 质疑：比较蚂蚁爬的路线到底是在比较什么呢？学生基于这个问题继续辨析，充分辨析后，教师结合PPT动画演示，肯定	这一环节学生借助已有的学习概念进行"笃行"，也就是思辨后进行实践。教师创设有趣的蚂蚁比赛情境，引导学生应用周长概念判断三个图形周长的长短。对于学生来说，重要的是用眼观察、用脑思考、用嘴表达观点。学生积累了一定的周长概念后，对蚂蚁爬行的路线进行直观判断，表达自己的观点并说明理由，促进深度思维的发展。

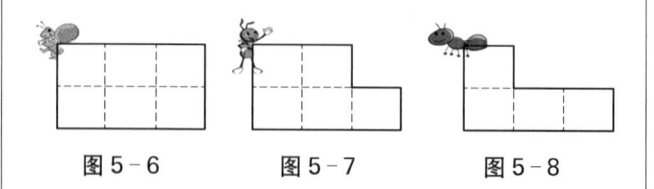

(续表)

活动内容	设计意图
三只小蚂蚁爬行的路线是一样长的。 小结：比较小蚂蚁爬行的路线其实就是比较这三个图形的周长，通过计算或者平移可以知道这三个图形的周长一样长，所以三只小蚂蚁爬行的路线一样长。 2. 又来了一只调皮的小蚂蚁，跑到了图形的内部，想一想，它跑的路线和其他三只小蚂蚁一样长吗？ 生1：这只蚂蚁和其他蚂蚁也是一样的。 图5-9 生2：不一样，通过数长度可以知道这只蚂蚁爬行的长度是12 cm。 生3：不一样，根据刚刚平移的方法，这只蚂蚁掉进去又爬上去，就多走了两个长度。 充分辨析后，教师通过动画演示，肯定这只蚂蚁爬的路线比其他蚂蚁爬的路线长。	

（二）案例的评析

1. 操作生成资源，分类聚焦属性

从学习视角看，学生掌握一个概念，就是掌握同类事物的共同特征。本课基于三年级学生的年龄特点和已有经验，创设"用魔法棒折图形"的操作活动，逐步聚焦周长概念属性。这一环节教师善于引导学生创设事实材料，通过问题引发思维动机，以促成探究为导向，组合能够激活思维的材料，以动手操作、动眼观察、动脑思考、动口表达等多样化的方式，帮助学生透过现象看本质，为概念的形成奠定基础。

2. 质疑促成冲突，问题激活思维

本课收集学生常见的错误类型和可能存在的认识误解，设计了判断图形是否有周长的变式练习，创设让学生产生认知冲突的"两难情境"，激发思维动机。围绕冲突，提出"如何将不封闭图形改造成有周长的图形""封闭图形内部的线段是否属于周长的一部分"等具体而有深度的问题，运用多元的视角和开放的策略进行同伴间的辨析与辩论，不仅能澄清概念理解中容易混淆的内容，正确掌握概念的本质特征，还能帮助学生建立相关知识间的联系。

3. 反思检验成果，拓展迁移方法

本课的练习环节以"比较4只蚂蚁爬行路线长短"为审辩素材，引导学生自觉地应用周长概念，借助方格图的直观模型说理，"展示"自己的思维过程。在观点的碰撞中，逐步对自己的思考过程、思考方法、思考结果的正确性与合理性做出反思。同时，这个环节的设计与实施，应充分利用画、算、说等思维的可视化，让学生相互检验、相互质疑，教师即时诊断学生的学习程度、纠正学习误解，从学生的实际水平出发，在同伴交流和相互评价的基础上，习得多种解决策略与方法，达到拓展数学思维的目的。

第三节　小学数学概念课教学技能的提高

数学概念课教学技能与教师的专业知识、能力有着密切的联系，要提高这种技能，需要教师不断丰富相关的知识，并通过实践和反思提高概念课的设计能力与实践能力。

一、丰富数学概念教学所需要的专业知识

教师数学概念教学所需要的专业知识包括：理解数学概念、有效设计与实施数学概念教学所需要的知识。教师自身对数学概念的整体认识和理解程度会影响甚至决定数学概念教学的水平。教师在备课阶段应该充分阅读相关文献，对不同版本的教材内容进行比较分析，以对数学概念的内涵与外延、数学概念的学科本质、数学概念的发展、数学概念之间的联系等有较为深入的理解。此外，由于学生对概念的理解相对隐性，有时学生对一个概念的错误理解会持续很长时间。从概念的理解到概念的运用需要一个过程。数学概念教学不能仅限于告诉学生某一概念是什么，还应让学生了解概念的本质，既要关注概念的本质，也要关注概念的生成。这就需要教师具备一定的数学学科知识，对数学概念本身及教学有着较为深入的理解，能够准确地把握数学概念的本质，厘清数学知识之间的层次结构及内在联系，熟悉一些具体、典型的概念样例。只有这样，才能够在数学概念的教学中更好地强化学生对数学概念本质的理解和应用。因此，教师是教学者，同时也是一名学习者，要不断提升自身的数学专业素养，对于数学概念，不仅要知道它是什么，还要从数学史、数学教育心理学等角度去挖掘和理解它，进一步明晰它是怎么来的，又是怎么去的，厘清楚"概念是怎么来的，概念是什么，概念是怎么去的"这一完整链条，丰富其内涵，这也是概念教学顺利推进的基础和保障。

除了数学学科知识，教师还需要知道选择怎样的教学素材、怎样组织教学等才更有利于学生的数学概念学习，即教师要掌握数学概念教学相关的教育教学知识。这是教育学、心理学和数学相交叉的知识，是数学教师专业水平的重要表现。这种知识虽然与教师的教学经验有关，但是也与教师的教学投入程度有关。如果能在每个知识点的教学中深入思考，结合文献所提到的方法和原理进行整合组织，这种教学知识会不断丰富，进而以点带面形成网状

的专业知识体系。因此，小学数学教师要提高概念课教学能力首先要丰富数学概念教学所需要的专业知识。

二、提高数学概念教学所需要的专业能力

教师是一种实践性很强的职业，对教学设计能力、实施教学所需要的语言表达能力、课堂教学组织能力、信息技术运用能力等有着较高的要求。教师可以通过观摩学习、文献学习与反思以及实践训练等多种路径来提高自身的教学设计与实践能力。在实施概念教学时，应给学生充分的思考时间，给他们表达的机会，而不要急于求成，很快就告诉学生概念的内涵和外延。他们经历的思考越深入，掌握得就越牢固。

首先，教师要通过训练提高自身的教学设计能力，这其中主要包括构思与文本的撰写，前者具有独特性而后者存在一定的普遍性。如何设计出有新意、适合学生学习的教学是教学设计能力最为重要的表现，这需要教师在设计时多思考、实践后多反思，能从研究文献和教学视频中获得灵感和启发。教学设计文本的撰写具有一定的规范性，只要通过训练即可掌握各种要领。其次，教师要通过实践训练、视频观摩和教研文献的阅读，不断提高自身的各种实践能力。这其中最为关键的是语言表达能力，语言表达不但要准确，还要具有较强的启发性和引导性，这种能力是不断训练的结果，职前教师或新手教师可先进行适当的模仿，然后找到符合自身的课堂教学语言风格。最后是教学组织能力、教育技术能力和板书能力等，这其中部分涉及教师的教学智慧，而部分属于技术性能力，无论是哪一种都离不开教师的训练，尤其是精心准备后的训练与反思。

思考与练习

1. 简述数学概念的内涵与外延，并结合具体例子进行说明。
2. 简述数学概念教学的主要方式，并结合具体例子进行说明。

第六章
小学数学命题课教学技能的认识与提高

　　数学命题是数学概念和概念按照一定的规则进行联结所形成的,是对数学概念之间关系的一种刻画。数学命题课是数学新授课的重要组成部分,小学数学教师应强化对小学数学命题课的认识,重视小学数学命题课的教学,并提升小学数学命题课教学技能。本章将介绍小学数学命题的内涵与特征、数学命题学习的基本形式以及教学的常用策略,并结合具体的案例探讨如何设计并实施数学命题课,在此基础上提出小学数学命题课教学技能提高的若干建议。

第一节　小学数学命题课的认识

　　数学命题相比较数学概念在类型方面更加多元,运用也更为直接,厘清小学数学命题的内涵特征、学习的基本形式以及教学的常用策略等,可以为小学数学命题课的具体设计明确方向,为小学数学命题课的具体实施提供参考。

一、小学数学命题的内涵与特征

(一) 数学命题的内涵

　　一般意义上,逻辑学的"命题"指的是"表达判断的语言形式,由系词把主词和宾词联系而成"。[①] 教育心理学理论认为,命题一般由若干概念组成,它揭示几个概念之间的关系,表示某种规律。在数学教育研究领域中,一般把数学命题看作表述思维内容的一种语言形式。[②] 数学中的命题一般是对一类问题进行抽象和概括的结果,具有一般性,是用来表示数学对象性质或关系的判断语句,且是能够判断真假的陈述句,有真假之分。例如,"两组对边分别平行的四边形是平行四边形"这是能够判断为真的陈述语句,它是个命题,且是个真命题;"6 是奇数"这是能够判断为假的陈述语句,它是个命题,但是个假命题。当然,数学命题除了可以用文字语言表达外,还可以用符号组合的形式来表达。例如,"2+3=5"就是一种

[①] 中国社会科学院语言研究所词典编辑室.现代汉语词典(第 5 版)[M].北京:商务印书馆,2005:959.
[②] 郑庆全,单墫.数学命题的特征及其教学意义[J].数学通报,2009,48(03):5—8.

用符号表达的命题。

数学命题在数学中是以数学公理、定理、推论、公式等不同形态组成的数学命题体系。[①] 其中,在数学科学系统中,数学定理是根据已知概念和真命题,遵照逻辑规则,运用正确的推理方法证明了真实性的命题。[②] 数学命题是反映并传递交流数学学科规律、思想方法的重要载体。数学命题是揭示数学概念之间关系的重要依托,是进行数学证明的重要依据。下面分别给出数学发展角度、形式逻辑角度和教育心理学角度对数学命题的认识。[③]

从数学发展的角度看,数学学科不断走向成熟的一个标志是一些重要的数学命题的发现、证明和应用。一些优秀的成果以命题的形式记载下来,推动着数学的发展,其中的一些命题还是人类精神文明的共同瑰宝。将命题置于数学发生发展的背景下,有助于学生知晓数学的来龙去脉,见证数学思想的变迁,体会和感受不同的数学文化。

从形式逻辑的角度看,命题可以参与逻辑运算,从公理出发可以得到一系列命题。将命题置于系统中,可在其中认识内蕴关系。离开系统,命题在其中的地位就会发生变化,甚至真假性都会发生变化。例如,"三角形的内角和为180度"在欧氏几何中是真命题,但在非欧几何中却不再是真命题。

从教育心理学的角度看,命题的学习既可以是接受式的命题同化过程,主要有下位学习、上位学习、并列学习三种方式;也可以是发现式的命题形成。命题的学习可以沟通概念、公式等之间的内在联系,促使个体的认知结构发生变化。且如果能将命题编织成网络状,形成一定的结构图式,那将有利于知识的有序检索和综合融会贯通。

总的来说,数学命题是揭示数学概念之间关系的重要方式,是进行数学证明的重要依据。对于数学命题内涵的理解,既需要分清楚数学命题中的条件和结论分别是什么,并且掌握它们之间的关系,同时还需要进一步分析该数学命题与其他有关概念、命题之间的关联性特征。

(二) 数学命题的特征

数学命题具有语义性特征、真理性特征、应用性特征和关联性特征,[④]这些特征为数学命题的教学及其研究提供了新的视角,学习者可以通过掌握某个命题的这些特征从而掌握所学的数学命题。

1. 语义性特征

每一个数学命题都具有清晰确定的数学抽象语义,一般会利用数学的对象和关系来确定,同时也会用一些符号或者限定量词来表示或者限制这些数学对象和关系,并通过一定的

---

① 戴永.数学命题教学的"温故知新"策略[J].数学教育学报,2009,18(02):32—34.
② 许嘉璐.中国中学教学百科全书(数学卷)[K].沈阳:沈阳出版社,1991:371.
③ 徐章韬,陈林.数学命题的认识及其课堂教学设计[J].课程·教材·教法,2014,34(11):81—85.
④ 郑庆全,单㙡.数学命题的特征及其教学意义[J].数学通报,2009,48(03):5—8.

形式载负,其知识要素主要是:数学概念、关系、量词及逻辑联结词。例如,"三角形任意两边之和大于第三边"这一数学命题清晰地阐述了三角形这个数学对象所具有的三边之间的关系。其中的数学概念主要涉及到"三角形、三条边",关系主要涉及到"和、大于",对三角形两边之和的限定量词是"任意"。逻辑联结词在这一命题中没有出现。

数学命题的语义性特征直接反映了数学命题的数学意义,反映了形式化的抽象材料的思想意义。

2. 真理性特征

数学课程中的数学命题绝大多数是真命题,这一特征被称为真理性特征。数学命题的真理性特征表现出来的知识要素主要有:一般科学方法(如观察、实验、猜想、比较、分析、综合等)和证明数学命题的思想方法。对于某个具体的数学命题,其真理性特征的确定方法往往并不唯一,例如,对于"三角形的内角和等于180°",可以用多种方法证明它是真命题。

需要指出的是,数学命题的真理性的确定来自数学本身和实践,例如,数学公理是通过长期实践检验而确定的,而公理之外的其他数学命题是通过逻辑推演确定的。在不同的数学命题体系内,某一数学命题的真假值可能不同。例如,"三角形的内角和等于180°"在欧氏几何中是真命题,在非欧几何中却是假命题。此外,在同一数学命题体系中,存在逻辑真假值不能判定的数学命题,即"哥德尔不完备定理"。

3. 应用性特征

每个数学命题都可以作为工具来应用。数学命题的应用主要表现为解题,它既有数学理论内部的应用,又有数学理论外部的应用。数学命题的应用性特征表现出来的知识要素主要有:有何用、何时用和怎么用。例如,"两点之间线段最短"在实际中有广泛的应用,在解三角形的问题中有着广泛的应用,在解决有关测量与几何问题时也都可能用到。

数学命题的应用性特征通过以不同方式解决问题来反映命题,从而促进学生对数学命题的掌握。

4. 关联性特征

每个数学命题都与其他一些数学知识具有某种联系。数学命题的关联性特征主要是指数学命题与其他相关数学知识相联系方面所表现出来的特征。所表现出来的知识要素主要是联系点、联系方式及其寻求方法,还表现为构成一个关于该数学命题的体系。例如,可以将"三角形任意两边之和大于第三边"和"两点之间线段最短"等建立联系。平行四边形的所有判定定理构成一个体系。此外,通常的原命题、否命题、逆命题和逆否命题也是数学命题关联性特征的一种表现形式。

数学命题的关联性特征使得数学理论体系得以形成,复杂的概念得以产生。强化对数学命题关联性特征的学习,易于形成关于某个数学命题或者某个数学问题的单元块,从而高水平地掌握数学命题或高效解决类似的问题。

二、小学数学命题学习的基本形式

数学命题学习是命题的逻辑意义向个体心理意义转化的过程,也是一个知识信息获取和智能信息获取并存的过程。这一过程一般包括三个阶段:命题获得、命题证明、命题应用。[1] 小学数学命题学习主要包括学习数学公理、定理、公式、法则、规律等,发现学习和接受学习是数学命题学习的两种基本形式。[2]

(一) 数学命题的发现学习

数学命题的发现学习一般是一个通过观察、操作、实验、分析、推理等探索发现数学命题的过程。这一过程一般包括以下环节:

首先,探索条件,发现结论。学习者通过观察一些关于命题的实际例子,找到这些例子所具有的共同条件,并在这些条件下进行探索,发现结论。

其次,基于结论提出假设。基于对一些实际例子的探索发现共同的特性,通过概括进一步提出假设,将所发现的结果上升为数学命题。

再次,验证假设,生成命题。通过理论或实践对提出的数学命题进行验证,在验证的基础上得到数学定理、公式等。

最后,理解命题,应用命题。通过例题和练习等进一步深入理解数学命题,并学会数学命题的各种应用。

例如,用发现学习的方式学习数学命题"加法交换律和结合律"的过程:先让学生通过探究交流给定的情境化问题,产生数学化的表达,然后让学生举一反三,并观察两个加数的和及两个加数的位置,引导学生在观察中生成猜想,抽象概括出一般性命题,并在对比中给出最优的表达方式。具体详见本章第二节中的教学案例。

总的来说,命题的发现学习是学习者通过考察命题的特例,抽象、概括、归纳出命题并在证明的基础上对命题加以应用的过程。当然,数学命题的发现学习也可以通过演绎推理的方式来进行。

(二) 数学命题的接受学习

数学命题的接受学习,是直接将要学习的数学命题呈现给学生,通过分析命题所涉及的数学概念、命题中的条件和结论,得出命题的逻辑关系,然后学习命题的证明,并用实际例子对命题的正确性进行验证的过程。这一过程一般包括以下环节:

首先,观察命题,分析命题。观察命题,理解命题的具体内涵,分析命题的条件和结论,以及命题的逻辑结构。

---

[1] 喻平.论数学命题学习[J].数学教育学报,1999(04):2—6,19.
[2] 刘晓玫,等.中学数学教学研究[M].北京:教育科学出版社,2016:165—167.

其次,激活命题相关旧知。利用原有认知结构,找出与所学数学命题有关的概念、定理、公式等,将新命题纳入原有认知结构中,建立起新的数学命题与原有认知结构之间的联系。为此,要对与所学命题有关的数学概念和命题进行适当的复习,以加深学生对所学数学命题的理解。

再次,证明相应数学命题。在理解数学命题的基础上进一步分析用以证明数学命题的思路,运用已学过的某些命题来推导当前的数学命题并给出证明过程。这一环节是强化对命题的理解的重要阶段。

最后,理解命题,应用命题。通过例题和练习等进一步深化理解数学命题,并学会数学命题的各种应用,在应用的基础上完善个体的认知结构。

无论是数学命题的发现学习,还是数学命题的接受学习,一般都会让学生经历命题的证明、理解和应用等环节,这两种命题学习形式的不同之处在于命题获得的方式不同。而发现和接受这两种形式各有利弊,在教学中常常将这两种形式结合使用。特别是伴随着现代信息技术的发展,多媒体技术、数学应用软件等工具为数学命题的发现学习创造了更大的可能。

三、小学数学命题教学的常用策略

在厘清数学命题内涵特征以及基本学习形式的基础上,了解小学数学命题教学的常用策略可为开展数学命题教学明确方向。

(一)过程性策略:关注知识发生过程

在对数学命题进行证明的阶段,教师不应该把备课阶段准备好的证明思路直接给学生,而应给予学生充分暴露数学思维过程的机会。通过采取适当的教学方式,立足于数学命题产生的背景,引导学生感受数学命题产生、发展、演变的动态过程,引导学生动手实践、自主探索、合作交流,以促进新知的建构,这一过程性策略是数学命题教学的一种重要策略。这一策略要求教师在开展数学命题教学时,要揭示数学命题的产生、推证过程,突出数学思想方法的提炼和应用过程,引导学生感受"再创造"的过程,而且要关注学生在证明过程中所遇到的障碍以及改变思路最终解决问题的过程。[①] 学生只有亲历数学命题的发现过程,才能更好地理解数学命题的本质以及结构特征,并迁移应用数学命题。小学生的数学思维和逻辑推理还不够完善,在对数学命题进行证明过程中,可适当降低严谨性,只要学生有理有据,都值得鼓励。

(二)变式策略:提供不同层次的变式

学生对习得的数学命题的应用并不总是在自身非常熟悉的情境中,往往需要在不同的情境中应用命题。因此,设计不同情境下的一些变式练习帮助学生理解和应用数学命题很

---

① 曹一鸣,张生春,王振平.数学教学论(第2版)[M].北京:北京师范大学出版社,2017:152.

有必要。一般来说,学生在学习某个数学命题过程中经历的情境类别越多,就越容易提取出命题并将其迁移应用到不同的情境中。变式练习可以对学生的习得过程产生强烈的刺激,突出命题的本质,帮助学生深加工所学习的命题。[①] 通过设计一些低起点、小坡度的问题串,为学生提供不同层次的变式,深化学生对命题为真的适用条件和范围的理解,促进学生理解数学命题及其所蕴含的数学思想方法的本质特征,这一变式策略是数学命题教学的一种重要策略。而命题的多样化表达、命题证明方法的变式、命题的推广和引申命题等都是变式的重要来源。命题变式主要包括公式变式、图形变式和条件变式,[②]变式的实质在于扩大数学命题的应用范围,以及用不同方法建立所学命题与相关知识的关联,培养学生灵活转换、举一反三的能力。在小学数学命题的教学过程中,教师需要精心设计一些富有层次性的变式例、习题,深化学生对数学命题的理解。

第二节　小学数学命题课的设计与实践

数学命题是由数学概念联结组合而形成的,数学命题的教学不仅是数学概念教学的展开与深化,同时也是数学问题解决教学的基础,而且是形成数学技能、培养数学能力的重要途径。[③] 数学命题教学的复杂程度通常会高于数学概念教学。因此,对于数学命题课,需要在教学设计环节做好精心准备,在教学实施环节进行有效落实。

一、小学数学命题课的设计要领

学生学习数学命题,实际是把握数学概念之间关系的过程。[④] 类似于小学数学概念课的教学设计,数学命题课的教学设计也需要教师在准确分析数学命题内涵特征和学情的基础上,在教学目标的设定、教学过程的设计和课后作业的设计等方面着力,且教学设计从整体上要体现数学命题发生、证明和应用的过程。

(一)教学目标的设定

设定适切的教学目标是数学命题课教学成功的重要保障,只有确定好教学目标,教学内容的选择和教学过程的组织才能有的放矢。小学数学命题教学中,教师需要深入理解命题的本质以及结构特征,然后从知识产生、发展、演变等角度分解出学习目标,并在数学知识的教学过程中对学生数学思想方法的发展、人格品质塑造、数学情感培养、合作交流等方面产生影响。例如,在小学数学"圆"的单元教学设计与实施过程中,要以"认识圆、会画圆、会求

[①] 郭玉峰,刘春艳,程国红.数学学习论[M].北京:北京师范大学出版社,2015:252.
[②] 喻平.CPFS结构与数学命题教学[J].教育研究与评论(中学教育教学),2016(02):5—10.
[③] 曹一鸣,张生春.数学教学论[M].北京:北京师范大学出版社,2010:158.
[④] 郭玉峰,刘春艳,程国红.数学学习论[M].北京:北京师范大学出版社,2015:248.

圆的周长与面积"等数学基础知识、技能的学习以及简单的实际问题的解决为基础目标,但不应局限于此,还可以设计"讲述圆周率的故事"等学生汇报交流活动,让学生通过祖冲之计算圆周率的故事,感知圆周率的探求过程,进一步理解小数的十进制表达,感受中国古代数学家所作出的杰出贡献,[1]增强民族自豪感和爱国主义情感。[2]

需要指出的是,教学目标的确定可以基于对学科逻辑,《义务教育数学课程标准(2022年版)》中的课程目标、相关课程内容要求、学业要求和教学提示,以及教材中的相关内容编排等的分析,但是教学目标内容的认知要求还需要进一步结合教学所面对的具体对象。因此,教师需要基于对课程标准的解读、教材分析以及对教学对象的知识基础、思维特征、学习习惯等方面的分析,合理设计教学目标。

(二)课堂教学过程的设计

在设定好教学目标之后,教学重难点也会随之得到确定。例如,在确定好"圆的认识"第一课时的教学目标之后,随之可以确定相应的教学重点为圆的发现,教学难点为圆的特征的准确描述。明确教学目标和教学重难点之后,依据教学目标和教学重难点设计教学过程是教学设计的核心,会对后续具体的教学实施产生重要影响。在数学命题教学中,学生对数学命题的理解、证明与应用是数学命题学习的关键。教师需要深入理解数学命题与学生已有生活经验、已有数学知识基础之间的关系,在此基础上确定采用何种学习形式提取数学命题。一般来说,主要包括数学命题的发现学习和数学命题的接受学习。

采用何种学习形式实施数学命题教学,会影响教师课堂导入方式的选择,但是不管教师选择何种学习形式,可采取的导入方式都并不唯一。教师可根据数学命题的本质和结构特征、学生已有的知识基础和经验,以及自身的教学风格等灵活选择。特别地,职前数学教师可以通过不断实践,找到适合相应数学命题和自己风格的导入方式。当然,鉴于小学生的认知特征,导入最好带有一定的现实情境,从小学生身边的事情入手,这样能更好地帮助学生理解。如果能思考出更好更贴近学生生活的、更巧妙联结已知和未知的导入,尽量就不要直接使用教材中的导入,这样可以给学生更强的新鲜感。

数学命题提出后,教师需要引导并启发学生分析、证明和应用数学命题,帮助学生厘清数学命题的内涵特征,在理解的基础上准确应用命题。在此过程中,教师应合理设计教学活动任务,让学生在自主探究、合作交流等多种活动中体验命题的发现和形成过程,感悟数学思想方法,积累基本活动经验,丰富和完善自身认知结构,这也是数学命题学习的本质。具体体可以做好以下几个方面的工作。

首先,教师要明确教学过程各环节的设计意图。具体来说,既要从整体上构思整个教学过程,也要从局部各个教学环节着手落实教学目标,明确已制定好的教学目标需要通过哪几

---

[1] 中华人民共和国教育部.义务教育数学课程标准(2022年版)[M].北京:北京师范大学出版社,2022.
[2] 曹一鸣.新版课程标准解析与教学指导(2022年版):小学数学[M].北京:北京师范大学出版社,2022:140.

个教学环节来实现,每个环节分别要实现的目标是什么。

其次,教师要选择具有针对性的巩固练习题目。巩固练习往往是数学命题教学的一个重要部分,它既可以检验学生是否已将所学的数学命题纳入到了原有的认知结构中,还可以巩固和深化学生对数学命题的理解。巩固练习题的选择要基于教学目标,题目要具有一定的针对性和层次性,不宜过于复杂、不宜难度过大,数量也不宜过多,重在帮助学生理解和掌握数学命题。

再次,教师要善于运用变式帮助学生理解数学命题。数学命题的理解离不开通过观察、分析、比较等手段弄清楚命题的条件和结论,教师在教学设计时可以考虑通过设置变式来帮助学生深化理解数学命题的适用条件和范围。例如,在学习"加法交换律和结合律"时,教师可选择不同的变式数字,让学生在观察中了解算式中两个加数的位置,加深学生对命题的理解。

最后,教师要引导学生做好课堂小结。数学命题课一般会设置课堂小结这一环节,以让学生对本节课的主要内容和重点内容有整体的了解。数学命题教学的小结,主要针对命题的内容、表达式、证明的思路与方法等进行强调,重在帮助学生理解命题。如果时间允许,教师可通过提问,让学生自主总结,教师补充,也可以在总结阶段告知学生本节所学的数学命题在后续学习中的应用。此外,课堂小结内容往往与板书相结合,这就要求教师在教学设计阶段做好板书的规划并在教学过程中注意板书的呈现。

(三) 课后作业的设计

小学数学命题课上完后往往需要通过一些课后作业来检验课堂学习效果。数学命题课的课后作业,教师应当基于教学目标、学生原有的学习情况,以及课堂上实际的教学实施效果,有目的、有计划、有选择地布置,作业内容要紧扣对数学命题的理解和应用。总的来说,课后作业要能充分体现教学目标、教学内容和教学评价的一致性。此外,教师在设计作业时还要确定将以何种方式批改和反馈作业,这也是课后作业设计的组成部分。

二、小学数学命题课的教学模式

根据奥苏伯尔的有意义言语学习理论,命题的学习过程就是命题的逻辑意义向个体心理意义转化的过程,以符号表征学习和概念学习为前提,但因数学命题与数学概念之间又存在一定的差异,教学自然也有一定的差异。关于数学命题课的教学模式,不同的人持有的观点不尽相同。下面将在阐述数学命题学习的心理过程基础上,对数学命题教学的基本模式进行阐述。

(一) 数学命题学习的心理过程

关于数学命题学习,它是一个知识信息获取和智能信息获取并存的过程,不同的研究者对这一学习过程的阶段划分也不尽相同。例如,喻平等人将数学命题学习分为"命题获得、命题证明、命题应用"这3个阶段。[1] 傅海伦等人在此基础上,进一步将数学命题学习细化为"感知命题——感知命题中概念和符号的意义;解读命题——明确数学命题条件与结论之间的关系;证明命题——能够利用已有的数学知识推证出当前命题;应用命题——理清数学命题的应用条件,能用来解决数学问题和实际问题"4个阶段。[2] 无论是何种阶段划分的数学命题学习过程,都是命题教学模式产生的基础和核心,是个体形成命题域和命题系的基础。本部分对"命题获得、命题证明、命题应用"的3阶段划分进行阐述。

1. 命题获得

命题获得是命题学习的第一个阶段,通常会采用两种方式:同化和形成。命题的同化,是指直接给学生展示要学习的新的命题,学生将原有观念与新命题中的各有关概念联系起来,将新命题纳入原有的认知结构中,对原来的认知结构进行改组和加工,形成新的认知结构。这一形式对应的是接受式的学习方式。命题同化过程给学生提供的主要是知识信息。命题的形成,是指学生通过考察命题的特例,然后抽象、概括、归纳出命题的过程。这一形式对应的是发现式的学习方式。命题形成过程给学生提供的不仅包括知识信息,还包括智能信息。例如,要学习加法交换律 $a+b=b+a$。教学该命题不是先给出命题,而是先让学生考察一些特例,即将 a、b 设为具体的数值,如,$40+56=56+40$,$25+65=65+25$……,让学生在对特例的验证中抽象概括出一般性命题。且命题形成的学习是一种上位学习形式,即在学生认知结构中已形成的一些观念的基础上,学习一个包含程度更高的命题学习形式。

2. 命题证明

命题证明是形成命题域和命题系前的一个强化阶段,即要用已学过的某些命题来推证当前的命题。

在具体教学中,命题证明这一过程的学习主要是在教师的引导下完成,提供给学生的主要是智能信息。在理解命题的过程中,学生要以已获得的原有若干命题为逻辑依据,同时将新命题纳入认知结构中,于是形成一个关于新命题的、不太稳定也不十分清晰的命题域和命题系,其保持依赖于命题的应用。

3. 命题应用

命题应用是指数学命题在解决数学问题中的应用。数学命题的应用是使学生在获得智能信息的同时,逐步形成稳固的命题域和命题系,充实和完善个体的认知结构的过程。

总体来说,数学命题学习过程如图 6-1 所示,且数学命题学习的整个心理过程包含着刺激-反应的联结因素、信息加工的认知因素。

---

[1] 喻平.论数学命题学习[J].数学教育学报,1999(04):2—6,19.
[2] 傅海伦,张晓芸,刘亚男.质疑式数学命题学习的"思维场"构建试析[J].数学教学研究,2022,41(01):11—14.

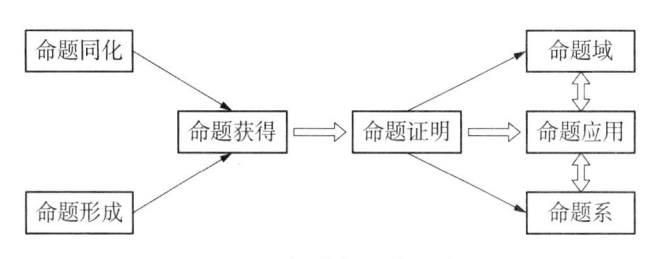

图 6-1　数学命题学习过程

（二）数学命题教学的常用模式

对于数学命题的教学，叶立军等人基于数学命题学习的"命题获得、命题证明、命题应用"3个阶段，认为数学命题教学的一般模式为"获得命题——证明命题——应用命题"。[①] 喻平认为数学命题教学的常见模式主要可分为发生型模式、结果型模式、问题解决型模式。[②] 本部分主要对这3种模式进行阐述。

1. 发生型模式

发生型模式的命题教学，是按照引导学生去发现命题继而引出命题的设计思路进行命题教学，即通过揭示命题的产生过程去学习命题。这种模式以布鲁纳、萨奇曼、兰本达的发现-探究学习理论、情境认知学习理论为理论基础。教学过程一般可以分为创设问题情境、归纳命题、命题证明、命题应用、形成命题域和命题系五个阶段，如图6-2所示。

图 6-2　发生型命题教学模式

其中，对于阶段一的"创设问题情境"，教师可以通过将问题开放化、将问题特殊化、将问题进行系列变式等多种方式进行，逐步激发学生对数学命题探究的兴趣，引导学生对本节课所要讲授的命题进行思考。

对于阶段二的"归纳命题"，针对创设的问题情境，教师引导学生观察、感知、体验、探索、抽象、概括，在此过程中可以由学生先独立地进行粗略地归纳，如提出假设或者猜想、探索发现、验证假设、得出结论等，教师在此基础上进一步补充或使其严谨化。

对于阶段三的"命题证明"，为了让学生理解命题证明的思路和方法，教师在这个过程中需对证明思路与方法乃至证明中需要使用的一些技巧进行分析、总结和提炼，并清晰地呈现证明过程。首先，分析证明思路时，要让学生先从记忆中提出有关的概念、定理、公式等，分清命题的条件和结论，继而探索命题证明的途径，提出假设，通过分析探索从条件到结论

[①] 叶立军.中学数学教学设计[M].北京:高等教育出版社,2015:135—137.
[②] 喻平.数学教学心理学[M].北京:北京师范大学出版社,2010:258—273.

的思路。其次,需要强调命题证明步骤的规范性。学生不仅要学会命题证明的逻辑表达,还要学会调整和完善推理证明的程序。有了证明思路只是有了证明的方向,具体的证明步骤才是检验思路是否正确的路径。强调规范性可以使学生养成自发对证明步骤进行修正补充的严谨习惯。最后,命题证明是一个很好的渗透数学思想方法的机会。分析思路、证明命题固然重要,但数学学习更重要的是掌握命题证明中的数学思想,比如反证法。教师在教学设计时要注意思考怎样渗透,并在课堂小结中跟学生点明,这也是培养学生数学素养的机会。

对于阶段四的"命题应用",主要是要基于命题进行解题,这一阶段往往伴随着相关的例题、习题的分析和解答。命题应用是命题教学的一个重要目标和归宿。鉴于学生在初学定理、公式、法则等数学命题时,最容易犯忽略其成立条件和使用范围的错误,故在命题应用阶段,教师需要多花时间引导学生分清已知条件、结论和应用范围,并注意其用法和变式,除了在例题中体现命题正向应用的基本类型,还要注意掌握命题的逆向应用,变形应用,以强化学生的分辨能力。

对于阶段五的"形成命题域和命题系",主要是指在命题证明和应用的基础上,强化学生对命题的理解,建立教学命题内容与其他知识点的引申和拓展,使学生逐步形成命题域和命题系。

总体而言,对于发生型模式的命题教学,在教学过程中要注意为学生提供系列实例、素材和多媒体教学辅助设备。其中,实例要符合要探讨的命题的条件,所设定的情境要尽可能有趣味性,与现实世界相关联;实物模型、教具、学具等实验素材要为学生的实验或动手操作提供依托;辅助学生自行探索的多媒体与模拟教学的设备,要让学生在一定情境下,通过观察、实验、操作、讨论和思考,探索规律,提出猜想和假设,然后引出数学命题。此外,在命题的证明和应用过程中,教师也要尽可能地给学生明确指明探索发现的方向,对学生讨论交流的内容与规则有明确的要求,还要考虑通过多媒体等演示方式向学生呈现知识发生的过程。

2. 结果型模式

相比较于命题教学的发生型模式,结果型模式的应用更加广泛,它是广大教师经常使用的命题教学模式,一般先由教师直接展示命题,然后学生学习命题。这种模式以奥苏伯尔的有意义接受学习理论、加涅的累加学习理论为理论基础。教学过程一般可以分为展示命题、命题证明、命题应用、形成命题域和命题系四个阶段,具体如图6-3所示。

展示命题 ⇒ 命题证明 ⇒ 命题应用 ⇔ 形成命题域和命题系

图6-3 结果型命题教学模式

其中，对于阶段一的"展示命题"，教师可以通过设计一些启发式问题、小组讨论等活动内容和方式，引导学生积极参与到命题的理解中来，启发学生在交流讨论中对知识进行构建，使得学生的学习是有意义的接受学习。

结果型模式的后三个阶段与"发生型模式"的后三个阶段相同。

总体而言，对于结果型模式的命题教学，为了让学生更好地掌握所教学的数学命题，教师需要避免向学生机械地讲授，以致学生被动地接受，整个教学要有学生的积极参与，使学生的学习是有意义的接受学习，而非机械学习。在教学过程中，为了在学生原有知识结构中找到有关的概念和命题，需要对旧知进行复习，复习过程中需要考虑内容的针对性和趣味性，学生的参与性等方面。

3. 问题解决型模式

相比于前面所述的发生型模式和结果型模式，命题教学的问题解决型模式的不同之处主要表现在"引入命题"部分，在这一部分，需要教师分配更多的时间基于问题情境直接引入命题或者在构建模型之后再引入命题，对学生自身的学习能力和水平也有相对更高的要求。这种模式以杜威的实用主义教学思想、情境认知理论、问题解决教学思想为理论基础。教学过程一般可以分为创设问题情境、引入命题、命题证明、命题应用、形成命题域和命题系这五个阶段，具体如下图 6-4 所示。

图 6-4 问题解决型命题教学模式

其中，对于阶段一的"创设问题情境"，主要的指导思想是要将命题还原为一个问题，这个问题可以是现实中的生活问题，也可以是学生的已有知识基础，即之前学过的数学命题。也就是说，在问题解决型命题教学模式的导入部分，教师需要花费更多的时间组织引导学生在所给的问题情境中构建模型，进而引入命题。

对于阶段二的"引入命题"，既可以从问题情境直接引入命题，也可以在对现实世界中的问题进行数学建模的基础上引出数学命题。

从阶段一的问题情境到阶段二的引入命题，一般要经历提出猜想、反驳、修改猜想、证明猜想等一系列过程，这是命题教学的问题解决模式的一个重要特征。这一过程对于发展学生的直觉思维、提高学生的合情推理能力，培养学生的创新意识和实践能力具有积极的推动作用。

总体而言，命题教学的问题解决模式的后三个阶段与"发生型模式""结果型模式"的后三个阶段相同。即命题教学的发生型模式、结果型模式以及问题解决型模式的后面三个阶段基本相同。

三、小学数学命题课教学案例与评析

（一）"加法交换律和结合律"命题课的教学设计

数学命题具有自身的特点，个体形成命题域与命题系是数学命题学习的主要特征。"数与代数"是小学数学学习的核心内容领域，本部分以该内容领域中的"加法交换律和结合律"的教学案例为例（如表6-1所示），通过内容分析、教学过程片段、教学评析等展示并分析教师的教学思路和教学实施情况。

表6-1 "加法交换律和结合律"教学设计案例[①]

教学课题	算思结合促建模　理解定律促应用——"加法交换律和结合律"教学设计与思考			
学段	小学	学科	数学	年级	四年级

（注：上表学段行包含"学段/小学/学科/数学/年级/四年级"）

内容分析	"加法交换律和结合律"属于数学四大领域中的"数与代数"领域，第二学段，加法运算定律这部分内容。"加法交换律和结合律"是一节命题课。
教学目标	(1) 尝试解决实际问题，通过观察比较，发现并概括加法交换律、加法结合律。 (2) 初步学习用加法运算定律进行简便计算和解决实际问题，培养简便计算的意识，提高解决实际问题的能力。 (3) 通过观察算式并归纳抽象运算定律，发展观察、概括能力和语言表达能力。
教学重难点	(1) 理解加法交换律和结合律的含义。 (2) 在归纳抽象的基础上，概括加法交换律和加法结合律。

	活动内容	设计意图
教学活动设计	一、创设情境，导入新课 师：骑车是一项有益身心健康的运动。李叔叔准备骑车旅行一个星期呢！（多媒体演示李叔叔骑车旅行的场景，如图6-5所示。） 今天上午骑了40 km，下午骑了56 km。一共骑了…… 李叔叔准备骑车旅行一个星期。 图6-5	利用学生喜闻乐见的活动场景，激发学习热情，为学生的自主探究创设良好的氛围。

[①] 熊艳，鲍莉芳.算思结合促建模 理解定律促应用——"加法交换律和结合律"教学设计与思考[J].小学数学教师，2016(03)：37—40.

(续表)

活动内容	设计意图
师:通过这幅图,你能提出哪些数学问题? 同桌交流,然后全班汇报。 出示:李叔叔今天一共骑了多少千米?出示线段图: 上午骑了40 km　　下午骑了56 km 　　　　一共骑了多少千米? **图6-6**	
二、互动新授,探索规律 1. 加法交换律。 师:李叔叔今天一共骑了多少千米?可以怎样列式计算? 学生1:40+56=96(千米)。(请学生说一说思路。) 学生2:56+40=96(千米)。(请学生说一说思路。) 师:两个算式都表示什么?得数怎样? 生:两个算式得数相等,都表示"李叔叔今天一共骑了96千米"。 板书:40+56○56+40 师:○里填什么符号? 生:填"="。 师:你能再举出几个这样的例子吗? 学生独立写出类似的等式,并在小组内交流,互相检验写出的等式是否符合要求。 师:观察这些算式,你有什么发现?(全班交流) 小结:两个数相加,交换加数的位置,和不变,这就是加法交换律。 师:你能用自己喜欢的方式表示加法交换律吗? 生:可以用符号来表示:△+☆=☆+△。 生:可以用文字来表示:甲数+乙数=乙数+甲数。 生:可以用字母来表示:a+b=b+a。 师:请翻开课本第17页,看看书中小朋友是怎么说的。 思考:算式a+b=b+a中,"a"和"b"可以是哪些数? (小组讨论,全班交流。) 巩固练习: (1) 根据加法交换律对口令。 25+65=　　　　78+84= (2) 完成课本第18页"做一做"第1题:根据加法交换律填空。 300+600=600+___ ___+65=65+35 78+___=43+___ a+12=12+___	1. 唤起学生已有的认知经验,初步感知规律。结合情境引导学生列式解答问题,并抓住两个不同加法算式结果相等,得到等式:40+56=56+40。 2. 组织学生举例并讨论,初步提炼规律。请学生以等式40+56=56+40为参照,再举一些有着同样现象的例子,讨论交流此类算式的特点。在此基础上,引导学生用数学语言表达这种现象,初步提炼规律。 3. 关注运算定律的形式化表达,培养学生的抽象能力和模型思想。在初步得到加法交换律的文字表述后,鼓励学生"用自己喜欢的方式表示"。抓住a+b=b+a这种形式,请学生讨论交流这里的a、b可以是哪些数,进一步理解加法交换律的内涵。

(续表)

活动内容	设计意图
2. 加法结合律 多媒体展示：李叔叔三天骑车的路程统计，如图6-7所示。 这三天我一共骑了…… 图6-7 师：你能解决李叔叔提出的问题吗？ 出示线段图6-8： 第一天：88 km　第二天：104 km　第三天：96 km 三天一共骑了多少千米？ 图6-8 学生独立完成计算后交流。 方法一：先算出"第一天和第二天共骑了多少千米"。 (88+104)+96=192+96=288(千米) 方法二：先算出"第二天和第三天共骑了多少千米"。 88+(104+96)=88+200=288(千米) 师：为什么要先算104+96呢？ 生：后两个数相加，正好能凑成整百数。 师：通过线段图的演示和刚才的计算，你发现了什么？ 生：不论哪两天的路程先相加，总路程不变。 板书：(88+104)+96○88+(104+96) 师：○里怎么填？ 生：填"="。 出示：(45+25)+13○45+(25+13) (36+18)+22○36+(18+22) 师：算一算，○里填什么符号？ 生：都是"="。 师：先比较每组的两个算式，再比较这三组算式，你有什么发现？ 鼓励学生用自己的语言表述，引导其发现：三个加数没变，加数的位置也没变，运算的顺序变了，它们的和不变。 揭示规律：三个数相加，先把前两个数相加，或者先把后两个数相加，和不变，这就是加法结合律。	因为加法结合律的学习是在认识加法交换律的基础上进行的，所以引导学生迁移运算定律学习的经验是教学的基本策略。首先，基于问题情境理解两种运算顺序的意义，在比较运算意义和计算结果的基础上得到等式(88+104)+96=88+(104+96)；接着，请学生仿照该算式，举出一些类似的例子，并对此类等式的特点展开充分讨论，通过初步小结得到定律内容；最后，鼓励学生用符号表达规律，建立模型。

(续表)

活动内容	设计意图
师:用符号如何表示这一规律? 学生尝试独立完成。集体反馈,如下: (●+▲)+★=●+(▲+★) (a+b)+c=a+(b+c) …… 思考:(1) 用语言表达和用字母表示,哪一种更一目了然? (2) 这里的a、b、c可以表示哪些数? 巩固练习: (1) 在横线上填上合适的数。(45+36)+64=45+(36+____) (560+____)+____=560+(140+70) (360+____)+108=360+(92+____) (257+c)+d=257+(____+____) (2) 课本第18页"做一做"第2小题:根据加法结合律填空。 (25+68)+32=25+(____+____) 130+(70+4)=(130+____)+____	
三、课堂练习,巩固新知 1. 下面的算式分别运用了什么运算定律? 76+18=18+76 56+72+28=56+(72+28) 31+67+19=31+19+67 24+42+76+58=(24+76)+(42+58) (前2小题是基本题型,后2小题是运算定律的变式训练,以定律作为判断依据,加深对定律的理解) 2. 计算下面各题,并用加法交换律验算。 56+89 307+348 425+480 118+274 38+456 123+2 847 (让学生用加法交换律进行验算,结合以前学过的交换加数验算的方法,唤起学生已有的认知经验,并强化其对加法交换律内涵的理解) 3. 先计算,再填表。 思考:你是怎样计算的? 观察一下,表中的数有什么特点? 表6-2 | + | 36 | 78 | 135 | 296 | |---|---|---|---|---| | 36 | | | | | | 78 | | | | | | 135 | | | | | | 296 | | | | |	不同层次的练习提供了丰富且具有价值的学习资源,让全体学生参与到有趣的数学学习中。在练习中巩固,在交流探讨中拓展思维、培养能力。

(续表)

	活动内容	设计意图
	(结合表格内的加法计算,体会加法交换律的应用。本表中以"+"号所在的那条对角线为对称轴,对称位置上的两数相等,依据即为加法交换律) 4. 完成新风商场第一季度电器销售情况统计表。 表6-3 | 产品名称	一月	二月	三月	合计
---	---	---	---	---
彩电/台	385	415	537	
冰箱/台	248	309	291	
洗衣机/台	347	418	353	| (要求用加法计算解决实际问题,体会加法交换律、结合律的应用) 5. 哪两只手套上数的和是100? 连一连。 图6-9 (要求找出和为100的两个数,是一种运算技能的训练,为后续应用加法交换律、结合律进行简便计算作准备)	
	四、课堂小结 师:今天我们发现了哪些规律?探寻规律的过程给了你怎样的启示? 小结:这节课我们学习了加法交换律 $a+b=b+a$ 和加法结合律 $(a+b)+c=a+(b+c)$。借助李叔叔骑车旅行的生活情境,列式计算→观察猜想→举例验证→得出结论→实际应用,从而找到并验证规律。此外,在解决问题时,要先仔细观察各数,找到数与数之间的关系,进而灵活运用加法交换律或加法结合律,使得计算更简便、快捷。	

(二) 案例评析

1. 算思结合促建模

从学习视角看,学生理解并掌握一个数学命题,即掌握同类事物的共同特征。本课基于四年级学生的年龄特点和已有经验,创设学生较为熟悉的活动场景,激发学生的学习兴趣,并让学生在自主探究和合作交流中逐步聚焦加法交换律的特殊形式,初步感知规律。在这一环节中,教师要引导学生动眼观察、动脑思考、动口表达等,帮助学生透过现象看本质,为命题的形成奠定基础。让学生在举例和讨论中初步提炼规律,并关注运算定律的形式化表达,引导学生用文字语言和符号语言表达规律,培养学生的抽象能力和模型思想。此外,在理解掌握加法交换律的基础上,引导学生迁移加法交换律学习的经验,加法结合律的学习也水到渠成。

2. 理解定律促应用

在本次课的练习巩固环节中,既有运算定律的基本题型,又有运算定律的变式训练,还有应用运算定律的问题解决,这些不同层次的巩固练习,为强化学生对运算律的理解提供了丰富的学习资源,也让学生在练习和交流讨论中拓展了思维,培养了能力。

第三节 小学数学命题课教学技能的提高

数学命题课教学技能是数学教学技能的一个重要表现和反映形式。要提高小学数学教师的数学命题教学技能,需要强化教师在专业知识和教学实践层面的积累,提高教师数学命题课的教学设计和实施能力。

一、数学命题教学知识的积累:数学命题本质理解与教学知识掌握

教师开展数学命题课教学,既需要具备相应的数学学科专业知识,同时还需要具备相应的学科教学知识,即解构数学命题所需要的学科知识,以及有效设计和实施数学命题教学所需要的知识。教师自身对数学命题的理解程度,对具体数学命题的教学论分析与教学法分析等都会影响甚至决定数学命题教学的水平。

教师在备课阶段,需要通过阅读相关文献、解读课程标准、分析教材内容等,树立起整体结构观,在一个体系中认识命题,深化对数学命题的认识。例如,对数学命题引入的必要性、数学命题的本质、数学命题的作用、数学命题的产生过程、数学命题的证明过程等具有深入理解。教师只有具备了一定的数学学科专业知识,才能在数学命题教学中引导学生关注数学命题的本质和结构特征,从不同的角度对命题进行诠释,对一个命题的多种证明方法进行充分挖掘,更好地引导学生去经历命题的产生过程,帮助学生厘清知识之间的关系,强化学生对数学命题本质的理解和应用。因此,教师作为一名教学者,同时也应是一名学习者,要不断丰富自身的数学专业知识,提升自身的数学专业素养;对于数学命题,不仅要知道它是什么,还要从数学史、形式逻辑、数学教育心理学等角度去挖掘和理解它,进一步明晰它是怎么来的,又可以怎么用,厘清楚"命题是怎么来的,命题是什么,命题可以怎么用"这一完整链

条,丰富其内涵,这也是命题教学顺利推进的基础和保障。

教师除了需要具备数学命题相关的数学学科知识外,还需要掌握数学命题教学相关的教育教学知识,以更有针对性地选择教学内容、更好地组织数学命题教学。教师的教育教学知识积累不仅与教师的教学经验有关,也与教师的教学投入程度有关。因此,教师要提高自身的数学命题教学知识水平,需要在数学命题教学过程中不断思考,并结合文献中提到的原理和方法进行整合组织,不断丰富教学知识,进而以点带面形成网状的专业知识体系。

一言以蔽之,小学数学教师要提高数学命题课教学技能,首先要丰富数学命题教学所需要的学科专业知识和教学知识。

二、数学命题教学对象的认识:对学习主体的充分认识和调动

学生是课堂学习的主体,数学命题课的教学需要充分考虑学生的认知基础、心理发展规律和数学学习特点。且鉴于新的数学命题的学习总是要通过与学生原有的知识相互作用从而转化为主体的认知结构,对于小学生而言,无论是数与运算领域的命题学习,还是图形与几何领域的命题学习,都需要将学习的命题与自己已有的认知结构建立起联系,即需要有意义地学习。[①] 在数学命题的教学中,教师要充分认识学生,关注学生头脑中已有的认知和经验,选取贴近实际生活,又能够吸引学生的情境作为引入命题的情境素材,激发学生的学习动机,调动学生的学习兴趣,通过有效的问题引起学生强烈的内在期望和认知需求,并让学生参与命题的证明过程,让学生用文字语言、图形语言、符号语言等不同类型的数学语言来表征同一个数学对象,加深学生对数学命题的深层理解,并要求学生在不同的情境中能够迅速提取合适的命题加以应用。

三、数学命题教学范例的观摩:对优质教学范例的观摩与反思

教师的教学设计能力、教学实施过程中的课堂教学组织能力、信息技术运用能力、语言表达能力等都会影响教学实施的效果。因此,教师需要通过一些途径提高自身的教学设计和实施能力。

对优质数学命题课例的观摩学习是教师提高自身教学实践能力的一个重要途径。教师可以通过观摩学习优质课例,关注教学设计是如何构思和规范撰写的,以及教学实施过程中的教师语言表达、教学组织、信息技术运用、板书等方面,积极总结提炼其中的典型经验。例如,教学中的启发性语言和引导性语言是如何自然给出的,职前教师和新手教师都可以观摩学习并加以借鉴使用。当然,职前教师和新手教师还可以通过与教学经验丰富的同行教师交流反思以获得建议。

---

① 郭玉峰,刘春艳,程国红.数学学习论[M].北京:北京师范大学出版社,2015:276.

四、数学命题教学经验的积累：对数学命题教学的实践与反思

教师教学设计与实施能力的提升离不开实践训练和反思，尤其是精心准备后的实践训练与系统反思。教师自身的实践训练是提高教学设计与实践能力的一个重要途径。职前教师和新手教师可以结合观摩学习的内容，起初进行适当的模仿，然后在日常的数学命题教学中不断尝试和实践自己的所思所想，持续优化自己的语言表达、教学方法和教学手段，掌握不同类型的数学命题课的授课要领，逐步形成自己的命题课授课风格。

此外，教师还可以通过阅读相关的教研文献丰富自身的专业知识、提高自身专业能力。其中，教研文献多是一线教师开展数学命题教学后的心得体会，或者是对数学命题本身的分析。阅读这类文献，某种程度上是"站在他人的肩膀上"，能促进教师更好地开展数学命题教学。当然，如果教师能够结合自身的教学实践或学习体验尝试撰写教研论文，或者只是书写反思日志，对教师专业发展都会有很大的促进作用，也能促进小学数学教师更有效地开展数学命题教学。

总的来说，文献学习、观摩学习、实践训练与反思等是小学数学教师提高自身教学设计与实践能力的重要途径，也是提高自身命题教学技能的重要落脚点。

思考与练习

1. 请简要阐述小学数学命题课教学设计的基本要领。
2. 请设计一个小学数学命题教学的案例，要求体现获得数学命题的过程。

第七章 小学数学复习课教学技能的认识与提高

复习课是小学数学教学中较为常见的课型之一。小学生的年龄特征决定了他们的学习记忆需要通过复习等手段不断进行刺激和唤醒。强化小学数学教师对小学数学复习课的认识,提升其小学数学复习课的教学设计与实施能力,是修炼其教学实践技能的一个重要组成部分。本章将介绍小学数学复习课的内涵、特征、类型、作用以及常用的教学策略,并结合具体的案例探讨如何设计并实施数学复习课,在此基础上提出提高小学数学复习课教学技能的一些建议。

第一节 小学数学复习课的认识

复习课教学的目的是对某一阶段(一单元、一学期或更长)所学的知识进行系统巩固,以利于形成能力,使已获取的知识在熟练掌握的情况下进行综合运用。[1] 教师要充分认识小学数学复习课的内涵特征、类型作用以及小学数学复习课的常用教学策略,为小学数学复习课的具体设计与实施明确方向,从而为提高小学数学复习课的教学设计与实施技能奠定基础。

一、小学数学复习课的内涵与特征

对于复习课,不同研究者、不同视角下的定义都不尽相同。例如,夸美纽斯认为,复习课是指一个单元或者一个学段的教学结束后,对所学知识进行系统复习整理的课型。[2] 从教学实施过程与效果看,复习课是在一个阶段的新课学习之后,对学生所学的知识进行回顾总结,梳理归纳知识点之间的逻辑关系的一种教学形式。复习课也可以是对一个或多个单元新授课的高度提炼,可包含基本知识和基本技能的复习讲解,也可包含习题训练。其中,若是单元或期中的复习课,应以阶段性的整理和归纳为主;若是涉及内容较多、范围较广、时间较长的期末或学段结束的复习课,应对所讲知识进行系统化的梳理,建立知识结构,再配合适当习题进行练习。[3]

---

[1] 马凤云.浅谈小学数学复习课教学[J].中小学教师培训,1995(X3):36—37.
[2] 夸美纽斯.大教学论·教学法解析[M].任钟印,译.北京:人民教育出版社,2006:147.
[3] 吴立宝.中学数学教学设计[M].北京:清华大学出版社,2021:110.

总的来说,尽管不同复习课的侧重点不尽相同,但是系统复习、梳理归纳、总结提炼等是所有数学复习课共有的主要特征。

二、小学数学复习课的类型与作用

(一) 数学复习课的类型

对于复习课,不同的研究者依据不同的标准往往形成不同的分类方式。例如,吴亚萍等人指出,根据复习课的教学过程结构来分,复习课主要包括知识拓展深化性质的复习课、知识梳理性质的复习课、专题技能形成性质的复习课。[1] 黄小燕等人指出,根据复习课的教学目的不同,复习课主要可分为单元复习课、阶段复习课、专题复习课、总复习课。[2] 毛飞飞等人指出,根据复习课教学的阶段性,复习课主要可分为章节复习课、单元复习课、学期复习课、学段复习课等。[3]

不同类型的复习课设计往往服务于不同的目的。例如,章节复习课主要是针对刚刚学过的某一具体章节进行回顾,侧重于采取归纳总结的方式,串联已学的相关知识,比较注重知识技能的综合拓展、数学思想方法的运用和问题解决经验的积累;专题复习课主要是通过设置一个个专题,将不同阶段学习的相关联的内容串联起来以实现知识的结构化,如,某些关联性强的知识点、某些数学技能、某些数学思想方法、某个数学核心素养表现等;考前复习课主要是针对单元、期中、期末等考试准备的考前复习,这一复习往往会更加系统。[4] 但不管复习课有何种具体目的,复习本身所能带来的巩固旧知、承前启后等作用是数学复习课必须落实的。

(二) 数学复习课的作用

关于数学复习课,其内涵特征等反映出它能够帮助学生系统理解所学的数学知识、夯实基础,完善已有的知识体系;也能帮助学生加强知识的联系与综合,强化关联,提高学生的数学能力。数学复习课是形成和发展学生核心素养的重要课型之一。

(三) 夯实基础,完善学生的数学认知结构

《义务教育数学课程标准(2022年版)》明确指出:"学生通过数学课程的学习,掌握适应现代生活及进一步学习必备的基础知识和基本技能、基本思想和基本活动经验"[5](简称"四

---

[1] 吴亚萍.中小学数学教学课型研究[M].福州:福建教育出版社,2014:401-407.
[2] 黄小燕.核心素养导向的初中数学复习课教学策略[J].广西教育学院学报,2017(04):168—173.
[3] 毛飞飞.管窥初中数学复习课类型与学习任务的适配性——关于复习课教学有效性的若干思考[J].中国数学教育,2011(11):9—11.
[4] 曹一鸣.数学教学设计与实施[M].北京:北京师范大学出版社,2021:94.
[5] 中华人民共和国教育部.义务教育数学课程标准(2022年版)[M].北京:北京师范大学出版社,2022:1.

基"）。可见，获得"四基"是小学数学学习的一个重要目标。小学数学中的概念、定理、公式、规则本身及其内容所反映的数学思想方法往往分散在不同的学习单元或学习阶段，但彼此之间又有着必然的结构关系，通过复习，可以按照内在逻辑联系对它们进行整理，并用框图、表格等方式表示出来，这样可以使学生对所学知识形成结构化的认知，将头脑中的数学知识系统化、结构化，促进学生的知识理解，进而形成良好的数学认知结构。需要指出的是，完善学生的数学认知结构，需要教师遵循教学原则，精心设计复习课，并在教学实施过程中进行有效的引导。

（四）强化关联，发展学生核心素养

《义务教育数学课程标准（2022 年版）》中明确指出：义务教育数学课程应使学生通过数学的学习，形成和发展面向社会和个人发展所需要的核心素养。[1] 鉴于复习课上的知识是学生已经学习过的，学生对复习的知识点都有所了解，而且复习课上的内容往往比新授课要多，这就意味着复习课教学重在巩固和强化知识，需要教师引导学生将注意力集中在数学核心概念和基本思想方法上，通过复习提炼相应的核心概念和思想方法体系，并进行系统整理，强化知识的联系与综合。这一过程往往需要经历难度逐渐加大的三个阶段：其一是要打破知识点之间的割裂认识，寻找知识点间的结构关系；其二是要寻找结构关系所形成的知识块，对知识进行综合及延伸，形成知识网状结构；其三是要将知识块和知识网融会贯通，从整体视角思考、分析并应用知识。在数学复习课中，教师要通过精心设计复习提纲，让学生在复习过程中落实四基、四能（发现问题能力、提出问题能力、分析问题能力、解决问题能力）、情感态度与价值观等方面的发展，从而实现核心素养的形成与发展。

总的来说，小学数学复习课的重要作用是不言而喻的，它是强化学生"四基"，提高学生"四能"，形成和发展学生核心素养的重要课型。

三、小学数学复习课的常用教学策略

对于数学复习课的教学，教师可根据学生的已有基础以及学习能力情况，合理选择教学策略。基于崔允漷提出的有效教学的教学准备策略、教学实施策略、教学评价策略，[2][3]吴立建给出了数学复习课的教学准备策略和教学实施策略；教学准备策略包括复习目标的确定、复习内容的选择，复习课的教学实施策略包括针对教学行为的适时引导（在知识的关键处进行引导、在学生认知的困惑处进行引导、在学生探索的迷惘处进行引导）、合作交流（在知识梳理时进行合作交流、在选择解题策略时进行合作交流、在解答开放性问题时进行合作交流）、有效评价（自我评价、同伴评价、教师评价），以及针对教学过程的主题式复习、情境创

---

[1] 中华人民共和国教育部.义务教育数学课程标准（2022 年版）[M].北京：北京师范大学出版社，2022：2.
[2] 崔允漷.有效教学：理念与策略（上）[J].人民教育，2001(06)：46—47.
[3] 崔允漷.有效教学：理念与策略（下）[J].人民教育，2001(07)：42—43.

设、网络化知识结构、题组复习、一题多解、解后反思、应用拓展等策略。[①] 谭海艳也指出,要提升小学数学复习课的教学质量,可立足于转变小学数学复习课的教学观念、合理编排小学数学复习课的教学内容、转变小学数学复习课的教学方法等。具体而言,在转变小学数学复习课的教学观念方面,可从明确复习课的特殊性、复习课应然的价值取向等方面着力;在合理编排小学数学复习课的教学内容方面,可从引导学生学会构建知识网络,帮助学生掌握知识本质、重视错题资源、杜绝题海战术等方面着力;在转变小学数学复习课的教学方法方面,可从借助思维导图帮助学生学习整合、通过变式练习帮助学生强化理解、让课前预习成为学习习惯、借助说题教学引导学生学会表达等方面着力。[②] 陈美玲指出,为解决当前复习课中普遍存在的"重知识呈现轻知识梳理、重错题讲评轻错题反思、重习题数量轻习题层次"等问题,小学数学复习课教学可从"在'理'中加强知识联系;在'辩'中形成反思习惯;在'变'中提升思维能力"等方面着力。[③]

总的来说,小学数学复习课的教学,在教学准备阶段,教师可以准备好复习提纲或有部分空缺的框图,精心设计典型例题和相关习题;在教学实施阶段,可以通过教师串讲、师生互动、生生互动等方式梳理归纳所学知识,教师讲解和学生做题可以穿插进行,驱动学生学习,达到复习的效果。

第二节 小学数学复习课的设计与实践

数学复习课在小学数学教学中居于重要位置。鉴于数学复习课以"内化学习"为主要特征,且会因复习内容的难易以及范围的大小等有所不同,数学复习课的设计与实践也应基于复习内容的难易以及范围的大小等按原则选择适宜的方式进行。

一、小学数学复习课设计要领

相较于数学概念课、数学命题课等新授课的设计注重教学目标、课堂导入、教学过程、课堂小结和课后作业等要素,数学复习课的设计在关注这几个要素之余,一般会更加关注教学过程中知识的梳理深化和解题技能的练习提升这两个主要方面。本部分主要关注这两个方面的设计要领,同时也关注数学复习课教学实施过程中的交流互动的设计。

(一)梳理深化:知识的系统化和本质化

在复习课中,核心和侧重点均在"复习",所要达成的教学效果与复习本身所具有的价值相契合。鉴于学生在新授课学习时往往缺乏对知识的结构化和整体性的把握,教师需根据

[①] 吴立建.基于有效教学的初中数学复习课策略研究[D].长春:东北师范大学,2009:20—29.
[②] 谭海艳.小学数学复习课教学的问题及策略研究——以湖南省四所小学为例[D].长沙:湖南师范大学,2019:35—67.
[③] 陈美玲.小学数学复习课教学策略[J].西部素质教育,2018,4(04):249—250.

教学进度和学生的学习情况确定复习的核心内容,让学生了解复习目标与学习要求;对知识点进行系统化的梳理和讲解,帮助学生整理知识点;构建相应的复习框架,引领学生回顾复习、自主总结,并按图索骥完成知识的系统化过程,构建完善的知识体系。在复习课设计中,教师对知识的系统梳理和讲解占据重要地位。在复习课的实施过程中,教师除了需要注重知识技能的梳理,还需注重数学思想方法的提炼和渗透。其中,对知识技能进行梳理,不仅能帮助学生系统地认识过去一个阶段所学的内容,达到温故知新、融会贯通的目的,还能使学生综合运用所学知识和技能解决陌生环境下的复杂问题。对思想方法的提炼,体现了数学的本质特征,教师可以适当总结常用的数学思想方法,如数形结合、分类讨论、转换与化归、特殊与一般等,帮助学生感悟基本的数学思想,达到触类旁通的目的。

此外,鉴于学生对相似或相关的知识点和概念易混淆,对不同或关联性不强的知识点易形成碎片化印象,教师需要帮助学生分析知识之间的关系,理解知识的本质,呈现相关知识的连贯性,辨析不同知识的关联性,做到化零为整。例如,对小学数学学习过程中的"除法、分数、比"三者之间的联系与区别的梳理与讲解,可以让学生整体把握概念。在复习"平面图形的面积"时,综合考虑知识点的学习时序、逻辑关系,整理成如图 7-1 所示的结构图,帮助学生从整体上感受长方形面积的根系作用、平行四边形面积的主干作用,感悟转化思想。[①]

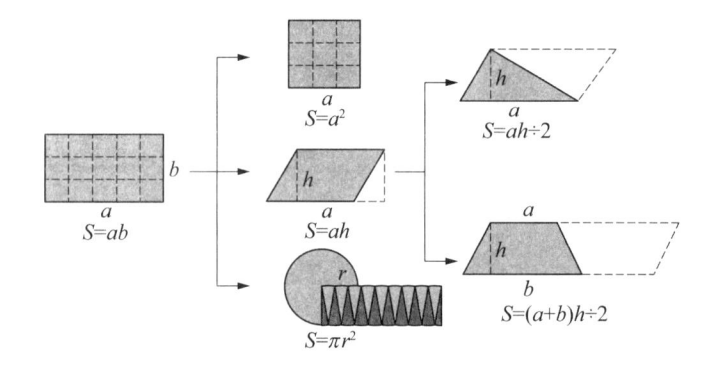

图 7-1 "平面图形面积"结构图

总体而言,通过复习课中知识点的梳理讲解,学生可以了解知识点之间的关系,清楚知识点在整体学习内容中的地位,从而能够更好地把握知识点的脉络和结构,从更高层面、更加综合的视角看待学习内容。

(二) 练习提升:习题的典型性与方式的多样化

在复习课中,除了知识点的梳理讲解之外,适当的习题练习也是必要的,同样可以达到复习的目的。但是习题练习只能作为辅助,而不能作为核心,要少而精。在复习课的教学设计阶段,教师应设置好复习提纲,紧扣复习内容的梳理和深化,根据教学目的、学生水平等选

---

① 戚洪祥.目标导向的小学数学复习课教学[J].教学与管理,2019(35):41—44.

择形式多样、覆盖面广的典型习题。其中，习题的具体完成形式可以采用全班整体练习、分组或同伴练习、学生个人练习等，可根据实际情况灵活选用。注重数学知识的迁移，培养学生使用所学知识解决综合问题或尝试解决新问题的能力。但是要避免把复习课设计成注重技能训练的习题课或者讲评课等。

复习课的练习题要精心挑选，避免雷同，要有一定的代表性和综合性，教师在练习教学后要及时总结归纳，使复习课的练习起到较强的辐射作用。切勿在数学复习课中一题题地练习和一题题地分析，这样容易见木不见林，不能达到知识点融会贯通和灵活运用的教学效果。

（三）交流互动：学生的主体性和机会的多元化

在复习课中，虽然教师对所教知识的梳理和讲解而言居于重要地位，但也不能忽视学生的主动参与，"以学生为中心"的教学仍然很重要。在复习课中，教师要设计必要的学习活动，让学生通过自主学习的方式或者合作学习的方式积极参与到对所学内容的回忆和再现过程中，进行复习总结。例如，教师可通过提供复习总结的线索和框架，让学生在课上或课后自主或者合作梳理知识点，逐步完善知识系统，再通过自主或合作的习题训练解决问题，最后教师再进行整体性或有针对性的总结，进一步强化知识体系的建构和思想方法的渗透，让不同学习程度的学生都能获得多元化的学习机会。

总的来说，在复习课教学中，教师要不断给学生创设认知和言语参与的机会，教师应避免提出缺少认知冲突的问题，而应有计划、有目的地提出一些能促进学生认知思维从低阶向高阶发展的问题，鼓励学生积极参与，鼓励其尝试进行自主梳理和应用。其中，提出的问题应基于学生原有的认知基础，难度不能太大，避免导致大部分学生丧失课堂参与的积极性，应整体上照顾到所有的学生。对于学生的回答要多给予积极的反馈，面对学生的数学错误，应当及时识别原因并进行启发引导，最好不要直接给予消极反馈，要保护学生的积极性。

二、小学数学复习课的教学模式

根据复习课所要达成的教学目标的不同，复习课的设计与实施可以有不同的思路和方法。目前的小学数学复习课教学实践中存在一些不同的教学应用模式。例如，错题贯穿式、例题串讲式、问题导引式等复习课教学模式。[①] 教师可根据教学内容、学生学习掌握情况和复习目的选择合适的教学模式。

一般来说，小学数学复习课以梳理知识、查漏补缺、提高知识应用能力、培养自主复习能力为教学目标，以课前和课中为分界，主要采用"课前测验，发现问题；课堂导入，引出课题；

[①] 惠雪梅.小学数学复习课的课例研究[D].济南：山东师范大学，2019：13—14.

师生互动,解决问题(提出问题,布置任务;自主探索,合作探究;成果交流,评价总结);变式练习,应用巩固;回顾小结,知识梳理;布置作业,拓展迁移"的教学模式,[①]如图7-2所示。

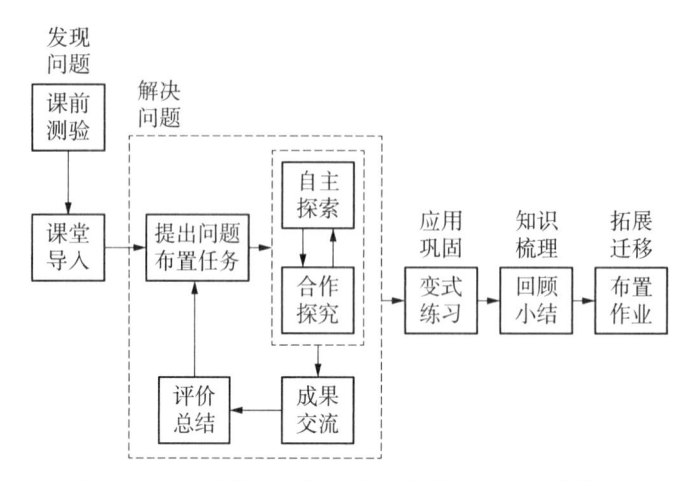

图7-2 电子书包环境下小学数学复习课教学模式

具体来说,每个教学环节的内容如下。

(一) 课前测验,发现问题

教师根据复习内容设计相应的课前测验,并发布于电子书包的评测中心;学生使用移动终端完成测验并提交;此时教师可通过评测中心的统计功能及时汇总测验结果,了解学生对复习内容的掌握情况,根据发现的知识薄弱点确定复习重点、难点及易错点,在此基础上设计课堂教学内容。

例如,对于沪编版的小学数学二年级第五单元《几何小实践》的单元复习课,教师在课前发布这一单元的基础测试题,通过测试找到学生的知识薄弱点。确定本单元复习课的要点:理清三角形分类中的并列关系;四边形与长方形、正方形之间的包含关系。

(二) 课堂导入,引出课题

上课伊始,教师通过师生对话、讲述故事、玩游戏、猜谜语等方式进行复习回顾,自然引出课题,强调本堂课的教学目标。

例如,对于沪编版的小学数学二年级第五单元《几何小实践》的单元复习课,教师借助谜语活动,激发学生学习兴趣,帮助学生巩固对三角形、正方形的认识,复习长方形、正方形和四边形之间的关系。在有趣猜谜的基础上,教师自然引出课题:理清图形之间的关系。

[①] 管珏琪,苏小兵,郭毅,等.电子书包环境下小学数学复习课教学模式的设计[J].中国电化教育,2015(03):103—109.

(三) 师生活动,解决问题

根据课前测验发现的问题,教师设计系列问题情境,让学生在自主探索、合作探究、成果交流过程中解决课前测验存在的问题,自主整理复习知识结构。在整个过程中,教师要根据活动中学生暴露出的问题,提供有针对性的指导及相关知识的补充阐释。该环节也可以是多个问题解决的循环过程,取决于教师对课堂活动的设计。

提出问题,布置任务。教师根据课前测验结果梳理出复习知识要点,通过问题情境的创设让学生在完成学习任务的过程中解决问题。课堂导入之后,教师随即呈现明确的活动任务、清晰的活动步骤以及成果要求,为学生开展活动提供支架。

自主探索,合作探究。在活动支架的帮助下,学生基于移动终端开展小组学习活动。一般而言,小组合作过程中会指定一位组长负责小组活动的协调,如任务的分配、活动进度的控制等。整个过程中,教师要给予学生充分的探究时间,并及时关注各组活动进展及遇到的问题,以提供有针对性的指导。

成果交流,评价总结。学生个人或小组指定代表汇报学习任务的完成情况,以口头表述、操作演示等方式交流对学习任务的思考、加工及结果。教师结合学生交流情况及学生活动、交流过程中捕捉到的信息,通过师生对话、学生成果再现、教师讲解、板书等方式加以评价和总结,重点对学生在自主探索、合作探究及成果交流过程中所反映出的思维方式等问题提供有针对性的教学补救。

例如,对于沪编版的小学数学二年级第五单元《几何小实践》的单元复习课,首先,教师布置"帮图形找家"的学习任务,要求学生根据边的特点、角的特点对所给出的图形(锐角三角形、直角三角形、钝角三角形、长方形、正方形、四边形、五边形、八边形)进行分类;并将相应图形填入给定的三个集合圈中。随后,学生开展小组讨论,并完成分类记录,填写集合圈;在学生的探究过程中,教师提供必要的引导以降低学生的学习难度。最后,教师选择部分小组对分类情况与填写结果进行汇报交流总结,配合板书呈现(如图 7-3 所示)。

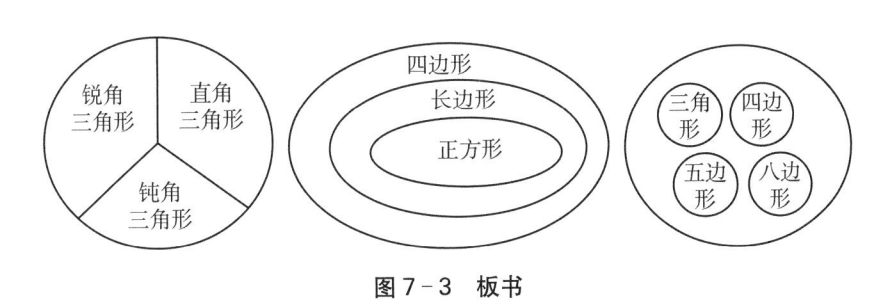

图 7-3 板书

(四) 变式练习,应用巩固

在课堂练习基础上,教师设计变式练习,检测经历以上解决问题过程后学生对复习内容的掌握情况;同时教师可提供与变式练习有关的微视频(建议视频长度在1分钟以内),为有需要的学生在完成变式练习过程中提供自主学习的资源,落实课内分层教学。整个操作过程为:教师发布变式练习及微视频资源,学生借助微视频资源完成练习并提交;此时教师根据学生练习反馈情况(主观题是系统自动汇总形成分析图表;客观题是教师浏览学生提交内容后发现典型的错误),提供有针对性的讲解;如果学生的掌握情况良好,可直接进入下一个教学环节;如果个别学生存在错误,可要求学生课后通过题目解析完成订正。通过变式练习,学生将灵活应用复习知识;而练习中及时的汇总反馈,可使教师在学生解决问题的最佳时机给予帮助。

(五)回顾小结,知识梳理

在经历问题解决及变式练习之后,学生对复习内容有了进一步的认识与掌握。此时教师以图示、板书等方式回顾小结,展示知识梳理结果,能让学生对复习知识有整体把握,构建完整的知识结构。

例如,对于沪编版的小学数学二年级第五单元《几何小实践》的单元复习课,教师结合板书,回顾本节复习课的内容。通过小结三个集合圈再次帮助学生梳理三角形分类中的并列关系和四边形与长方形、正方形之间的包含关系。

(六)布置作业,拓展迁移

根据课内测验结果及下一阶段将要学习的与本节内容相关联的知识,教师着眼于学生个体差异布置作业。对复习知识掌握得比较好的学生,可拓展迁移,提供更高层次的练习或拓展资源;对仍留有疑问的学生则可提供有针对性的练习及作业辅导。

例如,对于沪编版的小学数学二年级第五单元《几何小实践》的单元复习课,教师在评测中心发布课后测验及测验解析微视频,供学生再次查漏补缺;同时发布游戏:六角形变长方形(你能在这个六角形上剪两刀,把剪出来的三部分拼成一个长方形吗?),让一部分学生课后使用平板操作探究,向学生渗透割、补的数学方法,让学生了解转化的思想,为学生后续学习打下基础。

三、小学数学复习课案例与评析

(一)"百分数"复习课的教学设计

"统计与概率"是小学数学的又一重要内容领域,本部分以该内容领域中的"百分数"复习课的教学案例为例(如表7-1所示),通过内容分析、教学过程片段、教学评析等展示并分析教师的教学思路和教学实施情况。

表 7-1 "百分数"复习课教学设计案例①

教学课题	用问题提出架起学生数学思考的空间——以"百分数"复习课为例				
学段	小学	学科	数学	年级	六年级
内容分析	"百分数"在《义务教育数学课程标准(2022年版)》中属于数学四大内容领域中的"统计与概率"领域,位于第三学段,"百分数问题的提出"是"百分数(一)"之后的一节复习课。"百分数"单元的学习包括百分数意义的理解及其在生活中的应用。				
教学目标	1. 通过提供素材、问题提出、分类整理和总结概括等教学活动,让学生串联起与百分数相关的几类常见问题,分析百分数问题的类型,建立百分数问题的序列。 2. 利用问题提出的教学方式,锻炼学生提出问题和分析问题的能力,提升数学思考的有效度、广度和深度。 3. 学生通过提出有关百分数的不同层次的问题,实现复习、巩固、运用的教学目的。				

	活动内容	设计意图
教学活动设计	一、问题提出,激发学生有效思考 (一)简单的"a 是 b 的百分之几"的问题 　　课始,师生简单回顾百分数的意义,明确百分数可以用来解决很多实际问题。之后揭示课题:百分数问题的提出,即运用问题提出的方式进行百分数的复习课教学。 随后,教师出示图7-4课件,学生读题后独立思考,并把所提问题写在作业纸上。 选择合适的数和运算符号,请你提出一个简单的和一个稍难的用百分数解决的数学问题。 **40　　50　　%** 图 7-4 小组合作,讨论交流:整理本组成员所提的问题,挑选一个简单的和一个稍难的问题写到白纸上。教师巡视,适时参与学生讨论。 小组完成后集体反馈。 师:接下来,我们听听各小组提出的问题,并说一说,你们小组认为所提问题简单或者困难的原因是什么? 生1:我们组提的问题是:某公司有女职工40人,男职工50人,女职工人数是男职工的百分之几?这个问题属于简单的。	简单回顾百分数的意义之后,让学生根据所给素材提出不同难度的数学问题,既可以了解学生对已学知识的掌握程度,也有助于不同思维层次的学生充分展现对百分数意义的理解。

---

① 王加明,蔡金法.用问题提出架起学生数学思考的空间——以"百分数"复习课为例[J].小学数学教师,2021(03):33—37.

活动内容	设计意图
因为这是最常见的"一个数是另一个数的百分之几"的问题。 师：其他组也有类似的问题吗？ 生2：我们组的问题是：鸭有50只，鸡有40只，鸡的数量是鸭的百分之几？我们觉得是同一类问题。 生3：我们组选出的简单问题是：图书角有故事书40本，科技书50本，故事书的本数是科技书的百分之几？ 师：这些问题有什么共同的地方吗？ 生4：都是一步计算，40÷50＝80％。 生5：都用一个数除以另一个数来解决，跟我们以前学的一个数是另一个数的几倍，一个数是另一个数的几分之几一样，只不过最后答案的表达方式不一样。 师：像这样，根据"一个数是另一个数的百分之几"的思路提出问题的同学请举手。 观察发现，全班大部分学生都举手了。 总结得出："一个数是(占)另一个数的百分之几"的解题方法就是"一个数÷另一个数"，结果用百分数表示。 (二) 稍难的"a 与 b 的差是 a 的百分之几"的问题 师：(出示图7-5)有同学提出这样一个问题：校合唱队有男生40人，女生50人。女生比男生多百分之几？ 稍难问题是：女生比男生多百分之几？ 方法是：$(50-40)\div 40 = 25\%$ 图7-5 生1：这是比多比少的问题，我还可以提：男生比女生少百分之几？ 生2：如果用刚才的"鸭和鸡"，也可以提：鸡的只数比鸭少百分之几？鸭的只数比鸡多百分之几？ 师：看来，大家都会举一反三。仔细想一想，这类问题能否用刚才的方法解决？ 生3：它们有联系，也有一点区别。 生4：这种题目需要先算出一个"差"，再求这个差占单位"1"的百分之几，道理是一样的。 师：的确，这些问题都是求一个量与单位"1"之间的百分率，所以我们的方法是—— 生：直接相除，即算出相差数之后除以单位"1"。	

(续表)

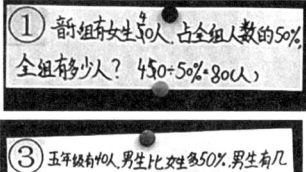

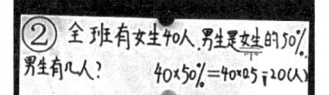

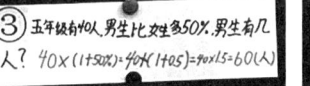

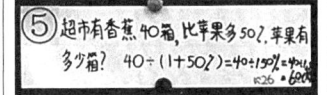

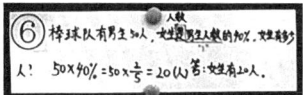

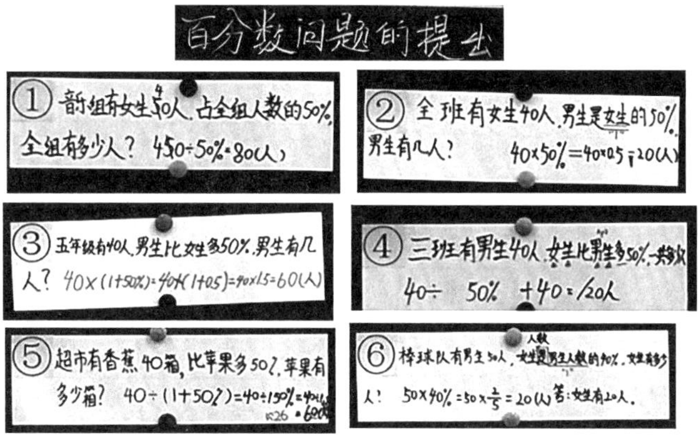

活动内容	设计意图
二、问题梳理，助力学生广泛思考 教师将各小组提出的问题展示在黑板上（如图7-6所示）。 图7-6 师：这么多问题，一个一个解决费时又费力，你们有什么好办法吗？ 生：像前面那样，同类的问题只要解决一个就行了。 师：你的意思是，我们得先—— 生：分类。 师：想一想，哪几个问题是一类？可以怎么分？如有困难，小组可以轻声讨论。 （一）"顺向"思考的问题 生1：我觉得②和⑥是一类，都是求某个数的百分之几是多少。 师：还有其他同学提出类似的问题吗？ 生2：一杯糖水40克，糖占50%。糖有多少克？ 生3：舞蹈队有女生40人，男生人数是女生的50%。男生有几人？ 师：看来，提这类问题的同学不少，你们是用什么方法解决的？ 生4：以前学分数问题的时候也有，求一个数的几分之几用乘法，所以求一个数的百分之几是多少，就是用单位"1"乘百分率。 师：真棒，能利用以前的知识来解决新的问题。 （二）"逆向"思考的问题 生1：我觉得①只能单独归为一类。这是知道全部的50%是40人，要求全部。其他的都不是同一类型。 师：大家同意他的说法吗？有没有不同意见？ 生2：我同意他的说法。问题①可以理解为全部（单位"1"）的50%是40，求单位"1"的量是多少，所以用 $40 \div 50\% = 80$（人）来计算。	学生根据所给材料提出的问题五花八门，通过分类梳理，举一反三，形成提出不同类型问题的经验。讨论过程中，有效连接起以前分数问题的解决方法，实现知识的正迁移。在充分比较之后，学生找到了这些问题的根源，即"a的百分之几"，在算术方法和方程方法的转换中实现了问题模型的多次建构，并体会了通过分类比较分析问题的策略。

(续表)

活动内容	设计意图
生3:我有不同意见。我认为①②⑥是同一类,只不过②⑥是已知单位"1"求部分,而①是已知部分求单位"1",它们都包含"单位'1'的百分之几"这个数量关系。 师:分析得很好!你的意思是,问题①如果用方程解,可设全组为 x 人,那么列式是 $x \times 50\% = 40$,而问题②的算式是 $40 \times 50\%$,都是"单位'1'的50%",对吗?你是怎么想到的? 生3:是的。因为这样的问题,我们在学习分数问题时作过比较。 (三)综合思考的问题 生1:我觉得③④⑤有一个共同点,都有"一个量比另一个量多50%"。 生2:我觉得问题④的其中一部分与问题②⑥是一样的。女生人数比男生多50%,多几人呢?多40的50%,就是 $40 \times 50\%$,然后加上男生人数,就可以求出女生人数了。 生3:但问题是求全班人数,所以还要再加男生人数,应该是 $40 + 40 \times 50\% + 40 = 100$(人)。 生4:我发现问题③⑤跟其他几个问题有关联,但好像可以单独成一类。 师:同学们非常善于比较,从这些看似不同的问题中找到了它们的"根"。我们发现,复杂的问题也是由简单的问题一步步变化而来的。在解决问题时,如果能找到问题的关键,问题就迎刃而解了。 教师按照难易程度板书5个问题的算式或方程: ② $40 \times 50\% =$ ⑥ $50 \times 40\% =$ ① $x \times 50\% = 40$ ⑤ $x + x \times 50\% = 40$ ④ $40 + 40 \times 50\% + 40 =$ 师:同学们,解答上面这些问题时用到的算式或方程,都包含了"求一个量的百分之几"的部分。但是,因为已知量不同,所以有的用方程,有的用算式。这些用方程解决的问题,也可以转化成除法,你能自己试一试吗? 学生尝试列除法算式解答。	
三、问题修正,促进学生深度思考 (一)问题提出要科学合理 问题⑤从数量关系来看没有问题,但进一步计算发现结果不是整数,这与本题的事实背景不相符(如图7-7所示)。	③和⑤两个问题,反映出学生在问题提出过程中存在的一些现象:有些学生对问题本身不理解,为了提

活动内容	设计意图
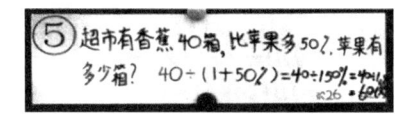 ⑤ 超市有香蕉40箱,比苹果多50%,苹果有多少箱? 40÷(1+50%)=40÷1.5=... 图7-7 师:第5小组的计算好像出了点问题?40÷(1+50%)=40÷1.5=?结果还会比40大吗? 生1:我知道,他除不通,就用乘法计算了。 师:"除不通"其实是说结果不是整数,对吗? 生1:不是整数,就很难比较,这与实际情况不太符合。 师:可以怎样改一改? 生2:可以把问题改为:超市有香蕉40箱,苹果比香蕉多50%,苹果有多少箱?算式是40×(1+50%)=40×1.5=60(箱)。 生3:也可以是:超市有香蕉40箱,是苹果的50%,苹果有多少箱?算式是40÷50%=80(箱)。 师:所以,当问题提出之后,我们可以试算一下,发现数据不对时,应及时调整,避免出现与实际不符的情况。 (二)问题解决要抓住重点 出示图7-8: 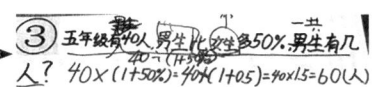 ③ 五年级有40人,男生比女生多50%,男生有几人? 40×(1+50%)=40×(1+0.5)=... → ③ 五年级有40人,男生比女生多50%,一共有几人? 40×(1+50%)=40×(1+0.5)=40×1.5=60(人) 图7-8 师:问题③解答前后为什么有修改?请提问小组来讲一讲。 生1:我们一开始提的问题漏了"男生",所以应该是:五年级有男生40人,男生比女生多50%,男生有几人? 生2:不对,男生人数已经告诉我们了,还用得着再求男生吗? 生1:那就改成"一共有几人"。 师:这样好了吗? 生3:五年级有男生40人,男生比女生多50%,可以先算出女生人数为40÷(1+50%),与刚才的苹果箱数一样,人不能是半个的! 师:那怎么办? 生1:再改:五年级有男生40人,女生比男生多50%,一共有几人?用40×(1+50%)=60先算出女生人数,再用40+60=100求出总人数。 师:刚才有同学提出问题③(图7-8左)和⑤可以归为一类,请他来说一说。	出问题而提出问题;有些学生对自己所提问题缺乏周密的思考,导致数据不匹配;也有学生受语言组织能力等因素影响,导致提出的问题错误或无效。随着教学活动的推进,这类错误资源便成为教学契机,教师应抓住这样的机会,顺势纠错、修正、完善,在争论中引发学生的深度思考,在思维碰撞中达到解决问题的目的。

(续表)

活动内容	设计意图
生4:问题③可用方程解决,设女生是 x 人,方程是 $x+x\times 50\%+x=40$;都要先算单位"1"的50%,再一点点加上去。 生5:这样的话,和问题④也很相似了,一个是 $40+40\times 50\%+40=?$,另一个是 $x+x\times 50\%+x=40$。 师:非常棒!问题③还有其他解决方法吗? 生6:有。除了用方程,还可以把女生看作单位"1",男生就是 $(1+50\%)$,五年级40人对应的是 $(1+50\%+1)$,所以女生人数是 $40\div(1+50\%+1)=16$ (人),那么男生是 $16\times(1+50\%)=24$ (人)。 师:非常详细的解答,其他同学明白了吗? 生7:就是根据"量""率"对应,求单位"1"的量来解决。 师:真不错,把掌声送给他们,我们把这一类也补上。(板书如下) $x+x\times 50\%+x=40$ (x 为女生人数)或者 $\dfrac{40}{(1+50\%)+1}\times(1+50\%)$ (得出男生人数)	

(二) 案例评析

这节复习课设计较为新颖,教学主线较为清晰,主要体现在以下三个层面。

1. 整个课堂教学的构架围绕问题提出展开

从一个问题提出任务开篇,以学生生成的问题为线索串联起课堂教学的各个环节,从而达到复习百分数(加深对百分数意义的理解和应用百分数解决问题)的目的。课始,以"从40、50、%中选择合适的数和运算符号提出问题"作为任务情境,让学生自主提出简单和稍难的百分数问题,为后续环节的展开积累了充分的素材。课中,对学生所提问题采用了三种处理方法。一是梳理,学生通过汇报分享所提出的问题,发现两类具有共性的问题,即"a是b的百分之几"以及"a与b的差是a的百分之几",这也是反映百分数意义的两大类问题;二是比较,以学生所提出的问题为研究素材,让学生通过比较辨析,梳理出几种基本结构的百分数问题,以解决问题为突破口,经历百分数问题模型建构的过程;三是改进,以学生所提出的"不适宜"问题为研究素材,通过改进问题,进一步加深对百分数问题的理解。课末,针对本堂课提出的问题及解答情况进行简单反馈并做课堂小结。

2. 区别于常见的问题提出教学,增加了"问题修正"的教学环节

教师充分且巧妙地利用了"错误"资源,引导学生分析、改编"不适宜"的问题,最大化地利用教学资源以给学生提供提问的机会。在纠错、修正、完善问题的过程中,提高学生思考

的有效度、广度与深度。

3. 引导学生多角度(顺向、逆向、综合)思考问题

在对问题进行分类梳理的过程中，获得从多角度构建问题模型的思维方式，为培养学生流畅地、灵活地、新颖地提出问题提供了可操作的教学参考。而且在教学过程中要引导学生思考，让学生自己回答问题，教师尽量不代劳。

第三节　小学数学复习课教学技能的提高

数学复习课教学，既要让新授课阶段感到吃力的学生获得成就感，同时也要让新授课阶段表现较好的学生保有一定的"新鲜感"，让不同学习程度的学生意识到复习课的重要性并在复习课中各有所获，这对教师的复习课教学技能提出了一定的要求。提高小学数学教师的复习课教学技能可以从以下数学学科专业知识、教学技能、教学经验、教学辅助手段等方面着力。

一、学科专业知识的强化：复习内容本质特征及其内在关系的厘清

为了打破复习课常常存在的"只见知识、不见联系"等问题，将"梳理巩固已知，学习探索未知"在复习课中落到实处，授课教师需要具备过硬的相关专业知识储备并做足充分的准备。首先体现在复习课教学知识的丰富，包括对数学内容本身及教学有较为深厚的理解，能够准确地把握复习的数学内容的本质，厘清数学知识之间的层次结构及内在联系。《义务教育数学课程标准(2022年版)》指出，教师要重视单元整体设计，其中最为关键的就是要熟悉知识点之间的联系，包括知识点的发展历程，以及知识点与小学生认知间的联系。因此，小学数学教师应该在备课中较好地把握数学知识的整体脉络和数学本质，只有这样，才能够在复习课的教学中更好地引导学生进行知识的梳理总结。强化教师的数学学科专业知识，是教师提高自身复习课教学技能的一个重要方面。

二、教学辅助手段的掌握：复习教学辅助手段的学习与综合使用

伴随着现代信息技术的不断发展与充分应用，作为一种专门技术的信息教学技能，其技术含量也越来越高。数学复习课中少不了对知识点的梳理，传统的黑板已难以满足教学的需要，教师应该熟练掌握各种信息技术，通过思维导图、概念图、希沃白板等工具和变式教学等方式让知识梳理逻辑化、直观化，思考问题全面化、条理化，合作学习显性化、深度化，思维过程结构化、系统化。而对这些工具和方式能够进行充分利用，需要教师具备一定的信息素养，并在日常教学积累中不断创新，充分利用信息技术手段辅助教学，让复习课能更为直观清晰地呈现。信息技术等教学辅助手段的使用，意味着教师要不断学习并掌握一定的教学辅助手

段。因此，与时俱进地掌握一些教学辅助手段，也是教师提高自身复习课教学技能的一个重要方面。

三、优质教学范例的观摩：不同教学方式下的复习课观摩与反思

对于不同类别、不同主题内容的复习课，可选择的教学方式也不尽相同。教师要充分把握好学习者的身份，以及教育教学实践活动中的探索者的身份。教师既可以通过观摩学习一些优质的小学数学复习课授课案例，积极总结提炼其中的典型经验，并加以借鉴使用；也可以通过与教学经验丰富的同行教师交流反思，寻求建议。观摩反思是教师提高复习课教学实践技能的一个重要手段。

四、自身实践经验的积累：在实践与反思中不断优化与改进

与通过学习获得学科专业知识不同，复习课教学技能的提高还必须要通过实践训练加以实现。教师作为一名教学者，要在课下精心准备并反复练习，在日常的复习教学中不断尝试和实践自己的所思所想，通过请教同行专家和自身不断反思持续优化改进自己的教学，掌握不同类型的复习课的授课设计与实施要领。在教学经验的不断积累中，逐渐提升自身的复习课教学技能，形成自己的复习课教学风格。

此外，也应该注意到，小学数学概念课、命题课和复习课都有共性，它们都需要以数学知识点的教学为抓手，遵循小学生的思维认知特点，有效落实数学教学目标，发展小学生的数学核心素养。但是，它们也有着各自的特点，概念课注重概念的辨析，命题课强调关系的梳理，复习课则需要学生灵活地运用数学知识。所以，小学数学教师应该以小学数学学科本体知识为基础，通过教学实践锻炼各种教学能力，丰富教学知识，促进自身专业水平的不断发展。

思考与练习

1. 请阐述小学数学复习课的主要类型与作用。
2. 请设计一节小学数学单元复习课案例。